영리한 ★
베트남 투자

영리한 베트남 투자

발행일	2020년 2월 2일		
지은이	최근환		
펴낸이	손형국		
펴낸곳	(주)북랩		
편집인	선일영	편집	강대건, 최예은, 최승헌, 김경무, 이예지
디자인	이현수, 한수희, 김민하, 김윤주, 허지혜	제작	박기성, 황동현, 구성우, 장홍석
마케팅	김회란, 박진관, 조하라, 장은별		
출판등록	2004. 12. 1(제2012-000051호)		
주소	서울특별시 금천구 가산디지털 1로 168, 우림라이온스밸리 B동 B113~114호, C동 B101호		
홈페이지	www.book.co.kr		
전화번호	(02)2026-5777	팩스	(02)2026-5747

ISBN   979-11-6539-047-1 03320 (종이책)   979-11-6539-048-8 05320 (전자책)

이 도서의 국립중앙도서관 출판예정도서목록(CIP)은 서지정보유통지원시스템 홈페이지(http://seoji.nl.go.kr)와
국가자료공동목록시스템(http://www.nl.go.kr/kolisnet)에서 이용하실 수 있습니다.
(CIP제어번호: 2020004132)

국제 금융 전문가가 자신 있게 내놓는 성공적인 베트남 투자 지침서

영리한 베트남 투자

최근환 지음

왕성한 소비 시장, 풍부한 노동력,
끊임없이 유입되는 해외 투자 자금을 바탕으로
고성장을 거듭하고 있는 베트남.

성장세에 비례해 투자 리스크도 커지고 있는 만큼
전문가의 조언을 경청할 필요가 있다.

북랩 book Lab

머리말

 베트남 투자, 이제는 영리하게 할 때가 되었다.

　'도이머이'로 불리는 베트남판 개혁·개방 정책이 시행된 지 30년이 흘렀다. 수많은 사람이 베트남에 대해서 말한다. 대한민국은 제1위 베트남 투자국 반열에 올랐다. 8,000여 기업이 670억 달러, 우리 돈 80조 원을 투자하였고, 거주 교민도 25만 명에 육박한다. 제조업 위주에서 건설 중화학 공업, IT, 유통, 서비스, 부동산으로, 이제는 금융 투자까지 지평을 넓히고 있다. 너나 할 것 없이 베트남을 얘기하면서 투자 종목을 가리지 않는다. 그러므로 베트남 투자는 이제는 선별적으로 영리하게 접근해야 한다. 탄탄한 제조업 실물 경제를 바탕으로 금융 투자에 접근할 시점이다. 미래 성장 산업과 함께 예금, 주식, 채권, 외환, 원자재 상품, 부동산, 인수·합병, 파생상품시장 등 금융을 기반으로 한 상품 거래에서 투자의 맥을 찾아야 한다.

　책 제목을 정하는 것은 내용보다 훨씬 어렵다는 사실을 새삼 깨달았다. 고심 끝에 『영리한 베트남 투자』를 제목으로 정하면서 두 가지를 염두에 두었다. 하나는, 영리(英里)하게, 스마트하게 접근하지 않으면 안 된다는 것이다. 다른 하나는, 영리(營利), 즉 철저히 이익이 되는 비즈니스로 다가서야 한다는 사실이다. 1988년의 대외 개방 후 30년이 지난 지금, 베트남은 투자하기에 절대 쉽지 않은 나라가 되었다.

한국은 베트남 최대 투자국이지만, 일본, 중국, 대만과 아세안의 나머지 9개 회원국의 도전 또한 만만치 않다. 미국과 중국 간의 G2 파워 게임에 무역 전쟁까지 가세하면서 중국의 대체 생산 기지로서 베트남이 각광받고 있다. 한편으로는 중국 자본에 대한 경계감도 강화되고 있다. 차이나 머니와 무늬만 베트남 생산인 사실상의 중국 수출품에 대한 국제 시장의 규제도 엄격해지고 있다. 이런 점을 감안한 베트남 정부는 향후 고부가 가치의 첨단 산업 기술과 친환경 분야로 투자를 제한하려 하고 있다. 국가 신용 등급 투자 적격 상향에 기댄 미국과 유럽의 자금도 몰려들고 있다. 베트남 국내 기업들도 성장하면서 대부분 산업에서 외국인 투자 기업들과 어깨를 나란히 하고 있다.

이 책은 『아세안에서 답을 찾다』(2017, 북랩)에 이은 저자의 두 번째 책이다. 첫 책에서 아세안 10개 나라를 개괄적으로 다뤘다면 이번 책은 아세안의 핵심 국가인 베트남 투자에 대한 상세서다. 수천 편의 칼럼과 강의, TV 방송 등을 진행하면서 첫 책을 낼 때도 그 과정은 쉽지 않았다. 30여 년 동안 베트남을 포함한 아세안에 대한 축적된 자료가 있어서 쓰는 것은 어렵지 않았으나 미래를 제대로 짚어낸다는 것은 지난한 일이었다. 베트남에서 3년여를 은행 주재원으로 살았고, 이제는 경제 통상 전문가로 정착한 만큼, 더 속속들이 알 수 있고 볼 수 있어서 과거와 현재에 이어서 미래까지 얘기할 수 있다.

베트남은 '만만치 않은 나라'라고 한마디로 표현할 수 있다. 미국과 중국 간 무역 전쟁이 해결의 실마리를 찾지 못하는 가운데 일본까지 가세하면서 그 불똥이 한국으로 튀고 있다. 베트남에서 해답을 찾지만, 결코 쉬운 상대가 아니다. 제4차 산업 혁명, 스마트 팩토리, 3D 프린팅, 인공지능 등으로 국가 간 생산비 차이가 줄고 단순함과 편의성을 강조하는 글로벌 트렌드를 보면 무역은 줄고 무역 전쟁은 장기화될 전망이다. G2 간 무역 전쟁의 가장 큰 수혜국으로 베트남이 거론되면서 투자가 몰려드는 등 국제 시장의 질서도 예측불허다. 이런 와중에 도널드 트럼프 미국 대통령이 베트남을 환율 조작국으로 지정할 것이라고 발언하면서 국제 정세는 연일 긴장 국면이다. 그만큼 강대국의 힘의 논리가 지배하는 세계 질서가 강화되고 있다.

아세안(ASEAN, 동남아시아국가연합)은 세계의 경제 성장을 이끌고 있으며 설립된 지 50년이 넘었다. 이제는 경제 협력체를 넘어 EU 같은 단일 시장으로 접근하고 있다. 한국, 중국, 일본뿐만 아니라 미국과 유럽 등 거의 모든 나라가 앞다퉈서 진출하고 있다. 우리 정부도 '신남방 정책'을 내세우며 아세안에 공을 들이고 있다. 2050년경이면 중국, 미국, EU에 이어서 네 번째로 큰 경제 권역이 될 것으로 전망된다. 글로벌 경제의 향후 30년은 아세안이 주도할 것이다. 48개국, 48억 명의 인구로 세계 경제 성장의 원동력인 아시아, 그 중심에 아세안 10개국이 있으며, 핵심 국가 베트남이 자리한다. 베트남은 왕성한 소비 시장, 풍부한 노동력, 끊임없이 유입되는 해외 투자 자금을 바탕으로 고성장을 거듭하고 있다.

운 좋게도 『아세안에서 답을 찾다』 발간 즈음에 우리 정부가 '신남방 정책'을 발표하면서 큰 의미가 있었다면, 이번 책도 많은 사람에게 비즈니스 모티브가 되었으면 한다. 역사와 문화, 경제, 예금, 주식, 채권, M&A, 외환, 원자재 상품, 부동산, 파생상품시장 그리고 투자와 리스크 관리 등 전반적인 베트남 투자를 다뤘다. '읽혀야 글'이라 했듯이, 투자와 상관없는 일반 사람들도 잘 알 수 있도록 쉽게 썼다. 저자는 30여 년 동안 국제 금융, 해외 투자, 경제 통상 전문가로 국제 금융 시장에 직접 참여하였고, 미래 전망을 바탕으로 일하는 게 몸에 익었다. 이제는 대전광역시 베트남사무소장(대전경제통상진흥원)으로서 오롯이 베트남에 살면서 이 책을 엮었다. 고운 최치원, 목화시배지 문익점, 남명 조식 선생, 허준의 『동의보감』, 윤이상 작곡가, 성철 스님, 박항서 감독으로 유명한 지리산 아래의 경남 산청에서 나고 자랐다. 대학 졸업 후 서울에서 은행원으로 국제 금융 시장에 몸담아 해외 진출도 해내면서 여기까지 왔다. '세계를 다 품을 수는 없지만, 아세안은 내가 한 번 제대로 안아 보자' 하는 마음으로 다가서고 있다. 아세안 10개국 중에서 첫 나라로 '신남방 정책 핵심 국가 베트남'을 선정하고 '베트남 투자, 영리하게 성공하자'라는 마음을 이 책에 담았다.

인생은 높이가 아니라 넓이다. 자신이 이뤄내는 하나하나가 소중한 경험이고 인생의 한 페이지다. 시천녕의 인생, 30여 년 동안 해 온 공부와 국제 금융 시장 경험, 강의, 칼럼, 방송 그리고 블로그로 다져진 내공을 또 한 권의 책으로 엮었다. 자연에 대한 경외감과 인간에 대한 이해를 바탕으로 세상을 아름답고 사람이 행복한 유익한 글로 만날 것을 약속드린다. 좋은 책 만들기에 여념이 없는 ㈜북랩의 손형국 대표님과 김회란 본부장님을 비롯한 관계자들에게 고마움을 전한다. 그동안 살면서 알게, 모르게 수많은 사람에게 가르침과 도움을 받았다. 이 책도 이런 분들과 함께, 내용 정리에 많은 힘을 보탠 사랑하는 아내 최윤정과 세상에서 얻은 가장 소중한 딸 최린에게 바친다.

제3장. 베트남 경제, 과거와 현재 그리고 미래

제4장. 예금 시장

제5장. 주식 시장

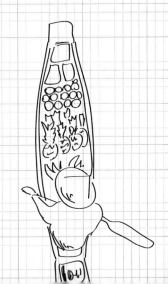

제1장

베트남
역사와 지리

★ 역사와 지리

유사 이래로 2000여 년간 중국 영향력 아래에 있었고, 1858년부터 100여 년 동안 프랑스의 식민 지배, 제2차 세계대전 당시 일본의 침략, 10년간 이어진 미국과의 긴 싸움 그리고 캄보디아 및 중국과의 다툼 등 숱한 전쟁 속에서 살아온 민족, 바로 베트남이다. 결단코 만만치 않은 나라로, 강대국들과의 전쟁에서도 단 한 차례도 지지 않았다는 자부심이 대단하다. 시간이 자기편인 것을 가장 확실하게 아는 대표적인 민족이다. 우리와 정서가 가장 잘 맞는 나라, '세계의 공장'인 중국을 위협하면서 중국, 인도에 이은 세계 3대 투자 유망 국가다. 미국과 중국 간의 무역 전쟁 와중에 중국을 대체할 만한 시장으로 가장 확실한 나라로 베트남을 꼽는다. 하나의 중국이라 할 수 있는 홍콩이나 대만 기업들도 중국 본토로부터 베트남 등지로 해외 이전을 가속화하고 있다. 이처럼 갑작스러운 대규모 공장 이전에 베트남 정부는 이제는 선별적으로 투자를 유치하는 상황이다. 특히, 중국 자본에 대한 경계감이 강화되면서 차이나 머니와 무늬만 베트남 생산인 수출품에 대한 국제 시장의 규제도 엄격해지고 있다. 이런 점을 감안하여 베트남 정부는 고부가 가치의 첨단 산업 기술과 친환경 분야로 투자를 제한하려 하고 있다. 투자 시기를 저울질하던 미국과 유럽 자금도 몰려들고 있다. 또한, 베트남 국내 기업들도 성장하면서 대부분의 비즈니스 영역에서 어깨를 나란히 하고 있다. 베트남은 동남아시아에선 유일하게 유교 문화가 널리 퍼져있고, 풍수지리까지 따지는 나라다. 주민등록제도와 호구 제도를 유지하고 있으며, 주소 이전과 행정적인 면에서 도·농간에 일부 제한 요소가 남아 있다. 베트남 건국 신화는 기원전 2879년, 중국 삼황(三皇)의 하나인 신농씨(神農氏)까지 거슬러 올라간다. 이들의 자손인 용왕의 아들 락롱꾸언(Lac Long Quan)과 천계의 딸 어우꺼(Au Co)를 조상으로 삼고 있으며, 국가 시조는 홍브엉(Hung Vuong)이다. 이러한 신화로 베트남 국민은 자신들이 '용의 후예들'이란 자부심을 갖고 있다. 1945년에 응웬(Nguyen) 왕조[1802~1945, 다낭(Da Nang) 인근 후에(Hue)가 수도]가 막을 내리고, 베트남 민족의 영웅이면서 독립의 아버지로 박호(Bac Ho, 호 아저씨)로 불리는 호치민[胡志明(Ho Chi Minh), 1890~1969]이 1945년 9월 2일에 베트남 민주 공화국 독립을 선언했다. 1975년 4월 30일, 월남(越南)의 수도 사이공이 함락되면서 남북 간 통일, 1986년의 개혁·개방 정책인 도이머이(Doi Moi, 1917~2018, 前 서기장) 채택, 1988년 외국인 직접 투자(FDI) 유치 시작, 1991년 경제 개발 10개년 계획 시행, 1995년 ASEAN 가입, 1998년 APEC 가입, 2000년 미국과 자유무역협정(FTA) 체결, 2014년 한국과 베트남 간 FTA 체결, 2017년 환태평양경제동반자협정(CPTPP) 및 역내포괄적경제동반자협정(RCEP)을 가입 및 체결했다. 2020년 1월부터는 아세안 의장국과 유엔 안보리(안전보장이사회) 비상임 이사국으로도 활동한다. 참고로, UN 안보리는 거부권을 가진 5개 상임 이사국(미국, 영국, 프랑스, 중국, 러시아)과 2년마다 교체되는 10개 비상임 이사국으로 구성된다. 비상임 이사국 선거는 5개국씩 매년 이뤄진다.

★ 베트남의 지리적 특성

베트남은 해안선의 길이만 약 3,444㎞, 남북 간의 길이는 약 2,200㎞로 비행시간만 약 2시간인 S라인 형태의 기다랗게 생긴 나라다. 중국과도 국경을 1,200㎞ 이상 맞대고 있다. 수도인 하노이 중심의 북부 지역과, 베트남을 남북으로 갈랐던 북위 17°선인 다낭을 중심으로 한 고도(古都) 후에와 호이안이 있는 중부 지역 그리고 베트남의 경제 중심 도시이자 과거 월남의 수도였던 호치민(옛 사이공)이 있는 남부 지역으로 나뉜다. 북부 지방의 하이퐁은 베트남 최대 항구 도시이며, 메콩델타를 끼고 있는 껀터는 남단 지역의 대표적인 농수산물 집산 대도시다. 최북단 사파에 있는 판시판(Fansipan) 산은 해발 고도 3,143m로 베트남뿐만 아니라 인도차이나반도에서 가장 높은 산이다. 호치민 남서쪽 300㎞ 바다 건너에는 567㎢ 크기의 휴양지로 유명한 베트남 최대 푸꿕[Phu Quoc, 부국(富國)] 섬이 있다. 과거엔 캄보디아 영토였다고 한다. 베트남은 기후나 풍습, 인종도 지역별로 많이 달라 매우 이색적인 나라이기도 하다. 그러나 유교와 불교 중심의 우리나라와 매우 흡사한 부분도 많다. 심지어 추석(뗏 쭝투, Tet Trung Thu)과 설(뗏, Tet)도 지낸다. 일주일가량인 설 연휴만 국가 지정 공휴일이다. 연간 외국인 관광객이 1,500만 명이 넘으며, 매년 중국인 500만 명, 한국인 400만 명, 일본인 150만 명, 대만인 100만 명, 미국인 100만 명이 베트남을 다녀간다. 최근 베트남 중부 지방인 다낭이 세계적인 관광지로 발돋움하면서 한국-다낭 간 비행편이 하루 10차례가 넘는다. 관광객의 절반 이상이 한국인 관광객이다. 베트남은 BC 2세기 중국(中國) 한(漢)나라에 의해서 월남(南越, 남비엣)이 망하면서 2000여 년간 중국의 영향권 아래에 있었다. 문자로는 '쯔놈[Chu Nom(字喃), 14~19세기 베트남 고유어를 문자로 표기하기 위한 한자(漢子) 바탕의 베트남 문자]'을 사용하고, 1600년대 프랑스 선교사 알렉산드 로데스에 의해서 베트남 말을 라틴어로 표기하면서 오늘에 이르고 있다.

★ 천년 수도 하노이

베트남 수도 하노이는 하내(河內), 즉 강 안쪽을 의미한다. 실제로 하노이에는 호안끼엠[Hoan Kiem, 환검호(還劍湖)], 서호[Ho Tay, 서호(西湖)]를 비롯해서 곳곳에 크고 작은 호수들이 산재한 내륙 분지에 위치해 있다. 홍강[紅江, 쏭홍(Song Hong)]은 중국 윈난성에서 발원하여 베트남 최북단 라오까이에서 하노이 남동쪽으로 총길이 약 1,150㎞를 달려서 통킹만(Bac Ky)으로 흐른다. 옛 월남의 수도 사이공(호치민)과는 기후에서도 차이가 크다. 호치민은 1년 내내 25~35도 사이의 건기(11월~4월)와 우기(5월~10월)로 계절이 나뉘지만, 하노이는 10~40도를 오르내린다. 하노이에는 뚜렷하진 않지만, 사계절이 존재한다. 기원전 3000년 전부터 사람들이 거주하였으며, 1009년에 리(Ly) 왕조가 성립하면서 1010년에 탕롱[1831년경에 지금의 하노이(Ha Noi)로 명명]에 수도를 정한 천년 고도다. 당나라 때는 안남도호부가 설치되어 있었다. 2008년 하떠이성과 통합하여 인구 천만 명이 넘는 메가시티로 변모했다. 베트남의 국부인 호치민이 안치된 바딘 광장을 중심으로 하여 국가의 주요 기관들이 들어서 있다. 2018년 6월경에 이뤄진 역사적인 싱가포르 제1차 북미 정상회담 이후 하노이와 다낭이 제2차 북미 정상회담 장소로 꾸준히 거론되었다. 결국, 2019년 2월에 하노이가 낙점되었다. 과거 북한의 우방으로서 같은 사회주의 국가 체제이며, 북한 김정은 위원장이 베트남식 개혁·개방에 관심이 많았기 때문이다. 지리적, 전략적 가치 때문에 베트남은 전 세계로부터 경제뿐만 아니라 국제 문제 등에서도 존재감이 커지고 있다. 2019년에 이뤄진 HSBC의 설문조사 '외국인이 살기 좋은 나라'에서는 세계 톱 10에 베트남을 10위로 올려놓았다. 1위부터 10위까지 순위로는 스위스, 싱가포르, 캐나다, 스페인, 뉴질랜드, 호주, 터키, 독일, 아랍에미리트, 베트남 순이다.

★ 경제수도라 불리는 옛 사이공, 호치민

베트남 경제수도라 할 수 있는 남부의 호치민[TP HCMC, 호지명(胡志明)]은 옛 월남(越南)의 수도로써 사이공(西貢)으로 불리다 1976년 통일 후 지금의 이름으로 바뀌었다. '동양의 파리', '동양의 진주'로 불릴 만큼 아름다운 도시다. 면적은 서울의 두 배인 약 2,061㎢이며, 인구 1천만 명의 대도시다. 평균 수심 5m 이상, 225㎞ 길이의 사이공강이 북서에서 남동쪽으로 흐른다. 하노이, 하이퐁, 다낭, 껀터와 함께 베트남 5대 중앙 직할시에 속한다. 19개의 군과 5개 현이 있다. 1군은 행정 관청 중심지, 2군은 서울의 강남 같은 곳으로 개발 중이며, 3군은 고위 관료 등 전통 부유층 거주지, 4군은 중심지 부근으로 개발이 진행 중이며, 5군, 6군, 11군은 화교(華僑)들이 많이 살고, 7군 푸미흥(富美興, Phu My Hung)과 빈탄(Binh Thanh)군은 한국인 집단 거주촌, 9군은 삼성전자, 인텔, 뉴텍 등이 있는 사이공 하이테크 파크(SHTP) 공단, 12군은 꽝쭝 소프트웨어 파크가 있는 실리콘밸리 같은 곳, 떤빈군과 고밥군은 호치민떤손녓공항의 배후지다. 수도 하노이가 많이 발전되었다고는 하나 아직도 많은 분야에서 6:4 정도로 호치민이 우세를 나타내고 있다. 베트남 행정 구역은 Quan[군(郡)], Huyen[현(縣)], Xa(마을), Thi Tran[읍(邑)], Phuong[동(洞)] 등으로 나뉜다. 교통, 기후 등 생활 환경은 하노이보다 훨씬 낫고, 살아 보면 계절의 변화도 느껴진다.

★ 전쟁의 역사 베트남

"Lich su Vietnam la lich su chien tran[베트남의 역사(歷史)는 전쟁(戰爭)의 역사(歷史)다!" 베트남의 역사를 한마디로 표현하면 '전쟁과 저항의 역사'다. 베트남은 중국, 프랑스, 일본, 미국 등 강대국들과의 숱한 전쟁 속에서 살아왔다. 2000여 년 전의 『삼국지』에도 등장하는 "제갈량이 남만왕 맹획을 일곱 번 잡았다가 일곱 번 풀어줬다."라는 칠종칠금(七縱七擒)의 고사에서도 알 수 있듯이, 뭇 사람들은 저항이 만만치 않은 민족으로 베트남을 꼽는 것을 주저하지 않는다. 1800년대에는 청나라 황제 건륭제가 20만 대군을 거느리고 침공하였으나 이기지 못했다. 1979년 2월에는 중국의 작은 거인 덩샤오핑이 "말 안 듣는 조그만 친구 베트남을 손보겠다."라며 10만 명의 군대로 베트남을 침공하였으나 전 국민적인 저항 기세에 눌려 2만여 명의 사상자를 내고 한 달 만에 퇴각하였다. 10만 명의 핀란드군 전사자 대(對) 50만 명의 전사자를 낸 옛 소련에 저항했던 핀란드를 연상시키는 나라다. 2011년과 2014년에는 난사군도 관련 영유권 분쟁 때도 중국에 대해서 강력히 저항하는 등 전쟁에서 그 어떤 강대국들도 베트남을 제압하지 못했다. 1946년에 벌어진 프랑스와의 제1차 인도차이나 전쟁 시작과 1954년 제네바 협정에 의한 휴전 및 북위 17°선 다낭(Da Nang) 기준으로 인해서 남-북 월남이 분단되었다. 1965년의 통킹만 사건을 계기로 미국이 개입된 10년 월남 전쟁은 1975년 4월 30일 사이공 함락으로 남북통일을 이뤘다. 10년 동안 베트남 전쟁으로 5백만 명 이상이 목숨을 잃었으며, 미군이 쏟아부은 폭탄만 해도 760만 t으로 제2차 세계대전 때의 3배, 한국 전쟁의 15배가 넘었다고 한다. 가장 큰 피해를 본 지역은 북과 남을 갈랐던 북위 17°선이 지나는 꽝찌(Quang Tri)성이었다. 1975년 전쟁에 의한 남북통일 이후부터 본격적인 개방 시기인 1990년까지 15년 동안 베트남에서는 무슨 일이 있었을까 하는 것에 많은 사람이 의문을 품는다. 역사를 보면, 패망 지역인 월남 국민에 대한 대대적인 숙청과 국민 재교육이 진행되었을 것으로 인식한다. 그런 와중에도 1986년부터 도이머이[Doi Moi, 쇄신·개혁·개방, 1917~2018, 전(前) 공산당 서기장] 정책을 통해서 나라의 기틀을 잡아가고 있다. 군사력은 50만여 명의 육·해·공 군대를 보유하고 있다.

★ 사회주의 공산당 통치 체제

베트남 통치 체제는 중국과 비슷하게 형식적으로는 15명 내외의 집단 지도 체제다. 서열 1위인 공산당 서기장 겸 국가주석 응웬 푸 쫑(Nguyen Phu Trong, 1944년 동호이성 출신, 1997년 정치국원 취임, 국회의장

역임, 2011년 서기장 취임)을 필두로 하여, 총리로는 응웬 쑤언 푹[Nguy-en Xuan Phuc, 1954년 꽝남성 출생, 전(前) 꽝남성 당서기, 하노이국립경제대 졸업]이 있고, 국회의장은 여성 최초인 응웬 티 낌 응언(Nguyen Thi Kim Ngan)이 권력을 나눠 갖고 있다. 2018년 9월에 쩐 다이 꽝 국가 주석이 병사하자 응웬 푸 쫑 서기장이 국가주석직을 2021년까지 겸임하면서 호치민 전 서기장 이후 처음으로 겸직하며 집단 지도 체제가 흔들리고 있다. 2018년 꽝 주석과 거의 동시에 도이머이(1917~2018, 1991~1997년 서기장 역임) 전 서기장도 101세를 일기로 세상을 떠났다. 1986년에 개혁·개방을 시작하여, 1988년에는 외국인 투자법, 1990년에는 회사법을 제정했다. 1991년 중국과, 1992년 한국 그리고 1995년에는 미국과 수교를 이뤄낸 인물이다. 베트남의 지도부는 2020년까지 매년 6~7% 경제 성장과 1인당 GDP 3,500달러를 목표로 하고 있다. 사법 체계는 최고 인민법원, 시 또는 성 인민법원, 지방 인민법원 그리고 군사법원 등 3심제로 구성되어 있다.

★ 미국과의 화해와 전략적 가치 그리고 영유권 분쟁

한편, 2016년 5월 22일, 미국과 베트남 간의 10년 넘는 전쟁 당사국 (1964~1975년 베트남 전쟁)의 지위를 바꾼 버락 오바마 미국 대통령의 방문으로 미국과 베트남 간 교류가 본격적으로 확대되었다. 매년 인원 55만 명이 당시 베트남 전쟁에 투입됐다. 2018년 3월엔 미 해군 칼빈슨 항공모함 전단이 43년 만에 다낭에 입항했다. 이로써 남중국해 (난사군도, 황사군도, 스프래틀리)를 둘러싼 미-중 간의 파워 게임에 있어서 힘(㈜)의 균형 이동이 본격화되었다. 1995년의 베트남-미국 간 국교 정상화 이후 양국 간의 교역 규모는 500억 달러에 이른다. 버락 오바마 미국 대통령의 베트남 방문은 2000년 빌 클린턴, 2006년 조지 부시 대통령에 이어서 세 번째였다. 2019년에는 역사적인 북-미 정상 회담의 장소로도 각인되었다. G2 파워 게임에서 미국의 대중국 봉쇄 정책 라인이라 할 수 있는 일본-한국-대만-필리핀-베트남을 연결하는 태평양 라인에 대한 미국 정책의 중요성이 읽히는 부분이다. 베트남 은 중국을 견제할 목적으로 과거 미군이 주둔했던 깜란만을 미국에 다시 개방하는 것도 검토하고 있다. 현재 영토 관련 영유권 분쟁 중 인 곳은 중국과 일본 간 센카쿠열도(댜오위다오), 중국과 필리핀 간 스 카보러섬(황옌다오), 중국과 대만 베트남 필리핀 브루나이 간 스프래틀 리군도(난사군도), 중국과 베트남 간 파라셀군도(시사군도) 등이다. 모 두 베트남과 관계가 깊다. 격화되는 중국과 베트남 간의 영유권 분쟁 은 1974년과 1988년 파라셀군도와 스프래틀리제도에서 해전을 벌인 점에서도 잘 나타난다. 2014년과 2019년에도 대치 국면을 이어가고 있다. 잠재적인 에너지가 풍부한 해역을 둘러싸고 수십 년 동안 분쟁 중인 곳이다.

〈남중국해 분쟁 수역(자료: D. Rosenberg)〉

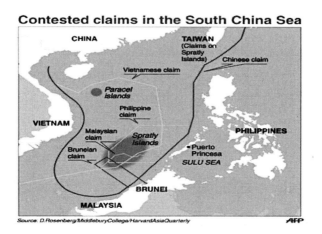

영리한 베트남 투자

제2장

베트남
생활과 문화

★ 부지런한 베트남 사람들의 일상

동남아시아의 다른 나라 사람들과 달리 베트남 국민은 참 부지런하다. 물론 유교 문화와 오랜 세월 동안 치러진 전쟁 등이 영향을 미쳤겠지만, 개인적인 부와 성공에 대한 욕구가 가장 큰 이유로 보인다. 아침 5시면 어느 곳을 가더라도 혼자 또는 너덧 명끼리 유니폼을 갖춰 입고 수십 명 단위로 모여서 운동하는 모습을 보게 된다. 주로 음악과 함께 에어로빅 같은 율동과 춤 위주의 활동인데 참선이나 요가도 흔한 모습이다. 가만히 보고 있노라면 참 열심이면서 남들의 시선은 아랑곳하지 않고 오로지 자기 자신에게 집중하는 것을 알 수 있다. 복장도 예사롭지가 않고 단체 운동복을 제대로 갖춰서 입었다. 아침부터 음악이 시끄럽다고 불만을 토로하는 사람이 없는 것을 보면 국민성이 아침 일찍 시작하고 철저히 개인의 생활을 존중하는 것으로 보인다. 사회주의의 영향 탓인지 단체 행사가 상당히 많으면서 모임에서 리더가 철저히 존중받고 행사를 진행하는 모습이 능숙하다. 토론이 자연스러우며 개인의 의견이 존중받지만, 결론은 거의 만장일치다. 가정에서도 특별한 경우가 아니라면 웃어른의 의견이 절대적이다. 이는 저녁 시간도 예외가 아닌데, 퇴근 후 이런저런 모임이 많으며 맥주 한두 병으로 밤늦도록 이야기를 이어간다. 밤 운동도 빼놓지 않고 자녀들과 놀이터에서 함께하며 시간을 보낸다. 베트남에선 노동조합이 법으로 철저히 보장받고 있어서 조그만 회사라도 잘 조직되어 있다. 외국인 투자 기업들에게는 다소 껄끄러울 수 있으나 법은 법이다. 우리에겐 부러운 것도 있는데 시에스타, 즉 낮잠이다. 사시사철 무더운 열대 지방이라 그런지 간단한 점심 식사 후 1시간 내외의 낮잠을 즐긴다. 은행 직원들도 예외가 아니고 셔터를 내리고 객장 바닥에서 개인 매트나 신문지 등을 깔고 잔다. 온종일 에어컨 속에서 일하는 사무직원들도 책상에 앉은 채로 낮잠을 즐긴다. 물론 그러면서도 출·퇴근 시간은 철저히 지킨다. 상사의 눈치나 수당 없는 야근 등은 아예 신경도 안 쓴다.

★ 오토바이 천국, 교통 문화

베트남은 국토가 기다랗게 생겼다. 북부 하노이에서 남부 도시 호치민까지는 거리가 무려 2,200㎞다. 열차로 40시간, 버스로는 5일가량 걸린다. 고속도로라 해 봐야 최고 속도 80㎞/h를 넘지 못한다. 그나마도 오토바이와 같이 달린다. 열차도 열악하기는 마찬가지라 호치민-하노이 구간이 1,700㎞로 협궤(1.00m)가 대부분이라 속도가 나질 않는다. 참고로, 우리나라는 표준 궤로 1.44m이며, 러시아는 광궤로 1.52m다. 베트남 사람들에게 없으면 안 될 것 중의 하나를 꼽으라면 단연코 오토바이를 들 수 있다. 무더위, 편의성, 경제성 등을 이유로 그 대수가 인구 두 명 가운데 한 대씩인 무려 5,000만 대에 이른다. 브랜드도 베트남, 대만(SYM), 일본(Honda) 등으로 다양하다. 가격대는 500달러에서부터 5,000달러까지 다양하다. 매년 300만 대 이상씩 팔린다. 도심지의 복잡함과 공해 방지를 이유로 버스, 지하철 등 대중교통을 이용한 오토바이 사용 감축 정책을 쓰고 있으나 현재로서는 별 효과가 없어 보인다. 수도 하노이는 전기 오토바이로 점차 바꾸는 정책을 강제하고 있다. 베트남 사람들 사이에선 우스갯소리로, "베트남에서 걸어 다니는 것은 외국인과 개뿐이다."라는 말로 자신들의 오토바이 사랑을 표현한다. 횡단보도를 포함하여 인도 시설도 열악하여 길을 건너려면 택시를 타야 할 정도다. 마냥 달려드는 오토바이와 자신의 존재를 표현하는 자동차 경적 소리에 정신이 혼미할 때가 많다. 서로의 눈빛과 오로지 직감으로 요리조리 피해 다니는 베트남 사람들이 신기하기만 하다. 하노이와 호치민에 건설 중인 지하철 개통을 계기로 과감한 오토바이 사용 제한 정책이 시행될지도 관심사다. 하노이는 전기 오토바이 사용을 강제하고 있으며, 호치민은 2025년부터 도심지 오토바이 출입 금지가 예고된다. 베트남 대중교통 특색 중 하나는 그랩 택시 사업과 그랩 오토바이 사업이다. 그랩, 고비엣, 비 등 3대 차량공유 사업자가 50만 명에 이르며, 그랩 오토바이의 경우 연간 1억 동에서 최고 1억 5천만 동까지 수입을 올리는 것으로 보인다. 사업 소득에 따른 세금은 4.5%다. 택시를 이용하기 힘든 우리나라와 비교하면 편리하고 부러운 교통수단이다. 참고로, 호치민시를 기준으로 차량 등록 대수 85만여 대, 오토바이는 약 850만 대에 이른다. 베트남의 교통 문화는 여느 나라와 크게 다르지 않다. 도보로 시작해서 자전거 시대를 거쳐 지금은 오토바이 중심이고 점차 자동차로 이어지고 있다. 버스나 지하철 등 대중교통은 아직도 요원해 보인

영리한 베트남 투자

다. 문제는 도로 인프라인데, 하노이나 호치민이 교통지옥으로 변할지, 천국으로 바뀔지 걱정이 이만저만이 아니다.

★ 젊은 나라 베트남, 결혼과 인구 정책

40대 이하가 인구의 절반을 차지하는 젊은 나라 베트남이다. 시내 어느 곳에서건 사진 찍는 모습을 볼 수 있는데, 특히 10~12월의 결혼 시즌에는 더하다. 포즈도 우리 눈에는 민망할 정도이지만, 이들에게는 자연스럽다. 베트남에서는 신혼부부가 연간 50만 쌍 정도 탄생하는데 법적 혼인 가능 연령은 남자 만20세, 여자 만18세다. 평균 혼인 연령은 남자 만26.8세, 여자 만22.9세로 결혼식 평균 비용은 우리 돈 1,000만 원에 이른다. 소득에 비하면 과시욕이 어느 정도인지 이해할 수 있다. 베트남 결혼 풍습은 다음과 같다. 신부네에서 한 번 그리고 하객들을 초청하여 식당 등에서 다시 한번 치른다. 한국-베트남 커플인 경우 결혼식과 피로연을 베트남에서 하고 한국에서 또 하는 경우도 일반적이다. 2019년 '인구 주택 센서스'에 따르면, 베트남의 인구는 96백만 명으로 아세안에선 인도네시아, 필리핀 다음으로 세 번째이자 세계 15위 규모다. 인구 밀도는 290/㎡, 평균 수명은 73.6세(남자 71세, 여자 76.3세)로, 25~59세 사이 인구의 88%가 노동에 참가하고 있다. 합계 출산율 1.0명으로 위태로운 저출산 문제가 심각한 우리나라가 부러워하는 것 중의 하나가 베트남의 인구 정책이다. 베트남에서 해외 투자국 1위 자리를 차지하는 한국은 많은 분야에서 베트남에 선진 기법들을 전수하고 있다. 그러나 30년 후를 보고 기획하고 시행하는 장기적인 인구 정책만은 우리가 배울 점이 많다. 우리나라 인구의 두 배 수준인 1억 명에 육박하는 베트남에서는 한 해에 155만 명의 신생아가 태어난다. 우리는 30만 명도 위태로운 수준이다. 한국은 연간 출생자와 사망자의 차이가 2015년 16만여 명 출생자 초과에서 2019년에는 2만 명대로 줄어들었다. 2020년대부터는 사망자가 출생자 숫자를 넘어서면서 본격적인 인구 감소 추세로 돌아설 전망이다. 베트남에서는 결혼도 빠를뿐더러 가족 간의 유대감이 강하고, 국가 정책적으로도 일방적인 인구 감소 정책이 아닌 합계 출산율 2명을 고수하고 있다. 장기적인 관점에서 인구 정책을 시행하고 있으며, 지속적인 모니터링을 통하여 급격한 출산율 문제를 극복하고 있다. 베트남도 소득이 높아지면서 한두 자녀에 집중하는 경향이 나타나고 있지만, 우리나라를 비롯한 선진국들의 인구 정책 실패 사례들을 집중 분석하고 있다. 그러나 한편으로는 심각한 남녀 성비 불균형이 사회 문제로 대두되고 있다. 2018년을 기준으로 여아 100명당 남아는 113명이다. 우리나라에 가장 많이 시집온 사람이 베트남인이라 같은 민족끼리도 결혼을 걱정해야 할 처지이며, 신부를 다른 나라에서 데려와야 할 지경이다. 참고로, 여성 1인당 OECD 출산율을 보면, 이스라엘 3.11명, 아르헨티나 2.28명, 프랑스 1.86명, 스웨덴 1.78명, 미국 1.77명, 중국 1.63명, 일본 1.43명, 한국 0.98명이다. 다행인 것은 후발주자인 베트남이 잘하는 것 중의 하나가 바로 이런 선진국들의 실패를 거울삼아서 정책과 제도를 시행한다는 점이다. 반면교사(反面敎師)를 가장 잘 실천하는 나라가 베트남이다.

연령별 인구 비율

	만0~9세	만10~19세	만20~29세	만30~39세	만40~49세	만50~59세	만60~69세	만70세 이상
비율	8.30%	9.90%	13.17%	14.03%	16.38%	16.62%	11.48%	10.12%

*2018년 12월 기준/자료출처=통계청

영리한 베트남 투자

★ 한국 뺨치는 교육열과 학교생활

베트남 학제는 유아원과 유치원 각 3년, 초등학교 5년, 중학교 4년, 고등학교 3년, 대학교 4년, 대학원으로 이루어져 있다. 신학기는 9월 1일에 시작되어 12월 말까지, 2학기는 1월부터 5월 말까지다. 겨울방학 15일, 여름방학은 6월 초부터 8월 말까지 3개월이다. 부모들의 교육열도 강해서 한두 자녀를 낳아서 최고로 길러내려는 욕구는 우리를 능가한다. 특히, 베트남의 국부로 추앙받는 호치민은 전쟁 중에도 유능한 젊은이들을 식민 지배국인 프랑스와 적국인 미국 그리고 같은 사회주의 국가인 소련, 헝가리, 체코, 폴란드 등 동유럽으로 유학 보내 미래를 도모하였다. 통일 이후 국내로 돌아온 이들이 호치민 등의 남쪽으로 내려와 사회 지도층으로 활약하고 있으며, 베트남 사회를 이끄는 중추로 자리 잡았다. 2019년에 이스라엘에서 열린 제50회 국제 물리 올림피아드에서 베트남 탄화성 람선고등학교 졸업생 응웬 칸 린(Nguyen Khanh Linh)은 금메달을 목에 걸었으며, 최고 여학생상에 올랐다. 출전한 5명(금메달 3명, 은메달 2명) 모두 수상했다. 전체 등위도 중국, 한국, 러시아에 이어서 세계 4위다. 베트남의 잠재성을 엿볼 수 있는 대목이다. 투자 활성화로 베트남 사람들의 부가 급격하게 늘어나면서 자녀들의 미국, 영국, 캐나다, 호주 등 영어권 외국 유학도 봇물이 터지듯 이루어지고 있다. 참고로, 자산 규모가 미화 100만 불 이상인 베트남 백만장자도 약 15,000명에 이른다. 이처럼 베트남 교육 수준 향상으로 인해 사업이나 신규 또는 재취업 등으로 해외로 나가는 베트남 사람들이 자녀 동반으로 나오는 경우도 많다. 이들에게는 해외 거주 시 자녀 교육이 가장 큰 고민거리 중의 하나다. 하노이와 호치민에는 한국 교육부 산하 국제 학교가 각각 있다. 그러나 베트남 거주 한국 교민 수가 25만 명에 육박하다 보니 이들 국제 학교는 포화상태다. 부득이하게 영국, 미국, 호주, 캐나다 등 국제 학교로 취학하는 경우도 허다하다. 이들 영어권 국제 학교는 교육비도 비싸서 연간 학비가 2만 달러에 이른다. 우리나라는 베트남을 포함한 외국 소재 출신 고교생들을 대상으로 하는 대학 특례 입학 제도가 있다. 한국 국내 대학의 외국 학교 출신 특례 전형은 3년과 12년의 두 가지가 있으며, 6개 대학에 원서를 넣을 수 있다. 3년 특례는 입학 정원의 2% 이내로 고교 1학년 과정을 포함하여 3년 이상 외국 학교에 다녀야 하고, 공무원과 특파원의 경우 한 부모만 3년 이상 체류하면 가능하다. 12년 특례는 초·중·고 전 학년 과정을 외국 학교에서 이수하고, 정원 외 선발이다. '2020년 세계대학평가순위(Quacquarelli Symonds)' 자료에 따르면, 베트남 국내 대학교는 1,000위 안에 국립 호치민대(VNU-HCM, 701위)와 국립 하노이대(VNU-HNI, 801위) 등 두 개가 선정되었다. 주요 순위는 MIT, 스탠퍼드, 하버드, 옥스퍼드, 캘텍, 취리히공대, 케임브리지 등이 1~7위다. 국내 대학은 서울대(37위), 카이스트(41위), 고려대(83위), 포항공대(87위), 성균관대(95위), 연세대(103위), 한양대(150위), 이화여대(331위) 등이다. 한국의 학령인구가 급속도로 줄어들자 베트남에서의 교육 사업도 눈길을 끌고 있다. 키즈 아카데미, 한국어어학당, 디자인스쿨, 기술대학, 산학협력학교, 창업 스쿨, 승마학교, 경영대학원 등 교육 관련 투자도 문의가 이어지고 있다. 인구 구조상 금융 투자와 함께 교육 관련 투자도 베트남이 유망하다.

★ 중국과 한국을 능가하는 유교 문화

베트남 사회생활에서 지켜야 할 것들이 있다. 베트남에는 강한 유교 문화가 남아있어서 장유유서가 철저히 지켜진다. 유교의 나라인 중국과 한국을 넘어선다. 법과 규칙보단 감정적이며 자존심이 강한 민족이다. 공개적인 모욕이나 개인의 체면을 깎아내리는 언행은 철저히 삼가야 한다. 직장에선 일반적으로 직위나 직책 대신 미스터, 미스, 마담 등으로 불린다. 직장 생활에서는 우리보다 훨씬 평등한 사회로 비친다. 출·퇴근 시간이나 휴식 시간, 휴가, 복지, 시간외근무수당 등 자기 권리 찾기에 당당하며, 철저한 계약 관계로 이뤄진다. 노동조합 조직이 강하고 사회주의 국가답게 노동자의 권리는 철저히 법으로 보장한다. 한 번에 여러 가지 일을 시키기보다는 한 번에 하나씩 문서로 명확하게 지시해야 한다. 베트남 사람들에게 'OK'는 문자 그대로의 오케이가 아니다. 거절하지 못할 경우 일반적으로 하는 애기 정도로만 이해한다. 기본적으로 존중하는 마음으로 대하고 잘못된 경우에는 단호하게 대처해야 한다. 철저하게 문서 위주로 업무를 진행하며, 법적인 문제는 외국인에게 상당히 불리함을 인식해야 한다. 1000여 년 동안 외세와의 전쟁 속에 살아 온 베트남 민족에겐 자국민끼리 돕고 사는 정서가 있는데, 이는 어느 민족과도 비할 바가 못 된다. 따라서 법도 베트남 국민에게 우호적일 수밖에 없으며, 부득이한 경우에는 시간을 끌어서 외국인 스스로 포기하게 만든다. 베트남 사람들은 철저하게 자국민 편이라는 사실을 기억해야 한다. 어릴 때부터 교육도 그렇게 받고 있으며, 베트남 사람이 함부로 외국인 편을 들거나 그들의 자존심을 건드리면 경우에 따라서는 목숨을 걸어야 한다. 뉴욕에서 가장 무서운 마피아 조직이 베트남 사람들이라고 한다. 떼로 죽자고 덤비는 데는 답이 없다.

★ 열악한 의료 수준과 미(美)에 대한 갈망

선진국이나 후진국을 불문하고 해외 생활에서 가장 불편한 것 중의 하나가 의료다. 베트남에서도 웬만한 치료는 가능하지만, 저자는 일단 누군가가 아프다고 하면 무조건 귀국행 비행기를 타라고 권유한다. 낮은 의료 수준, 높은 치료비 그리고 의사소통 문제 등이 가장 큰 원인이다. 그런데 해외 의료는 거주 교민들만의 문제가 아니고 경제적으로 여유 있는 자국민들도 의료 선진국에서 치료받기를 원한다는 점에서 문제가 있다. 현지에서 살다 보면 자국민이 해외에서 치료받던 중에 숨졌다는 소식을 자주 접한다. 자국의 의료 수준을 자국민도 믿지 못하기 때문에 생기는 일이다. 베트남에서도 인근 의료 선진국인 태국이나 말레이시아, 싱가포르 등으로 해외 원정 치료가 인기다. 좀 더 여유 있는 계층은 한국과 일본으로까지 장거리 의료 쇼핑에 나선다. 다른 것들은 수준의 차이를 어느 정도 극복할 수 있으나 의료 관련은 생명이 오가는 일이라 무시할 수 없다. 베트남은 우리의 의료 수준을 100으로 봤을 때 50을 넘지 못한다고 판단된다. 최근 몇 년 사이에 국제적인 병원들이 많이 진출해 있으나 의료 수준이 전반적으로 올라오는 데는 한계가 있다. 의료 관련 투자 제한도 의료 분야의 발전을 가로막고 있다. 일반 법인이 100% 외국인 투자를 허용하는 것과 대조적으로 의료 관련은 50% 이내 혹은 일부 종목에 따라서 70% 등으로 제한하고 있다. 투자 절차도 상당히 복잡하고 자국 병원 대비 무리한 조건들이 달라붙는다. 의료 수준은 낮은데 외국인들의 경우 치료비는 무척 비싸서 소위 말하는 가성비가 떨어져 현지 치료를 꺼린다. 자국민은 의료보험이 있으나 외국인은 주택 가격(프로젝트별 30% 이내에서 외국인끼리만 거래)과 같은 이중 가격제가 의료비에도 적용된다고 보면 된다. 로컬 병원을 이용해 본 경험이 있다면 여러모로 다시 가기가 겁날 정도이다. 따라서, 특별히 이동에 불편이 없으면 귀국해서 자국에서 치료받기를 원한다. 건강만큼 중요한 것은 없어서 의료 수준이 일정하게 올라오지 않으면 일반 투자도 한계가 있을 수밖에 없다. 현지에서 의료 관련 전시회나 설명회도 자주 열리고 있으나 피부, 미용, 성형 위주이며 이마저도 수술이 아닌 시술로 극히 제한적이다. 그러나 이러한 점을 볼 때 역설적으로 유망한 외국인 투자 종목 중의 하나가 의료 관련 비즈니스가 될 수도 있다. 한국 의료인이 베트남에서 의료 기관을 설치하고자 한다면 의료 투자법인 설립, 의료 기관 인허가, 의료인 자격 인증 등의 절차를 거쳐야 한다. 비의료인이 의사를 고용하여 병원을 운영할 수도 있다. 의료 투자법인의 기본 자본금은 종합 병원(Hospital) 2,000만 달러 이상, 종합 의원(Polyclinic) 200만 달러 이상, 일반 의원(Specialty Clinic)은 20만 달러 이상이 요구된다. 병원 인허가 기관은 베트남 보건부(MOH)와 각 시, 성, 정부의 투자계획부(DPI)다. 의사 자격증은 본국의 의료 자격증과 노동 허가서 등이 필요하다. 주로 영어, 중국어, 러시아어, 프랑스어, 일본어, 한국어 등의 언어 능력 증명서나 통역원의 언어 자격 증명서 등이 요구된다. 베트남 내 한국계 병원도 점점 늘어나는 추세다. 피부, 미용, 성형, 치과 등이 주류인데 내과도 상당히 진출해 있다. 특히, 우리나라에서 이미 잘 갖춰진 건강검진 분야도 수요가 큰 만큼 진출해 보는 것도 큰 투자 기회가 될 터이다.

★ 극심한 빈부 격차

인구 1억 명의 베트남은 소득 불균형으로 빈부 격차가 아직은 사회 문제가 되고 있지는 않지만, 잠재하고 있는 것은 사실이다. 거주 이전이 자유롭지 않고, 지역별 소득 격차가 심하며, 급격한 경제 개발로 젊은 층의 도시로의 이주가 가속화되면서 도심지 생활 환경은 열악하다. 공단 지역 취직을 위한 젊은이들의 생활 패턴은 10만 원 안팎의 방을 빌려서 많게는 5~6명이 함께 생활하는 것이 일반적이다. 특별히 안타까운 것은 시골에서 갓 중학교 정도를 졸업하고 도시로 와서 가정부나 마사지 업소, 식당 등에서 일하는 젊은 여성들이다. 이들이 외국인과의 결혼으로 이어지는 경우도 많다. 주로 베트남 남부 지방 출신인 이들은 시골에 남아있는 가족들의 생계까지 책임지는 경우가 대부분이어서 안타까움을 더한다. 이에 반해서 돈 많은 베트남 부자들은 상상을 초월한다. 성공한 사업가와 고위 관료들은 10~30채의 집을 가지고 임대 수입으로 생활하는 사람도 많다. 상업용 건물의 임대 수입은 서울과 별 차이가 없을 정도다. 거의 외국인들로 채워졌던 골프장도 옛말이 되었다. 수많은 외국인이 베트남 주인이 소유한 아파트나 상가에 월세를 들어 사는 게 낯설지도 않은 풍경이다. 베트남 기업에 취직하려는 한국인들도 줄을 잇고 있다. 이처럼 세상은 변하고 있다. 베트남 사람들의 말에 따르면, 베트남에서의 돈벌이는 더 이상 외국인들에게서는 배울 게 없단다. 베트남에선 우리가 제대로 배울 차례다.

★ 아오자이로 대표되는 의복 문화와 월남치마

베트남 하면 쌀국수(Pho)와 함께 하늘거리는 아오자이(Ao dai)를 입은 젊은 여성들을 떠올릴 것이다. '아오(Ao)'는 윗옷을 의미하고, '자이(dai)'는 길다는 뜻으로 아오자이는 위아래가 한 벌로 이뤄진 전통 의상을 말한다. 우리의 한복이나 중국의 치파오(旗袍) 같은 옷으로 교복, 결혼 예복, 연미복, 각종 행사, 때로는 근무복(유니폼)으로 입는 전통 복장이며 원래는 남녀 공용이었다고 한다. 아오자이는 18세기부터 전해 오는 역사적인 의복이며, 기본적으로 실크를 재료로 한다. 흰색은 기본으로 소녀들이 주로 입었으며, 어른이 되면 빨강, 파랑 등으로 화려해지고 다양한 형태로 발전해 간다. 보기에는 심플해 보이지만, 옷을 맞출 때는 무려 24군데나 치수를 잰다고 한다. 아오자이는 베트남 문화의 상징으로 꼽힌다. 아오자이는 한국에서는 월남치마라고 불린다. 베트남 전쟁이 한창이던 1970년대부터 우리나라 부녀자들이 입기 시작했으며, 지금까지 이어져 오는 헐렁한 고무줄을 넣은 치마를 일컫는다. 참고로, 몸뻬(일본의 일바지)는 고무줄을 넣어서 만든 바지로, 지금도 비슷한 유형의 치마바지 같은 옷을 동남아시아 관광지 곳곳에서 볼 수 있다. 우리나라에서도 예외가 아니다. 또한, 베트남에서는 위아래로 똑같은 디자인의 잠옷 비슷한 옷을 입고 일하거나 장사하는 사람들을 자주 볼 수 있다. 이처럼 베트남 옷은 국적을 가리지 않고 편의성과 경제성을 가졌으며 하나의 '컬처 코드'로 자리매김하고 있다.

★ 커피 천국 베트남과 커피 벨트

우리나라가 수입하는 대부분의 커피는 베트남에서 왔다고 보면 맞다. 베트남은 브라질에 이어서 전 세계에서 두 번째로 많은 양의 커피 생산국이다. 베트남 전역에서 연간 170만 t 정도 생산되고, 30억 달러를 수출하는 규모다. 참고로, 커피는 원산지가 에티오피아다. '에티오피아' 하면 가장 먼저 떠오르는 단어는 커피 원산지, 클레오파트라, 시바의 여왕 그리고 2019년 100번째 노벨평화상 수상인 아비 아머드 알리 총리 등일 것이다. 그만큼 사람들은 전 세계 교역량 1위 품목인 '커피' 하면 단연코 에티오피아를 떠올리며, 최고급 커피 중의 하나로 꼽는다. 에티오피아 '카파(Kaffa)'라는 마을에서 '칼디'라는 목동이 염소들이 까만 열매를 먹고 좋아하는 모습을 발견하고 먹기 시작한 열매가 바로 커피이며 커피의 원산지로 인정받고 있다. 커피는 로부스타와 아라비카 두 종류가 있으며, 로부스타종의 카페인 함량이 아라비카의 두 배로 쓴맛이 강하다. 또한, 고산 지대에서 자라는 아라비카종이 더 비싼 가격에 팔린다. 남북회귀선, 적도(Equator) 기준 남·북 20°선을 일컬어 '커피 벨트(Coffee Belt)'라 부르며, 에티오피아, 코트디부아르, 우간다, 인도네시아, 베트남, 브라질, 콜롬비아, 과테말라, 에콰도르 등이 속한 지역이다. 세기의 미인인 엘리자베스 테일러의 영화 〈클레오파트라〉(1963)로도 유명한 카이사르(시저)와 안토니우스 사이에서 사랑을 독차지하였으나 비극적인 결말을 맞이한 왕비 클레오파트라도 에티오피아 출신으로 알려져 있다. 고대 솔로몬 왕과 시바의 여왕 사이에 태어난 메넬리크 1세가 에티오피아의 초대 황제가 되었다는 사실 등 수많은 역사를 간직하고 있는 나라가 바로 에티오피아다. 그러나 한편으로 베트남도 커피에 있어서는 유명 반열에 오르고 있다. 커피 종류도 로부스타 위주에서 아라비카종으로 바꾸면서 스타벅스에도 납품하고 있다. 도심지 어디서나 목욕탕 의자 같은 것으로 둘러앉아 커피를 마시면서 그들만의 여유를 즐기는 베트남 사람들의 모습에서 커피 천국의 모습이 아른거린다.

★ 우리 입맛에도 맞는 베트남 음식

베트남 하면 쌀국수(Pho)를 빼놓을 수 없다. 베트남 남부 최대의 농수산물 생산지인 메콩델타를 품고 있어서다. 메콩델타는 열대 기후에 메콩강을 끼고 있어서 1년에 최대 3모작까지 가능하다. 한쪽에서는 벼를 베면서도 한쪽은 모내기가 한창인 것을 쉽사리 볼 수 있다. 베트남은 태국에 이어서 세계 두 번째 규모의 쌀 수출국이기도 하다. '모든 강의 어머니'라는 뜻의 메콩(Song Me kong)은 티베트 고원에서 발원하여 중국 윈난성, 미얀마, 태국, 라오스, 캄보디아를 거쳐 베트남 남부 지역 동쪽 바다로 총 길이 약 4,350㎞를 흐른다. 인도차이나 반도의 젖줄이다. 우리에겐 안남미(安南米)라는 인디카종의 쌀로 유명하다. 지금은 일본과 태국종의 쌀이 인기다. 돼지고기, 쇠고기, 각종 생선 및 조개류 그리고 나물류까지 베트남 음식은 우리에게 낯설지 않다. 라우 하이산(Lau Hai San)으로 불리는 해산물 국물 요리도 일품이다. 튀김류도 다양하여 동남아시아에선 우리 입맛에 가장 잘 맞는 요리가 아닌가 싶다. 한국에서는 젊은 사람들도 선호하는 음식이 되었다. 옷(Ot)이란 작지만, 청양고추보다 매운 베트남 고추, 느억맘(Nuoc mam)이라는 간장 소스까지 우리 입맛에 거부감이 없다. 조그만 꽃같이 위로 솟구쳐 자라는 베트남 고추는 매운맛이 짧고 강렬하다. 나무같이 자라며 모양과 색감이 뛰어나 정원수로도 가꾼다. 고약한 냄새로 유명한 과일, 사오링(Sau Rieng)이라 불리는 두리안도 우리에게는 익숙한 이름이다. 다만 농약 잔류 검사 통과가 어려워 우리나라에서는 베트남 과일보다 태국이나 필리핀산이 일반적이다.

★ SNS로 소통하는 젊은이들

젊은이들이 많은 베트남 국민의 특성 중 하나는 소셜미디어(SNS) 활용도가 굉장히 높다는 사실이다. 베트남은 사회주의 국가 체제라 언론 통제가 심한 나라 중의 하나다. 거의 모든 신문, 잡지, 서적, 방송 등에 대한 언론사전검열제도(Censorship)가 시행되고 있다. 베트남 도심지 길거리에서 서점을 본 적이 있는지 궁금하다. 서점이라고 해봐야 문방구 진열 위주이며, 그마저도 외국 서적들이 대부분이다. 따라서 베트남에서 신문이나 책을 읽는 사람을 발견하기가 여간 어렵지 않다. 대부분의 사람은 스마트폰을 이용한 유튜브, 페이스북, 인스타그램 등을 이용하여 정보를 얻고 있다. 베트남 국민의 인터넷 이용 시간은 1일 평균 6시간 42분이다. SNS 1일 평균 이용 시간은 2시간 23분이다. 가장 많이 이용하는 SNS 수단은 페이스북이다. 온라인 쇼핑, 채팅 앱(애플리케이션)의 70%를 페이스북 메신저를 통해서 이용한다. 전자 상거래(e-Commerce) 시장 규모는 약 100억 달러나 된다. 2025년에는 350억 달러에 이를 것으로 전망된다. 주로 전자 상거래 플랫폼보다는 소셜미디어를 통한 패션 제품을 쇼핑한다. 전자 상거래 시장에서 대표적인 기업으로는 알리바바가 인수한 '라자다'와 베트남 토종 기업인 '티키'를 꼽을 수 있다.

★ 베트남에서 인맥 쌓기

비즈니스는 사람이 하는 것이라 인간관계가 기본이 되는 것은 베트남에서도 마찬가지다. 많은 나라가 그렇듯이 해외 투자에 있어서 가장 큰 걸림돌은 '라이선스' 받기다. 사업 인허가가 곧 그들의 권력이기 때문이다. 인허가 문제는 법적, 제도적 장치가 마련되어 있다고는 하나 현실적으로 들어가면 얘기가 달라진다. 시간과 돈 그리고 엄청난 인내심을 요구하는 지난한 작업이다. 그러나 반드시 거쳐야 하는 통과의례다. 편법과 불법을 써서 빨리하는 방법이 없는 것은 아니나, 그로 인해 치러야 할 기회비용(機會費用) 또한 만만찮다. 잘 모르는 브로커를 써서 일을 진행하다가 잘못되는 경우도 부지기수이고, 급한 마음에 베트남 현지인의 이름을 빌려서 사업을 시작하는 경우도 있으나 한순간에 그들의 손으로 회사가 통째로 넘어가는 경우도 흔하다. 베트남을 한마디로 '만만치 않은 나라'라고 표현했듯이, 시간과 돈이 들더라도 정도를 걷는 게 정상적인 절차다. 관행이라는 게 있어서 일정 부분의 유연성은 당연히 요구된다. 공산당 서기장, 국가주석, 총리, 국회의원, 장관, 군인, 경찰 등 고위 관료들과의 인맥을 들먹이며 접근하는 브로커는 특히 주의가 요구된다. 베트남에서 인맥 쌓기는 시간과 돈 그리고 상당한 노력이 수반되어야 함은 물론이다. 그리고 진짜 선수를 알아보는 눈이 필요한데, 사실 이것은 경험이 없으면 불가능한 일이다. 그래서 무턱대고 들이밀다가 한 방에 훅 가는 경우가 허다하다. 인생도처유상수(人生到處有上手)라고, 곳곳에 선수들이 있지만, 진짜를 구분할 수 있는 눈이 필요하다. 베트남에서 인맥은 가려가면서 맺어야 한다.

★ 〈미스사이공〉, 〈굿모닝 베트남〉, 〈플래툰〉, 〈지옥의 묵시록〉 그리고 엔터테인먼트 비즈니스

전쟁의 역사를 오롯이 간직하고 있는 베트남 관련 영화는 수도 없이 많다. 1980~1990년대의 〈람보〉, 〈플래툰〉 등 대부분의 전쟁 영화는 베트남이 그 배경이었다. 1980년대에 처음 만들어진 〈미스사이공〉(1989)은 뉴욕 브로드웨이와 런던 피카델리 서커스에서 지금도 공연되고 있다. 〈미스사이공〉은 〈캣츠〉, 〈레 미제라블〉, 〈오페라의 유령〉과 함께 '세계 4대 뮤지컬'로 꼽힌다. 1975년 베트남 전쟁을 배경으로 미군 병사 크리스와 미스사이공 킴 사이의 애절한 사랑을 그린 작품이다. 저자는 이 작품을 1990년경에 필리핀 마닐라에서 샤론 쿠네타라는 유명 여배우가 연기하는 뮤지컬로 처음 접했다. 〈굿모닝 베트남〉(1987)은 로빈 윌리엄스 주연의 연기가 일품이었던 영화로, 역시 베트남 전쟁 영화였다. 〈플래툰〉(1986)은 올리버 스톤 감독·주연의 영화다. 〈지옥의 묵시록〉(1979)은 프란시스 코플란 감독, 말론 브랜도 주연의 베트남 전쟁 영화의 정수다.

다양한 문화와 역사를 배경으로 한 베트남에서는 엔터테인먼트 사업도 번성하고 있다. 30대 이하 나이의 세대가 인구의 절반이 넘는 젊은 나라답게 소비층도 두텁다. 음악, 미술, 연극, 오페라와 더불어 다양한 행사와 공연들이 이어지고 있다. 경제와 문화의 중심인 호치민을 기준으로 1년 내내 따뜻한 기후, 인근 아세안 10개 나라 사람들의 자유로운 왕래, 연간 1천 5백만 명이 넘는 외국인 관광객 그리고 기업들의 베트남 진출을 계기로 다양한 이벤트들이 속속 열리고 있다. 영화는 가볍게 볼 수 있는 코미디와 호러물, 남녀 간의 사랑을 배경으로 한 작품, 가족 간의 따뜻한 사랑을 그린 영화들이 인기다. 배우가 꿈인 아이들이 많아 키즈 아카데미 형식의 연기 학원도 유망하다. 소득이 높아지면서 취미 삼아 연기를 배우는 사람도 늘어나고 있다. 또한, 모델 수요도 차고 넘쳐서 모델 학원도 인기를 더하고 있다. 인구 1억 명에 중국과 국경을 접하고 있어서 다른 동남아시아 국가들에 비해 색다른 인종적인 특성도 엔터 경쟁력에 한몫하고 있다. 가냘픈 몸매에 부드러운 피붓결 그리고 아오자이로 대표되는 베트남 여성들의 외모는 찬사를 자아낸다. 대도시를 중심으로 젊은이들이 많아 수요층이 단단해지면서 극장과 공연장이 곳곳에 생겨나고 있으며, 오페라 하우스 등 고급문화 공간도 속속 등장하고 있다. 음악뿐만 아니라 베트남 미술의 역사도 상당하며 홍콩이나 싱가포르에서 베트남 출신 작가들의 작품은 동남아시아 최고 수준을 자랑한다. 100여 년 동안의 프랑스 지배가 크게 영향을 미쳤으며, 이들 유학파가 베트남 미술 시장을 이끌고 있다. 할리우드 영화도 거침이 없으며, 한류 바람을 타고 한국물의 인기도 대단하다. 이마트와 롯데마트 등 대형 마트들이 늘어나면서 이와 더불어 CJ CGV가 전체 스크린의 65% 이상을 점유하고 있으며 롯데 시네마도 곳곳에 생겨나고 있다. 우리나라에서 성공한 영화를 리메이크한 작품들도 늘어나고 있다.

베트남의 대표적인 인기 연예인은 가수 겸 배우로 우리에게도 잘 알려진 아이작(Isaac, 1988년 6월 13일생)이다.

그는 베트남 남부 껀터 출신으로 호치민 빈홈에 거주하고 있으며, 2010년 아이돌 그룹인 365 밴드로 데뷔하였다. 잘생긴 외모와 안정적인 가창력으로 큰 인기를 얻으며 톱스타 반열에 올랐다. 한결같은 성실함과 겸손함으로 팬들에게 다가가고 있다. 펩시와 삼성전자 휴대전화 광고 모델로도 활동하였다. 2019년 10월에 제24회 부산 국제 영화제에 '월드 프리미엄' 작품으로 초청된 그가 출연한 영화 〈Anh Trai Yeu Quai〉('악마 같은 우리 형'으로 번역)는 두 차례나 상영되었다. 2016년의 한국 영화 〈형〉(권수경 감독, 조정석, 디오, 박신혜 주연)을 리메이크한 작품이다. 이복형제인 형과 유도 선수인 동생 간의 우애를 다룬 가족 영화로, 패럴림픽에 출전하여 베트남에 금메달을 안겨 주는 감동을 그린 작품이다. 2016년의 〈Tam&Cam: The Untold Story〉로 아시안 스타상에 이은 두 번째 부산 국제 영화제 초청작이었다. 할리우드 진출이 목표인 당찬 영화배우 겸 가수다.

베트남의 엔터테인먼트 사업은 전시, 컨벤션 및 관광 산업과 함께 제조업만큼이나 베트남 정부가 공을 들이는 사업이다. 그런 만큼 앞으로는 이런 쪽에 비즈니스 포커스를 맞춰야 살아남을 수 있다. 베트남에서 최근에 가장 많이 늘어나는 사업체 중의 하나가 유통업과 함께 엔터테인먼트 비즈니스다. 동남아시아에서 싱가포르와 홍콩이 주름잡던 마이스 산업(MICE, Meeting, Incentive, Convention, Event&Exhibition)에 베트남도 뛰어든 형국이다. 2018년 6월의 역사적인 싱가포르 제1차 북미 정상회담에 이은 2019년 2월의 베트남 하노이 제2차 북미 정상회담이 이를 입증했다. 저자는 그 나라의 국력은 뭔가를 만들어낼 수 있는 능력, 즉 제조업과 문화 수준이 결정한다고 본다. 우리나라와 마찬가지로 외곽 지역은 벌써부터 일할 사람이 없어서 공장을 지어 봐야 헛일이 되고 있다. 산업의 패러다임 변화를 제대로 읽고 빨리 적응해야 하는 것은 베트남에서도 마찬가지인 셈이다. 싼 임금에 부가가치가 적은 산업은 베트남 정부도 이제는 별로 반기지 않는 것이 현실이다.

★ 박항서 감독이 불 지핀 축구와 스포츠 열기

동남아 지역 대부분이 그렇지만, 베트남도 아직은 국력과 체력의 열세로 스포츠 분야에선 두각을 나타내지 못하고 있다. 하지만 근래에 들어서서 국가 체육 사업에 대한 투자가 늘면서 각종 기록이 쏟아져 나오고 있다. 2016년의 브라질 리우 올림픽에서는 남자 사격 부분에서 금메달 1개, 은메달 1개를 따냈다. 당시 베트남 남자 대표팀 사격 감독은 한국인 박창건이었다. 이외에도 베트남은 2008년과 2012년에도 남자 역도와 여자 태권도에서 각각 은메달 하나씩을 목에 걸었다. 국력은 체력이라는 말처럼 베트남 정부도 국민의 체력 향상과 이를 통한 애국심 고취에 열심이다. 다양한 스포츠를 장려하는데, 축구, 농구, 야구, 테니스 등 구기 종목과 태권도, 유도 등 투기 종목 그리고 수영까지 지평을 넓히고 있다. 앞으로는 아시안 게임과 올림픽을 유치하는 날도 올 것이다. 베트남 사람들이 가장 좋아하는 스포츠는 단연코 축구다. 그 중심에는 대한민국 경남 산청 출신의 '쌀딩크'라고 불리는 박항서 감독이 있다. 축구 관련 베팅도 인기다. 저자도 산청이 고향이다. 2018년에는 하노이 아시안 게임을 유치하고도 여러 가지 재정이나 스포츠 실력이 부족해서 남의 나라 잔치가 될 것을 염려하여 유치권을 인도네시아 자카르타와 팔렘방에 넘긴 기억도 있다. 그런 만큼 절치부심하여 이젠 스포츠 분야에서도 세계와 당당히 어깨를 겨루는 시대가 다가오고 있다. 베트남의 스포츠 열기는 박항서 감독이 불을 지피고 또 달구고 있다.

박항서 감독은 베트남의 축구 영웅이다. 2019년 12월, U-22(22세 이하) 동남아시안(SEA) 게임에서 베트남은 인도네시아를 꺾고 우승을 차지했다. 60년 만의 첫 우승으로써 6승 1무의 완벽한 전적으로 금메달을 따냈다. 2018년 8월 18일부터 9월 2일까지 인도네시아 자카르타와 팔렘방에서 열린 '제18회 아시안 게임'에서도 베트남 역사상 처음으로 축구 4강에 올랐다. 우리나라가 2002년 월드컵 4강에 오른 것에 버금가는 열광이었다. 특히 4강에서는 한국과 맞대결을 펼쳤으나 우리에게 3:1로 패하고 4강 동메달 결정전에서 우즈베키스탄에 승부차기에서 패하면서 4위로 마무리했다. 우리나라는 결승전에서 일본을 2:1로 꺾고 금메달을 차지했다. 이 외에도 2018년 아시안컵 8강, 연말을 앞두고 '2018 AFF 스즈키컵' 우승으로 실력도 증명하고 인정도 받았다. 베트남에서 '쌀딩크'라 불리는 박 감독은 2019년 9월에 베이징에서 열린 U-22(22세 이하) 축구 대표팀 평가전에서는 스승인 히딩크 감독이 이끄는 중국 대표팀을 2:0으로 꺾으면서 히딩크가 중국 대표팀에서 해임당하는 일도 있었다. 저자가 글을 쓰는 지금은 '2022 FIFA 카타르 월드컵'을 앞두고 아시아 지역 예선전이 한창인데, 베트남은 G조 그룹 선두를 달리고 있다. 이젠 올림픽과 월드컵 본선 진출도 꿈꾼다. 베트남 축구 국가 대표팀은 2019년 11월을 기준으로 FIFA 랭킹 94위로 동남아시아 국가 중에서 최고(태국 113위) 순위다. 나날이 베트남의 축구 역사를 다시 쓰는 것이다. 2019년 12월에는 동남아시안(SEA) 게임에서 60년 만의 첫 우승으로 박항서 감독은 베트남 영웅 반열에 올랐다. 곧이어 경남 통영으로 대표팀과 함께 동계 전지훈련을 오면서 금의환향했다. 박항서 감독은 1959년에 경남 산청군 생초면에서 태어나, 생초초-생초중-경신고-한양대-월드컵 대표팀

코치-경남 FC 감독-베트남 축구 국가 대표팀 감독으로 자신의 경력을 쌓아가고 있다. '물 좋고 산 좋은 산청'은 인구 36,000여 명의 군으로, 11개 읍, 면으로 이뤄져 있으며, 대한민국 국립공원 제1호인 최고의 명산 지리산 아래에 자리하고 있다. 지리산(智異山)은 금강산, 한라산과 더불어 한반도 삼신산(三神山)의 하나로, 1967년에 지정된 우리나라 최초의 국립공원이다. 경남 산청, 하동, 함양, 전남 구례 그리고 전북 남원 등 다섯 개 군(郡)으로 둘러싸여 있다. 지리산 최고봉인 천왕봉(1,915m)은 산청군 시천면 중산리에 위치해 있다. 진주시가 가장 인접해 있다. 산청이 배출한 주요 인물로는 고운 최치원, 삼우당 문익점, 남명 조식, 구암 허준, 신연당 유이태, 퇴옹 성철 스님 외에도 곽종석, 윤이상, 박계동, 최병렬, 권익현, 최구식, 최재경 등이 있다.

한국과 베트남의 관계는 1226년 고려 고종 때 이용상 왕자(화산 이씨 시조)의 제주도 귀화로 시작되어, 1970년대 월남전으로, 21세기인 지금은 가장 중요한 경제 파트너로서 그리고 최근에는 박항서 감독의 축구로 800년의 인연을 이어오고 있다. 유교 문화, 조상 숭배, 강대국들의 핍박, 숱한 전쟁, 성공적인 경제 발전 모델 등 서로 닮은 점이 많고 미래 발전의 원동력이 될 요소들이 충분하다. 한(韓)-베(越)가 서로의 장점을 찾아서 공동 발전하는, 그야말로 '한배를 탄 아시아의 대표 국가'가 되었으면 하는 바람이다. 박항서 베트남 축구 대표팀 감독이 뿌린 밑거름과 성과가 두 나라의 발전에도 큰 보탬이 될 것으로 확신한다. 2019년 11월에 박항서 감독은 베트남 A대표팀과 올림픽 대표팀(U-23) 감독을 2023년까지 맡기로 재계약했다. 연봉은 아세안 최고 감독 수준인 100만 달러에 육박하는 것으로 보인다. 베트남 축구 국가 대표팀, 박항서 감독의 운일까 아니면 실력일까? "준비가 기회를 만났을 때 생기는 게 행운이다." 세네카의 말이다.

★ 명절과 공휴일

베트남에서는 음력으로 설을 쉰다. 설(Tet Nguyen Dan), 줄여서 뗏(Tet)이라고 하며, 원단(元旦)을 의미한다. 양쪽 주말을 포함하여 10일 가량의 연휴다. 설 때는 열악한 교통 상황으로 인해 3일 이상도 마다하지 않고 고향을 찾아가며, 경우에 따라서는 직장을 옮기는 기회로 삼는다. 설 보너스 지급이 일반적이기 때문이다. 설 때는 "쭉 멍 남머이(Chuc Mung Nam Moi)!"라는 새해 인사를 주고받는다. 매화, 복숭아꽃, 노란 국화, 대나무 등으로 집 안팎을 장식하며 선물로도 교환한다. 추석은 뗏 쭝 투(Tet Trung Thu)라고 하며, 공식적으로 휴일은 아니다. 둥글고 네모난 모양의 반쭝투(Banh Trung Thu)라는 월병(月餠) 같은 빵을 보름달 아래서 나눠 먹으며 선물로도 주고받는다. 어린이들을 위한 날로도 기념한다. 베트남에서의 국경일은 1월 1일 신년, 음력 1월 1일 설 연휴, 음력 3월 10일 국가 시조인 홍 병 기념일, 4월 30일 남북통일 기념일, 5월 1일 국제 노동절 그리고 9월 2일 독립 기념일 등이다. 직장 생활에서 휴일은 확실히 보장하며, 월차, 연차, 휴가 등은 돈으로 보상하거나 실제 사용으로 이어진다. 주 5일제를 시행하는 단체가 늘고 있으며, 일반 기업들도 증가 추세다. 그 전 단계로 토요일 반일 근무제 시행도 예상된다.

★ 비자 및 거주증 문제

자기 나라를 떠나면 언제나 처음으로 맞닥뜨리는 문제가 비자와 거주증이다. 베트남에서도 비자 받기는 여간 까다롭지가 않다. 15일 간 무비자 체류 자격이 주어지면서도 재입국 방문은 30일이 지나야

했으나, 2019년 말부터 30일 이후 재방문 조항은 삭제되었다(시행일은 미정). 이 외에도 1개월 인터넷으로 신청 가능한 전자 비자 제도가 있으며, 기업 등의 초청 비자가 3개월 이내로 가능하다. 다음은 취업이나 본국 기업의 파견 등에 따른 임시 거주증(Temporary Resident Card, The Tam Tru)이 있다. 노동 허가서(Work Permit)를 바탕으로 거주증을 신청하며, 최대 2년간 유효하다. 참고로, 유한 책임 회사의 출자자 또는 소유자 등의 외국인 투자자는 길게는 10년 기간의 거주증이 나오며, 국제기구의 장과 대표 사무소장 등은 노동 허가서가 불필요하다. 외국인 투자 비자는 투자 금액에 따라서 세분화 작업을 하고 있다. 노동 허가서 발급 기준은 학사 학위 이상 학력과 3년 이상의 근로 경력 등이 필요하다. 노동 허가서 발급을 위한 필요 서류는 여권 사본, 최종학력 졸업 증명서, 경력 증명서, 범죄·수사 경력 회보서, 노동 계약서, 건강검진 진단서, 사진(4×6), 자격증 사본 등이다. 이 서류들은 영사 인증의 절차 등을 거쳐야 한다. 비자나 거주증 신청은 법무법인, 회계 사무소 그리고 여행사 등을 통하여 신청 가능하다.

★ 국부(國父) 호치민

베트남 국부로 추앙받는 호치민[호지명(胡志明), 1890년 5월 19일~1969년 9월 2일]에 관한 이야기다. 진사 관직의 응원신삭을 아버지로 하여 태어났으며, 1945년에 베트남 북부에 동남아시아 최초의 공산 국가인 베트남 민주공화국의 초대 주석을 맡아서 종신토록 재직했다. 베트남은 제1차 인도차이나 전쟁(1946~1954) 때 디엔비엔푸 전투에서 프랑스를 물리치고 북위 17°선을 경계로 남북으로 분단되었다. 미국과의 베트남 전쟁(1965~1975)도 참전하였다. 호 주석은 유교 이념의 통치 체제에서 1911년경에 국제여객선 아미랄 라투슈 트레빌호의 주방 보조로 승선하여 프랑스 유학을 떠났으며, 미국의 GM 공장에서 일하기도 하였다. 1919년에 프랑스 파리에서 공산당원이 되었으며, 1923년에는 소련으로 가서 본격적인 공산 혁명에 뛰어들었다. 북한의 김일성 주석과도 가까이 지냈다. 베트남 전쟁이 한창이던 1969년경에 하노이에서 숨졌으며, 하노이 바딘 광장에 영구 미라로 남았다. 베트남의 성지로 인식되는 곳이다.

★ 우리나라와의 관계

해외여행을 가 본 사람치고 베트남 한 번 안 가 본 한국 사람이 있을까? 베트남은 우리나라 국민이 연간 450만 명 정도 찾는 나라다. 중국인(550만 명)에 이은 두 번째 규모다. 베트남 사람들도 한국에 연 60만 명이 다녀간다고 한다. 베트남은 미국, 중국, 일본, 러시아에 이어서 우리나라의 5강 외교권에 드는 비중 있는 나라다. 양국은 '전략적 동반자 관계'를 맺고 있다. 우리나라의 공적개발원조(ODA) 공여 2위 국가이기도 하다. 대통령 취임 후 해외 방문국 최우선 순위에서도 손꼽히는 중요한 외교 국가다. 기업인들은 물론이고 각급 관료들과 국회의원, 지방자치 단체장을 비롯한 각계각층이 베트남 방문에 열을 올리고 있다. 대도시 간 자매결연도 상당하다. 2008년 이후로 베트남에서 우리나라로 귀화하는 베트남인 숫자만 해도 매년 1,000~5,000명 수준으로, 2018년부터는 중국인 4,800여 명을 넘어선 5,000명으로 압도적인 세계 최대 귀화 국가다. 통계청 자료에 따르면, 2018년을 기준으로 우리나라에서 태어난 신생아는 33만여 명이며 이 중에서 다문화 가정 출신은 5.5%인 2만여 명이나 된다고 한다. 이 중에서도

영리한 베트남 투자

베트남 산모로부터 태어나는 아기는 36%로 중국(21%)과 필리핀(7%)을 압도한다. 혼인 건수도 전체 혼인의 10%인 2만 5천여 건으로 매년 사상 최고치를 경신하고 있다.

베트남은 우리나라의 수출 비중이 약 7%를 차지하는 국가로 20%인 중국과 14%인 미국에 이은 3대 수출국이 됐다. 2020년엔 미국을 제치고 베트남이 제2위 교역 상대국이 될 전망이다. 베트남 입장에서도 우리나라가 베트남의 5대 교역국 안에 든다. 또한, 2015년 5월 5일에는 15번째로 한국의 FTA 체결국이 되어서 2015년 12월 20일부터 정식으로 발효되었다. 진출 기업 수 8,000여 개의 대한민국은 베트남 전체 수출의 30% 이상, 100여만 명의 고용을 창출하였으며, 1992년의 수교 이후 누적 투자 규모는 8,000여 건에 이르고 투자 금액은 670억 달러(80조 원 상당)에 이르는 세계 최대 투자국이다. 주요 수출 품목으로는 삼성전자가 베트남 전체 수출의 20%를 차지하는 휴대전화(212억 달러), 섬유·의류(179억 달러), 전자제품(106억 달러), 신발(84억 달러) 등이 있다. 문재인 대통령은 당선 첫해인 2017년 11월 8일 트럼프 미국 대통령의 우리나라 국빈 방문이 끝나자마자 처음으로 8일간의 아세안 순방에 나섰다. 인도네시아(8~9일)를 거쳐 10~11일경에는 베트남 다낭에서 열린 APEC 정상 회의에 참석했다. 이어서 필리핀 마닐라(13~14일) 한-아세안 정상 회의에 참석하는 일정이었다. 이를 통해 미국-중국-러시아-일본 등 4강 중심 외교에서 다자간 남방 외교의 본격적인 시동을 걸었다. '신남방 정책'도 여기서 나왔다. 2019년 11월에는 한-아세안 정상 회의가 부산에서만 두 번째로 열렸다.

한국은 베트남과는 월남전 참전이라는 역사적인 관계를 맺고 있다. 청룡(실질적인 전투 부대), 맹호, 백마, 비둘기, 십자성 부대 등으로 유명하다. 한국은 미국의 요청으로 베트남전에 참전했다. 1964년 9월 11

일부터 1973년 3월 23일에 걸쳐서 연인원 32만 5,517명이 파병되어 5,099명이 목숨을 잃고 1만 1,232명이 부상당했다. 2018년 3월에 베트남 하노이를 국빈 방문한 문재인 대통령은 과거 베트남전 당시 민간인 학살 사건 등에 대해서 유감을 표명하기도 하였다. 한편으로, 문재인 정부의 아세안+인도의 '신남방 정책'에서 한국이 아세안 10개국 중에서 베트남에 치중한 나머지 다른 나라들로부터는 외면당하는 모습도 나타나고 있다. 편중된 투자는 여타 국가의 질시를 부를 수도 있는 만큼, 균형 잡힌 투자 전략이 요구된다.

국가 기록원에 따르면 베트남과 우리나라는 1127년에 안남국 리(Ly, 李) 왕조의 왕자 이양혼(정선 이씨 시조)과 1226년 고려 고종 때 이용상 왕자(화산군 봉작, 화산 이씨 시조)가 제주도로 귀화하면서 인연을 맺기 시작하였다. 1604년부터 1607년까지는 세 차례에 걸쳐서 경상도 진주 출신의 조선인 선비 조완벽(趙完璧, 이수광의 『지봉유설』에 나옴)이 '안남(安南, 지금의 베트남)'을 최초로 방문하였다는 기록도 있다. 1965년의 베트남전 참전, 1975년 4월 30일의 월남 패망 및 베트남 통일, 1992년 12월 수교, 1995년에는 부산-호치민 간에 첫 자매결연 도시를 맺었다. 베트남에는 약 25만 명의 우리 국민이 거주하고 있으며, 직항편이 하루 30회가 넘고, 연간 200만 명 넘게 베트남을 방문하고 있다. 국내 대학에 재학 중인 외국 출신 대학생만 17만여 명이며, 그 중에서 베트남 출신 학생들은 2만 명 가까이 된다. 매년 10% 이상씩 늘어나고 있다. 1966년에는 1인당 GDP가 우리나라 133달러, 월남은 100달러, 북베트남[월맹(越盟)]은 60달러 정도였다. 이처럼 출발은 엇비슷하였으나 50년이 지난 지금 우리는 3만 달러가 넘고, 베트남은 아직 3천 달러에도 미치지 못하고 있다. 베트남이 우리에게 배우려는 부분이다. 베트남은 20억 달러로 1위의 대외경제협력기금(EDCF) 수

영리한 베트남 투자

혜 국가이기도 하다. 베트남 신부와 한국인 신랑 간 결혼은 연간 6,000건을 넘어서 중국을 제쳤다. 한국에 거주하는 베트남 사람들이 20만여 명으로 중국의 뒤를 잇고 있다. 또한, 호치민 12개 대학의 한국학과 학생은 6,000여 명으로 매년 20% 이상 증가하고 있다. 특히, 호치민 인문사회대는 2020년경에 베트남 최초로 대학원에 한국학 전공도 설치할 계획이다. 2019년에 치러진 베트남의 한국어능력시험(TOPIK) 응시생은 3만여 명에 이른다. 한국과 베트남은 식습관도 비슷해서 전 세계 라면 소비 시장에서 중국이 1위이고, 2위는 한국, 베트남이 3위다. 대부분의 한국 사람들은 베트남 음식에 대한 거부감도 별로 없다.

최근 중국이 각종 규제 강화, 인건비 상승, 위안화 평가 절하 등으로 외국인 투자자들의 매력이 급격히 줄어드는 가운데 대체 투자처로 베트남이 각광받고 있다. 베트남 정부도 이런 사실을 감안하여 인접한 중국으로부터 투자자 모집에 열을 올리고 있다. 세계 굴지의 삼성전자 휴대전화 공장이 박닌성 엔풍 공단 및 타이응엔성 옌빈 공단에 들어가 있으며, 10만여 명의 근로자들이 연간 2억 대의 휴대전화를 생산하여 300억 달러어치를 수출하고 있다. 삼성전자만 해도 베트남 전체 수출액의 20% 상당을 차지한다. 하노이 노이바이 국제공항에는 전용 공간도 있을 정도다. 2015년부터는 호치민 하이테크 공단의 70만m²에 이르는 부지에 15억 달러를 투자하여 TV, 에어컨, 세탁기, 냉장고 등 가전 복합 단지를 조성하여 가동하고 있다. LG전자도 덩달아 베트남 북부 하이퐁에 15억 달러를 들여서 공장을 개발하고 있다. 베트남 정부도 IT 산업을 적극적으로 유치하고 있으며, 하이테크 산업과 더불어 아세안의 소프트웨어 허브로 키워나가고 있다. 한편으로는 K-팝과 한국 드라마가 인기를 끌면서 한류 열풍을 타고 K-

팝 팬클럽 회원만 50만 명이 넘는다. CJ CGV는 베트남 영화 시장의 60%를 점유하고 있다. 일찌감치 식음료 마트 호텔 등 유통업으로 진출한 롯데마트도 14개 매장을 가지고 있으며, 2020년까지 25개까지 개장을 목표로 하고, 이마트도 호치민 고밥 지역에 진출했다.

베트남은 지금은 완전히 뒤바뀌었지만, 역사적으로 보면 우리나라보다는 사실상 북한과 더 가까웠다. 1950년에는 북한-베트남이 수교하였고, 1957년도에는 호치민 주석이 북한을 방문하였으며, 1964년에는 김일성이 베트남을 직접 찾았고, 1976년에는 통일 베트남과 외교 관계 재수립, 2007년에는 능 득 마인 베트남 공산당 서기장이 북한을 방문하여 김정일과 만났고, 2014년과 2015년에는 연이어 북한 방문단이 베트남을 방문하는 등 대를 이어서 친선 관계를 이어오고 있다. 1960년대 베트남 전쟁에 북한은 공군 조종사를 파병하는 등 사회주의 혈맹 관계를 맺었고, 박장성에는 북한 인민군의 베트남 참전 기념비도 있다. 2017년 2월 말에는 아키히토 일왕(日王)이 베트남을 방문하는 등 중국, 일본, 북한 등 동아시아 주변국들은 베트남에 많은 공을 들이고 있다. 2018년 1월에 중국 창저우에서 열린 아시아 축구연맹 U23(23세 이하) 대회에서 박항서 감독이 이끄는 베트남 축구 국가 대표팀이 우즈베키스탄과의 결승전에서 준우승하면서 우리나라에 대한 이미지가 한층 더 좋아졌다. 열대 나라 베트남이 눈발 펄펄 날리는 중국 땅에서 결승전까지 간 것은 동남아시아 및 베트남 축구사에 유례가 없던 좋은 결과였다. 2002년에 우리나라를 4강으로 이끈 거스 히딩크를 보는 듯하다.

2019년 2월 27~28일에는 북한의 김정은 위원장과 미국의 도널드 트럼프 대통령과의 역사적인 제2차 북-미 정상회담이 베트남 하노이에서 열렸다. 2018년 6월의 싱가포르 정상회담에 이은 두 번째 이벤트

영리한 베트남 투자

였다. 결과는 여러 가지 의제의 미합의로 결렬되었으나 베트남이 국제회의 주최 능력은 충분히 인정받았다. 특히, 사회주의 국가들인 북한-중국-베트남을 잇는 장장 4,500km, 66시간의 초장거리 열차로 이동한 김정은 위원장은 세계의 주목을 끌기에 충분했다. 김 위원장은 2월 23일 오후 5시에 평양에서 출발해 단둥(丹東), 선양(瀋陽), 톈진(天津), 스자좡(石家莊), 우한(武漢), 창사(長沙), 헝양(衡阳), 구이린(桂林), 류저우(柳州), 난닝(南寧)을 거치며 중국 내륙을 종단했다. 김 위원장의 전용 열차는 4,500여 km에 달하는 거리를 66시간 동안 달려서 중국 접경지에 있는 베트남 랑선성 동당역에 진입했다. 김 위원장은 동당역에서 베트남 정부 관계자 등의 영접을 받은 뒤 다시 하노이까지 차량으로 이동했고, 2월 26일 오전 11시경에 숙소인 하노이 멜리아 호텔에 도착했다. 1957년에 호치민 베트남 주석이 북한을 방문하고, 1958년과 1964년 두 차례 김일성 주석이 베트남을 방문한 역사가 있다. 김정은 위원장이 조부인 김일성 주석을 따라 한 대장정이었다.

베트남은 월 평균 임금 384만 동(190달러 상당) 내외의 매력적인 인건비 및 평균 연령 28.4세 미만의 젊고 풍부한 노동력을 보유하고 있어서 그 자체로 투자에 매력적인 요소를 갖고 있다. 국토 면적은 330천km²(한반도의 약 1.5배)이며, 남북 2,200km, 해안선 3,200km를 끼고 있는 석유, 철강, 석탄, 석회석, 보크사이트 등 자원 부국이다. 베트남은 동아시아 대부분이 겪는 지진, 해일, 홍수, 태풍 등 자연재해가 적은 것도 큰 강점이다. 그러나 베트남도 각종 규제 강화, 인건비 상승 등으로 투자 매력도가 점차 떨어지는 가운데 인근 캄보디아, 라오스, 미얀마 등지로 투자자들의 발길이 분주해지고 있다. 한편, 매켄지가 분석한 자료(베트남 성장의 유지-도전의 증가)에 따른 베트남의 매력 10가지는, ① 연 7%에 가까운 높은 성장률, ② 농업 분야 탈피 서비스 산업 국가, ③ 제조업과 서비스업의 균형 잡힌 성장, ④ 쌀과 커피 최대 수출국, ⑤ 개인 소비 급속 증가, ⑥ 외국인 직접 투자 증가, ⑦ 사회 기반시설 발달, ⑧ 온라인 속도 증가, ⑨ 아웃소싱 및 오프쇼어 서비스 최고, ⑩ 젊은 층 인구 증가 등이다. 우리나라와 비자 면제 협정에 의거하여 15일 무비자 입국이 가능하며, 한 달 내 재입국은 불가능하였으나 2020년부터는 이 조항도 폐지될 것이다.

베트남에서도 한국은 일본, 중국, 대만과 경쟁을 벌이고 있다. 베트남 사람들은 '한국은 좋은 나라이고 일본은 존경하는 나라'라는 말을 서슴지 않는다. 우리나라 기업이 8,000여 개인 데 반해서 일본 기업은 1,000여 개에 불과하나, 투자 종목과 규모 등 그 내용을 보면 우리가 게임이 되지 않는다. 삼성전자 등 몇몇 대기업을 제외하면 일본의 적수가 되지 못한다. 심지어 신발, 섬유, 봉제 등 대규모 인력이 필요한 분야는 사업을 철수해 줬으면 하고 바라는 분위기도 나타나고 있다. 베트남도 젊은이들의 취향 변화로 시골 제조 공장에서 일하기보다는 수입이 적더라도 도심지에서 일하고 싶어 해 인력 수급에 차질이 생기고 있다. 정부 입장에서도 3만여 명을 고용하는 신발 회사 하나보다는 1,000여 명이 필요한 중후장대한 부가가치가 높은 화학 회사 30개가 훨씬 더 국가에 유익하다고 판단하기 시작했다. 1970~1980년대 우리나라의 패턴을 그대로 따라 하는 것이다. 베트남 투자 시에 철저하게 고려해야 할 요소다.

〈대한민국과 베트남의 국민성 비교〉

구분	대한민국	베트남
성향	급함/조직적/애국적/유교 문화	느긋함/사교/개인 행복/유교 문화
가치	본인 및 가족 행복/자녀 성공	본인 및 가족 행복/자녀 성공
직장생활	조직 가치/경쟁/진취·적극성	개인주의/조화/낙관적
문화	다양한 기후/다양성 문화	편리한 자연환경/단순 문화
강점	근면성실함/Can-Do Sprit	풍부한 자연 자원/지정학적 이점
약점	강한 스트레스/남-북 분단 현실 등	저소득/낮은 인프라 등 경제 문제
취미	스포츠/등산/독서 등 활동적인 취미	스포츠/음식/모임/사진 찍기
중요국가	미국/중국/일본/러시아/북한	미국/중국/일본/한국/싱가포르

★ 하노이 제2차 북미 정상회담을 통해서 본 베트남의 존재감, 'The Art of The Deal', 거래의 기술

2019년 2월 27일부터 28일까지 치러져 전 세계의 이목을 끌었던 제 2차 북미 정상회담이 아무런 성과 없이 'No Deal'로 막을 내렸다. 당 사국별로 협상 전략과 수준 그리고 결과를 되짚어본다. 본론에 앞서 서 협상에 대한 일반적인 내용을 간추려 보면 다음과 같다. 개인 간, 기업 간, 국가 간을 불문하고 협상에는 상대가 있고, 내용이 있으며, 승패를 좌우하는 전략이 있고, 형식 또한 중요한 부분을 차지한다. 그러나 핵심은 협상 결과다. 이런 측면에서 보면 결과적으로 이번 정 상회담의 승자는 미국뿐이다. 애초부터 그랬지만, 북한은 얻을 게 별 로 없었지만, 한편으로는 크게 잃을 것도 없었다. 핵심 의제인 '핵(核)' 과 관련하여 시간은 북한 편이고, 그러한 북한이 궁극적으로 얻고자

하는 '핵보유국 지위'는 점점 굳어지는 양상이다. 그런데 이 때문에 가장 곤란한 입장에 처한 나라는 대한민국이다. 바로 '한반도 운전자론' 때문이다. 이번 정상회담의 직접 당사자는 아니었지만, 사실 이번 북미 정상회담의 주요 의제는 우리 한반도의 문제이면서 오롯이 우리 국민의 생존권이 달려 있기 때문이다. 이번 회담에서 한국이 얻은 성과는 사실상 아무것도 없었다. 덧붙여, 중국은 강 건너 불구경하면서 당사국들의 패를 들여다보고 훈수거리를 찾기에 분주하다. 이웃 일본도 협상 결과에 따라서 행동하면 되기 때문에 옵션은 일본에게 있다. 본론으로 돌아가서, 국가별 협상 전략을 통하여 그들의 협상 전략·전술과 수준 그리고 진정으로 원하는 바를 살펴보자.

먼저, 이번 회담의 최종 승자라 할 수 있는 미국이다. 이번 회담에서 국제 사회는 세계 유일의 초강대국 미국의 가치를 재발견했다. 결론적으로, 어떤 명분으로라도 미국이 북한의 협상에 동의했다면 어떤 일이 벌어졌을까? 아마도 그 공은 오롯이 북한의 김정은에게로 돌아갔을 것이다. 어떤 협상이라도 응할 듯한 전반적인 분위기로, 한편으로는 복잡한 미국의 내부 사정과 도널드 트럼프 대통령의 재선에 목매고 있다는 다급한 현실에 북한의 요구에 동의할 수밖에 없는 모습을 비춰 주면서 분위기를 띄웠다. 트럼프 대통령 입장에서는 워싱턴에서 하노이까지 20시간 이상 장거리 비행 노고에도 성과는 없었지만, 결과적으로는 미국의 전략에 북한이 놀아난 꼴이 되어버렸다. 막강한 정책 수단과 협상에 능한 셀 수 없는 전략가 그룹 그리고 어느 나라도 따라올 수 없는 싱크탱크가 존재하는 미국의 진면목을 제대로 보여 줬다. 대통령 한 사람이 아니라 시스템이 미국을 이끌고 있다는 사실 말이다. 어쩌면 미국은 이번 협상에 나서면서 판을 크게 흔들고 북한이 스스로 모든 걸 포기하는 길로 이끌려는 전략·전술이

영리한 베트남 투자

기본 아니었을까? 도널드 트럼프 미국 대통령은 『The Art of The Deal(거래의 기술)』을 쓴 작가로, 그의 배포나 노련미는 전 세계 지도자 중에서는 거의 상대가 없다.

북한은 이번 회담에서 얻고자 했던 것이 제재 완화를 통한 경제 발전, 곧 '먹고사는 근본적인 문제 해결'에 있었다. 정상회담에 임하면서 그만큼 절박했다는 사실을 그대로 보여 주고 말았다. 국제 사회가 바라는 완전한 핵 포기 의사는 애초에 없었다. 핵 보유로 지금의 북한이 존재하고, 세계 최강대국 미국과 같은 테이블에 앉아서 정상회담이라는 것을 하고 있다는 사실을 아는 이상, 핵을 포기한다는 것은 북한(정권)이 아무것도 아니라는 사실 그 이상도, 이하도 아니다. 북한은 회담 시작 전부터 요란했다. 동질적인 사회(공산)주의 이념 국가들인 북한-중국-베트남을 잇는 장장 4,500㎞, 66시간의 초장거리를 전용 열차로 이동한 김정은 위원장은 오리엔트 특급 그 자체로 세계의 주목을 끌기에 충분했다. 중국과 베트남의 극진한 대접은 덤이었다. 김 위원장은 2월 23일 오후 5시에 평양에서 출발해 단둥(丹東), 선양(瀋陽), 톈진(天津), 스자좡(石家莊), 우한(武漢), 창사(長沙), 형양(衡阳), 구이린(桂林), 류저우(柳州), 난닝(南寧)을 거치며 중국 내륙을 종단했다. 26일에 김 위원장의 전용 열차는 4,500여 ㎞에 달하는 거리를 66시간 동안 달려 베트남 랑선성 동당역에 진입했다. 이후 차량편으로 하노이에 도착했다. 그 자체가 전무후무한 세기적인 이벤트였다. 내부적으로도 평양 출발과 동시에 북한 주민들에게 대대적인 선전도 했다. 북한 당국은 빈손 귀국 후 인민들에게 뭐라고 설명했을까? 협상에서 미국의 동의를 구했다고, 아니면 스스로 판을 깨트렸다고… 그러나 중요한 것은 이제부터다. 북한으로서는 미국에 지금보다 더한 양보를 하지 않는 이상에야 미국은 정상회담에 임하지 않을 것이 분명하다. 김정은 위원장 입으로 더 이상의 핵실험이나 미사일 발사는 없다고 한 것이 족쇄가 될 것이다. 그래도 또다시 도발을 강행한다면 그 결과는 뻔하다. 평양에서 하노이로 올 때와 갈 때의 경로는 비슷한 여정이었다. 1957년에 호치민 베트남 주석이 북한을 방문하고, 1958년과 1964년에는 두 차례 김일성 주석이 베트남을 방문한 역사가 있다. 김정은 위원장의 이번 여정은 조부인 김일성 주석을 따라한 대장정이었다. 북한 주민들의 기대와 희망을 품고 올 때와 달리 빈손으로 돌아가는 4,500㎞, 66시간은 그 자체가 '고난의 행군' 다름 아닐 것이다. 그리고 북미 정상회담 실패의 책임은 고스란히 북한 관료들의 몫일 것이다.

협상의 결과를 도출하기 위해선 서로 간에 어느 정도 양보가 필수적이다. 특히, 정상회담은 실무진에서 조율이 끝나고 정상끼리 좋은 분위기에서 서로 확인하는 절차를 거치는 게 관례다. 그러나 이번 회담은 양국 정상이 회담장에 들어가기 전까지도 합의가 도출되지 못했다. 협상 실패가 사실상 예견된 경우였다. 문제는 다음 정상회담이다. 지금보다 진전된 내용이 아니라면, 그것도 북한이 확실히 동의하지 않는다면 제3차 북미 정상회담은 없을 것이다. 같은 모습으로 두 정상이 또다시 만난다면 미국은 국제 사회의 웃음거리가 될 것이 뻔하다. 미국의 힘은 군사력과 경제력을 포함한 거의 전 부문에서 세계 1위인 것들의 집합체다. 그리고 그 뿌리는 바로 자존심이다. 북한이 주장하는 한 개인을 지칭하는 '최고 존엄'과는 분명한 차이가 있다. 역사적으로 미국이라는 나라는 자존심에 상처를 입으면 경제 제재와 더불어 직접적인 군사 행동에 나선다. 이유는 찾으면 되고 없으면 만들면 된다. 이는 북한도 알고 전 세계가 다 아는 사실이다.

마지막으로, 협상은 상대가 속일 것이라는 의심을 품고 하는 게 정석이다. 국가 간의 협상은 전략을 바탕으로 하며, 시간과의 싸움이기도 하고, 궁극적으로는 든든한 뒷배, 바로 국민의 응원이 있다. 실패한 협상에서도 교훈을 얻는다. 반복되는 협상 실패의 바보짓을 하지 않아야 한다. 이런 것들을 가장 잘 보여 준 나라가 바로 저항 정신의 상징적인 국가인 이번 북미 정상회담 개최국인 '베트남'이다. 베트남은 이번 북미 정상회담을 통해서 국제 사회에 확실히 자국의 이미지를 각인시킨 실질적인 수혜 국가다. 베트남은 지난 2000여 년 동안 중국의 영향력 아래에 있었고, 100여 년 동안의 프랑스 식민지 생활, 일본 및 미국과의 전쟁을 통하여 그 교훈을 몸으로 익힌 나라다. 협상에서 패를 다 보여 주고 급한 마음을 노출하면 싸움에서 반드시 지게 되어 있다. 협상의 기술은 뜨거운 감자를 먹는 방법 다섯 가지와 동일하다. 감자를 꼭 먹어야 하는지 의심하고, 식혀서 먹든지, 쪼개서 먹든지, 감자 대신 고구마로 바꾸든지의 방법을 써야한다. 또한, 실패할 경우에는 포기하고 웃으면서 깨끗하게 돌아서야 한다. 기다림의 미학은 협상에서도 꽃이다.

★ 베트남에서 제대로 하기 곤란한 이야기들

먼저, 베트남의 국가 정체성, 시장 정책, 자연 환경 그리고 법에 관한 것들이다.

베트남의 국가 정체성은 철저히 공화사회주의(Cong Hoa Xa Hoi Chu Nghia) 국가이다. 국호에도 명확하게 나와 있다. 국가(공산당) 주도의 정부 정책, 자본 통제, 인력 운용, 언론 사전검열(Censorship) 그리고 정치사상까지도 일부 통제하는 것이 현실이다. 당이 정부를 이끄는 형식을 취하는 나라로는 베트남을 포함하여 중국과 북한, 쿠바가 있다. 주권은 국민에게 있다지만, 정부나 의회에 대한 직접·보통 선거권은 아직은 요원하다. 특히, 정부(지도부) 선택권이라 할 수 있는 선거 제도는 일부 직접 선거의 형식을 취하지만, 그야말로 요식적인 형태다. 경제적, 군사적으로 아직은 약소국인 베트남은 미국과 중국 사이에서 줄타기(사다리타기) 외교를 펼치고 있다. 정치적, 이념적으로 비슷한 사회주의 국가인 중국, 러시아, 북한 등을 외면할 수 없으며, 다른 자유민주주의 국가들과는 소원할 수밖에 없는 한계도 일부 있는 것이 사실이다. 또한, 완전한 자유시장경제체제를 채택하고는 있지만, 토지와 건물의 재산권, 투자, 금융, 자본, 환율, 외환 시장 등은 여전히 정부의 통제하에 있다. 세계무역기구(WTO) 가입으로 제한 요소들이 줄어들거나 사라지고는 있으나 관세·비관세 장벽을 포함하여 라이선스 취득에 애로를 겪고 있는 것 또한 엄연한 현실이다. 국영 기업 민영화와 금융 시장 개방은 점진적으로 접근하고 있다. 법률, 언론, 광고, 엔터테인먼트, 교육 사업도 규제 완화에 소극적이다. 건기(11~4월)와 우기(5~10월)가 뚜렷한 기후는 몇 가지 불리한 점도 있다. 매연과 미세먼지 문제다. 수도 하노이는 건기 때 해를 볼 수 없을 정도로 희뿌옇고, 미세먼지가 심각한 수준이며, 겨울엔 10도 안팎 한여름엔 40도를 넘나든다. 베트남은 법이 엄격하기로 유명하다. 부패 문제가 심각하지만 10억 동(한화 5,000만 원 상당) 이상의 뇌물죄가 확정되면 경우에 따라서는 사형에 처해질 수도 있다. 고액 탈세범도 엄격하게 처벌하는데 죄질에 따라서는 일부 사형으로 다스린다. 마약이나 국가 안보에 위해가 되는 요소들 그리고 반정부 행사도 일부 중형을 선고한다.

다음은 외국인에 대한 시각이다.

사실 어느 나라건 외국인은 그 나라에선 이방인(異邦人)이다. 그러

영리한 베트남 투자

나 베트남에 살면서 확실히 알 수 있는 것은 내국인과 외국인과의 차별 정책이다. 이는 의식주라는 인간의 기본적인 요소에서도 나타나는데, 주택(아파트) 거래도 프로젝트별로 외국인은 외국인끼리만 거래가 제한적으로 가능하다. 먹는 것과 입는 것은 가격에 따라서 또는 본인의 기호에 따라서 선택의 폭이 다르지만, 확연한 차이가 존재함은 부인하지 못할 사실이다. 같은 서비스라도 외국인이라면 비싸게 받는 것이 통례다. 기본적으로 외국인을 존중하는 듯하지만, 완전하게 믿지는 않는다는 사실이다. 베트남은 1000여 년 동안 중국의 영향력 아래에 있었고, 100여 년 동안 프랑스의 지배를 받았으며, 일본, 미국, 캄보디아, 중국과의 전쟁 등으로 인해서 태생적으로 외국인을 신뢰하지 않는다. 2014년경에 중국과의 영유권 분쟁으로 촉발된 외투(외국인 투자) 기업들에 대한 폭동이 한 예다. 양국 정부는 외교 관계를 고려하여 크게 문제 삼지 않았지만, 중국(대만 포함)인 사상자도 상당했다고 전한다. 치안이 대체로 좋아서 외국인 대상 강력 범죄는 드물었으나 거주 교민이 늘면서 강력 사건도 생겨나고 있다. 근래에 들어서서 상위층 고자세 행위를 하는 외국인에 대해서 비호감도도 높아지고 있다. 따라서 외국인은 근본적으로 이방인이라는 사실을 인식하고 그들과의 융화에 힘쓰고, 서로에게 도움이 되면서 이해하려는 노력이 절대적으로 필요하다.

다음은 베트남 투자 부분이다.

외국인 투자자들이 급격하게 투자하는 탓에 제조업에 이어서 부동산 등 핫머니 성격의 투기 자금이 몰려들면서 문제의 소지를 안고 있다. 베트남 국민의 소득 수준을 감안하면 대도시 주거용 고급 부동산의 가격은 터무니없이 올랐다. 같은 물건을 놓고 내국인용과 외국인용 간의 갭도 커지고 있다. 투기적인 요소가 많고, 가격도 불합리하며, 전반적으로 단기 과열 양상을 나타내고 있다. 하지만 피기도 전에 꺾을 수 없는 꽃처럼, 정부의 묵시적인 방목 또한 한몫하고 있다. 저자 역시 많은 나라에서 실물 경제가 아닌 투기성 자산들의 거품이 국가 경제에 해를 끼치는 경우를 수없이 봐 왔다. 베트남은 저렴한 인건비와 공장 용지, 전략적인 위치, 아세안 10개국의 일원 등으로 제조업이 성하나 고부가 가치 산업으로의 전환에는 한계가 있다. 사회 간접 자본, 기술력, 소재·부품·장비 산업, 금융 지원, 거래 투명성 또한 아직은 미흡하다. 그리고 제조업을 유치하는 듯하지만, 사실은 외화 (달러)를 유치한다는 인상을 지울 수 없다. 인구 1억 명에 육박하는 베트남 국민은 근면하고, 강인한 국민성을 지닌 유교 문화권 국가이면서, 제조업이 왕성하고, 정부 정책의 일관성이 있어서 투자하기엔 좋은 나라다. 하지만 아세안 역내 10개국에서 내는 목소리는 사뭇 다르다. 몇 가지 특징을 보면 다음과 같다. 베트남은 인도네시아, 필리핀 다음의 아세안 3위 인구 대국이지만, 인도네시아만큼의 큰 소비 시장도, 싱가포르처럼 부유한 선진국도, 필리핀처럼 완전히 자유로운 나라도, 말레이시아처럼 국제 금융 도시도, 태국처럼 개방적인 외국인 선호 국가도 아니다. 또한, 같은 인도차이나반도 국가인 미얀마나 캄보디아, 라오스만큼 인건비가 경쟁력이 있는 것도 아니며, 그렇다고 해서 인구 50여만 명의 소국이지만 브루나이처럼 부존자원이 풍부한 나라도 아니다.

그러나 이런 불편함과 차별적인 요소에도 불구하고 베트남에 대한 투자가 끊이지 않는 이유는 참으로 많다. 먼저, 국내 투자보다 베트남 투자에 기회가 더 많다. 비용 측면에서도 훨씬 경쟁력이 있다. 소비 시장이 크다는 것도 한몫한다. 1년 내내 따뜻한 기후를 장점으로 들 수도 있다. 이외에도 베트남 국민이 좋다는 사람도 많다. 결혼, 유학, 파견, 외교 관계 등 이런저런 사유로 인연을 맺고 있는 것 또한 사실이다. 요즘은 한국의 과도한 세금 부담이 무서워서 나오는 사람도 부지기수다. 노골적으로 조국인 대한민국이 싫어서 무작정 떠나 온 사람도 의외로 많다. 역사적으로 길게 보면 따질 요소가 많지만, 한 사람의 인생을 두고 본다면 베트남에 살 이유는 차고도 넘친다. 사람이 사는 곳은 나도 좋고 너도 좋으며 서로가 어느 정도 마음이 맞아야 한다. 베트남도 이런 좋은 점을 부각시키고 약점은 보완하여 국적을 불문하고 사람 살기에 좋아야 한다. 중·고등학교 시절 사회 과목에서 배웠던 대로 '국가를 구성하는 3요소'는 영토, 국민, 주권이다. 이 중에서 가장 중요한 것은 국민이다. 영토나 주권은 어느 곳에서나 만들 수가 있다. 그러나 국민은 한순간에 떠나면 그만이다. 어느 날 갑자기 미국, 영국, 중국, 일본, 호주, 캐나다 시민이 될 수도 있다. 경우에 따라서는 베트남 국민으로 귀화나 이민도 가능하다. 요즘 세상에 국적 변경은 일도 아니다. 많은 나라 정부가 국가나 국민은 안중에도 없이 자기 당 또는 자신들의 권력 잡기에 혈안이다. 한순간은 가능하다. 그러나 영원한 것은 불가능하다는 사실을 역사가 가르쳐 주고 있다. 지금은 그만큼 다양한 사람들이 사는 세상이다. 다양성을 존중하고, 서로 이해 가능한 수준에서 접점을 찾아야 한다. 국가는 지속해야 하는 만큼 장기적인 안목에서 권력을 행사하고, 인생은 짧다는 사실을 기억하고 리더십을 발휘해야 한다. 국가 권력, 정부는 국민으로부터 임기 기간 동안만 위임받은 아주 일시적인 것이다.

복잡다단한 사회다. 정답은 정도(正道)다. 바로 가야 할 길은 나도 알고 너도 알고 온 사회가 다 안다. 베트남에 살면서 이방인의 입장에서 불합리하거나 부조리한 것들을 제외하고 우리가 할 수 있는 것은 지극히 제한적이다. 여기서 살라고 베트남 정부가 청한 것도 아니고 강제한 것은 더더욱 아니다. 잘 따르든지 아니면 이 나라를 떠나면 그만이다. 하지만 그렇게 답을 내버리면 할 말이 없다. '역사란 과거와 현재와의 끊임없는 대화'라고 했다. 그렇게 과거와 현재 사이의 이야기 속에서 끊임없이 발전하면서 선진국의 반열에 오르는 것이다. 국가 생존과 직결되는 것이다. 저자는 한국의 1989년의 여행 자유화 조치 초년도에 처음 아세안을 접하고, 2008년에 베트남 진출을 결정하고, 2011년부터 3년여 정도 거주하다가 2019년에 베트남을 다시 찾았다. 그만큼 저자에겐 좋은 나라 중의 하나다. 베트남, 알면 알수록, 살면 살수록 참 매력 있는 나라다.

〈베트남의 장점 및 단점 비교표〉

장점	단점	비고
젊고 풍부한 인적 자원과 소비 시장	인적 자질과 생산성 미흡, 임금 인상	30세 이하
지정학적으로 유리한 입지	중국과 영토 분쟁	ASEAN
원유, 철강, 농수산물 등 자원 부국	인프라 부족, 생산 비용 증가, 각종 규제	산유국
한류 열풍 및 한국 브랜드 선호	일시적, 타국과의 경쟁 강화	K-POP
인프라 투자 기회	자본 부족, 부패, 고금리, 진입 장벽, 부동산	지하철
금융 산업 및 공기업 발전 가능성	자금 및 고급 인력 부족, 규제 강화, 지하 경제	구조 조정
자본주의 경제 요소 강화	사회주의 경제 체제 내 발전 계획 한계	제도 차이
정치적인 안정성	관료주의, 리더십 부족, 부패, 규제 강화	TI 119위

영리한 베트남 투자

제3장

베트남 경제,
과거와 현재 그리고 미래

★ 세계 경제 활력소 베트남 경제

　베트남의 인구는 1억 명에 육박하는 약 9,800만 명으로 인도네시아와 필리핀 다음으로 아세안 3위, 세계 14위의 인구 대국이다. 인구의 절반 이상이 40대 이하, GDP는 2018년을 기준으로 우리나라의 1/10 수준인 2,427억 달러 규모이며, 1인당 국민소득은 2,587달러로 아직은 가난한 나라에 속한다. 총 가계 지출이 2012년 1,005억 달러에서 2013~2018년까지는 1,120억 달러, 1,225억 달러, 1,315억 달러 1,412억 달러, 1,515억 달러, 1,650억 달러로 점차 늘어나고 있다. 2018년을 기준으로 보면 수출입은 약 4,882억 달러(수출 2,447억 달러, 수입 2,375억 달러)이며, 무역 수지 72억 달러 흑자, 경상 수지 105억 달러 흑자를 각각 나타내고 있다. 2019년 기준으로는 수출입이 약 5,100억 달러(수출 2,600억 달러, 수입 2,500억 달러)이다. 무역 수지 100억 달러 흑자가 예상된다. 해외 직접 투자(FDI)는 202억 달러, 대외채무는 920억 달러, 외환 보유고는 635억 달러 규모다. 국가 신용 등급은 스탠더드 앤드 푸어스(S&P) 기준으로 BB, 무디스(Moody's) 기준으로 Ba3, 피치(Fitch) 기준으로는 BB0로, 아직은 투자 부적격(투기 등급) 수준이다. 두세 단계 정도 더 올라야 투자 적격 등급이다. 세계경제포럼(WEF)의 2017~2018년 세계 국가 경쟁력 순위에서는 55위권이다. 베트남에는 약 100만 개의 기업이 있으며, 97%가 중소기업으로, 이들이 투자 총액의 30%, 전체 고용의 50%, GDP의 47%를 각각 담당한다.

〈베트남 주요 경제 지표[자료: 베트남 중앙은행(SBV), 베트남 통계청(GSOV), ADB, IMF, WB, OECD, CIA, KITA, KOTRA 등. 2019년 말 기준(e)]〉

구분	2006	2007	2008	2009	2010	2011	2012	2013	2014	2015	2016	2017	2018	2019(e)
GDP [억 달러]	609	715	890	914	1,046	1,190	1,417	1,712	1,878	1,915	2,013	2,239	2,427	2,449
GDP 증가율 [%]	8.20	8.50	6.20	5.30	6.70	5.89	5.03	5.42	6.00	6.70	6.20	6.81	7.08	7.10
1인당 GNI [달러]	716	826	1,024	1,068	1,168	1,300	1,590	1,908	2,050	2,088	2,172	2,385	2,587	2,700
산업 생산 증가율[%]	17.00	17.10	14.60	7.60	14.00	6.80	10.00	9.20	7.60	9.80	7.50	9.40	8.70	8.50
수출 [억 달러]	396	486	629	566	715	963	1,146	1,320	1,500	1,620	1,766	2,272	2,447	2,600
수입 [억 달러]	444	627	804	688	835	1,058	1,138	1,320	1,481	1,656	1,748	2,196	2,375	2,500
무역 수지 [억 달러]	-48	-141	-175	-122	-120	-95	8	0	19	-35.5	18	76	72	100
대외 채무 [억 달러]	201	239	262	315	325	490	490	655	696	772	775	894	1,084	1,210
해외 직접 투자 [억 달러]	201	239	262	315	325	340	350	223	202	241	224	297	369	450
외환 보유고 [억 달러]	134	235	239	164	139	138	240	263	346	279	302	491	635	730
소비자 물가 상승률 [%]	6.60	12.60	22.90	6.90	11.75	18.58	8.90	6.60	4.10	0.63	4.70	2.60	3.54	3.00
실업률 [%]	4.00	3.70	4.10	3.60	3.00	2.27	2.18	3.43	3.59	2.50	2.40	2.38	2.20	2.30
환율 [USD/ VND]	15,829	15,944	16,218	16,794	18,932	20,828	20,828	21,036	21,246	21,698	21,935	22,065	22,825	23,155
주가지 수[VNI]	751.77	927.02	315.62	494.77	484.66	351.55	413.73	506.41	545.63	579.03	664.45	984.24	892.54	960.99

Basic&Refinancing Rate 6.00%, Discount Rate 4.25%, I/B O/N Rate 3.00%, Deposit(1M~12M) 6.00~9.00%, USD 0.00%, 지준율 VND 0.8~2.0% FX 3.0~8.0%[Year 2019]

● 연평균 6% 이상의 고성장 국가

GDP 성장률은 연간 6% 이상 고성장 국가군으로 분류되며 연도별로 다음과 같다. 2014년 6.00, 2015년 6.70, 2016년 6.20, 2017년 6.81, 2018년 7.08%다. 2019년도 상반기에는 6.76%를 달성했으며, 연간으로도 6.80% 이상 고성장이 전망된다. 소비자물가상승률(CPI)은 2010년부터 2018년까지 차례대로, 11.75-18.58-8.90-6.60-4.10-0.63-4.70-2.60-3.54%이며, 2019년 상반기에는 2.64%로, 연간 3.00%대로 전망된다. 실업률은 2% 초반대(2010년 3.00, 2011년 2.27, 2012년 2.18, 2013년 3.43, 2014년 3.59, 2015년 2.50, 2016년 2.40, 2017년 2.38, 2018년 2.20 그리고 2019년 2.3% 전망)로 매우 안정적인 편이다. 1인당 GDP는 1986년 84달러, 1992년 137달러, 1995년 273달러, 2003년 475달러, 2014년 1,590달러, 2015년 2,109달러, 2018년에는 2,587달러까지 치솟았다. 2020년경에는 3,000달러를 돌파할 전망으로, 가난한 나라에서 벗어나는 수준으로 읽히는 국민소득 3,000달러를 눈앞에 두고 있다. 중국의 GDP 성장률이 7%대[바오(保) 기가 무너지고 2019년을 기점으로 6%대도 위태로운 상황에서 중국의 대체 시장인 베트남 경제는 더욱 빛을 발할 전망이다. 베트남 법인세의 최고 세율은 22%로, 우리나라(25%)보다 낮다. 은행 예금 금리는 4~10%, 대출 금리는 6~12% 수준이다.

● **외국인 직접 투자(FDI)가 키운 베트남 경제**

1988년경부터 외국인 직접 투자(FDI) 유치를 시작한 이래로 30년이 흘렀다. 1988년 GDP 63억 달러에서 2019년에는 약 3,600억 달러로 50배 성장하였다. FDI 자금은 GDP의 20%, 산업 생산 가치의 50%, 수출액의 70%, 국가 예산의 20%에 이르는 비중을 차지하고 있다. 산업도 고품질, 하이테크, 고부가 가치 산업으로 투자 패러다임이 바뀌고 있다. 2019년 1분기 기준으로 우리나라의 해외 직접 투자는 141억 달러로, 미국 26%, 중국 12%, 싱가포르 7.7% 다음으로 베트남이 6.6%를 차지한다. 국내로 들어온 FDI는 26억 달러에 불과하며, 한국 기업의 어려움과 해외 투자자들의 한국에 대한 시각을 읽을 수 있는 대목이다. 베트남은 국영 기업(SOC) 민영화가 화두로 대두되고 있는 가운데 CSCM[국가자본관리위원회(The Committee for State Capital Management)]을 통하여 민영화에도 박차를 가하고 있다. 1986~2010년 연평균 GDP 성장률 7%, 1995년 ASEAN 가입, 2007년에는 WTO에 가입했다. 또한, 2018년에는 CPTPP(환태평양경제동반자협정)에도 가입했으며, 2019년 1월 14일부로 공식 발효되었다. 2019년 6월 30일부터는 베트남과 유럽연합(EU) 간 자유무역협정(EVFTA)도 체결되었다. 2018년을 기준으로 EU와 베트남 간 교역 규모는 약 350억 유로에 이른다.

● 미래가 밝은 베트남 경제

여러 가지 취약한 요소가 존재하지만, 미래 베트남 경제 전망도 밝은 편이다. 인구 8억 명에 육박하는 아세안 10개국의 탄탄한 소비층과 인근 중국, 인도, 방글라데시 등 30억 명에 이르는 거대 국가들과의 교역을 통해서 성장을 거듭할 것이다. 해외 투자가 확대되면서 자본이 확충되면 베트남도 주변국인 캄보디아, 라오스, 미얀마, 태국 등으로 더 많은 직접 투자에 나설 것이다. 과거로부터 인도차이나반도의 맹주를 자처해 온 베트남이다. 베트남 경제의 미래를 밝게 보는 또 다른 이유는 국가 신용 등급이다. 글로벌 신용평가사 '피치(Fitch)'는 2018년 5월경에 베트남의 달러 표시 장기 채권 신용 등급을 기존 'BB-'에서 'BB0'로 한 등급 상향 조정하고, '안정적' 전망을 부여했다. 다만, 무디스(Moody's)는 2019년 12월 베트남 국가 신용 등급을 'Ba3/안정적'에서 'Ba3/부정적'으로 다시 하향 조정했다. 스탠더드 앤드 푸어스(S&P)는 2019년 4월 베트남의 향후 장기 신용 등급을 'BB/안정적'

으로 상향 평가했다. 모두가 취약한 금융 시장에 긍정적인 시그널이며, 이는 실물 시장으로 확산될 전망이다. 글로벌 신용평가사 기준으로 보면 베트남의 국가 신용 등급은 아직은 투자 적격에서 두세 단계 아래인 투자 부적격(투기) 등급이다. 그러나 베트남이 투자 적격 반열에 오른다면 지금껏 제대로 평가받지 못한 금융 분야를 포함하여 서비스업도 '퀀텀 점프'를 기대해도 좋을 듯하다. 한·중·일 3국과 대만, 싱가포르에 비해 상대적으로 뒤늦은 미국과 유럽 등 선진국들의 베트남에 대한 본격적인 투자도 예상된다.

아세안 10개국 중에서도 단연히 돋보이는 나라는 베트남을 비롯한 VIPs(Vietnam, Indonesia, Philippines)다. 2015년경에 발표된 세계적인 컨설팅사인 PWC의 「2050년 세계경제전망보고서」에 따르면, 2014~2050년 사이 베트남의 1인당 연평균 실질 GDP 성장률은 5.0%로 예측하며, 나이지리아 다음으로 가장 빠른 경제 성장 국가로 베트남을 지목했다. 총 길이가 약 3,200㎞에 달하는 해안선은 베트남의 보유 자원인 석유, 가스, 석탄 등의 해상 운송에 걸맞은 천혜의 자연 조건을 갖추고 있다. 이에 따라 장단기적으로 미국과 중국 간 무역 전쟁의 최대 수혜국으로 베트남이 주목된다. 중국의 일대일로(一帶一路) 정책과 미국 주도의 인도·태평양 전략(印度·太平洋 戰略)에서도 베트남은 전략적인 수혜 지역으로 꼽는다. CPTPP, RCEP, CLMV[캄보디아, 라오스, 미얀마, 베트남 등(메콩강 개발 사업)] 등도 베트남의 발전을 이끌 핵심 요소들이다. 30여 년 동안 베트남을 비롯한 아세안 10개국을 연구해 온 저자의 시각으로는 여러 가지 미흡하고 불안정한 요소들이 있지만, 중장기적으로 믿고 투자할 만한 많지 않은 나라 가운데 하나가 바로 베트남이라고 본다.

〈베트남 GDP 성장률 및 교역 규모[2016년~2020년, %, 억 달러, 자료: 베트남 중앙은행(SBV), 베트남통계청(GSOV), 한국무역협회(KITA) 등]〉

구분	2016년	2017년	2018년	2019년(e)	2020년(e)
GDP 성장률	6.21	6.81	7.08	7.10	6.70
베트남 수출	1,759	2,138	2,447	2,600	3,000
베트남 수입	1,733	2,111	2,375	2,500	2,800
對 한국 수출	125	162	196	220	250
對 한국 수입	327	477	486	550	650

★ CPTPP 및 RCEP 체결이 베트남과 글로벌 경제에 미치는 영향

● 미국과 중국, G2 간 파워 게임과 무역 전쟁

미국과 중국, G2 간의 파워 게임이 무역 전쟁이라는 형태로 구체화되고 있다. 두 강대국은 서로 자기편에 서기를 바라면서 다른 나라에 대한 회유와 압박이 공공연해지는 모습이다. 전에는 겪어 보지 못했던 이런 경제 전쟁에서 엇비슷하지만 서로 다른 협정을 통하여 자국의 힘을 과시하고 있는 것이다. 미국은 아직은 전 세계의 모든 면에서 유일무이한 슈퍼 파워를 갖고 있다. 이런 미국의 힘은 마틴 펠드스타인 하버드대 석좌 교수의 논문인 「미국은 왜 다른 나라보다 부유한가」를 보아도 알 수 있다. 펠드스타인 교수가 꼽은 미국의 강점 10가지를 간추려 보면 다음과 같다. 기업가 정신, 금융 시스템, 세계 최고의 대학, 유연한 노동 시장, 인구 증가, 장시간 고강도 노동 문화, 풍부한 에너지, 유리한 규제 환경, 작은 정부, 주 정부 간 경쟁하게 하는 분권 정치가 그것이다. 하나같이 나라가 부강할 수밖에 없는 요소들이고, 한국이나 베트남이 갖추기에는 아직은 아마도 장래에도 역부족한 것들이 대부분이다. 미국 중심의 민주주의와 러시아를 정점으로 하던 냉전 체제가 막을 내리고 바야흐로 국제 정세는 미국과 중국 간의 G2 파워 게임 양상으로 치닫고 있다. 두 나라가 주도하는 무역 전쟁도 단기간에 끝날 재료가 아니며, 글로벌 패러다임 전환의 핵심 요소다. 두 빅 파워는 중남미, 유럽, 아프리카, 중동, 동아시아 그리고 북한 등 거의 전 세계를 두고 패권 경쟁에 열을 올리고 있다. 경쟁 분야도 무역, 금융, 환율, 국제기구, 인권, 이민, 기후 협약, 핵, 재래식 무기 등 거의 전방위다.

● CPTPP 및 RCEP 진행 상황

미국과 중국 두 나라는 국제기구 관련 주도권 잡기에도 열을 올리고 있는데, 그 중심에 기존 IMF(국제통화기금), OECD(경제협력개발기구), WB(세계은행) 등에 이어서 CPTPP(환태평양경제동반자협정)와 RCEP(역내포괄적경제동반자협정)가 있다. CPTPP는 2018년 12월 30일경에 호주, 캐나다, 일본, 멕시코, 뉴질랜드, 싱가포르 등 6개국에서 발효되었으며, 베트남은 2019년 1월 14일부로 공식 발효되었다. 그중에서 일본, 호주, 말레이시아, 싱가포르, 칠레, 브루나이, 뉴질랜드 등의 7개국은 베트남과 기존 FTA 체결 국가들이다. CPTPP 체결로 베트남은 관세, 지식재산권, 환경, 노동, 전자 상거래 등 CPTPP 조항과 국내법과의 차이 조정을 위한 법 개정에 나설 예정이다. 베트남도 국제수준의 법률과 제도의 재정비가 요구된다. 다만 여타 국제기구 편입과 마찬가지로 단기적으로는 CPTPP 체결에 따른 경제적인 효과는 제한적일 것이라는 게 중론이다. 태국 등 베트남의 경쟁국들도 가입이 예상되어 양국 간 비슷한 산업군인 자동차, 전자제품, 농산물, 해산물 분야는 경쟁 압박도 예상된다. 한편으로, 2019년 6월 30일 베트남과 유럽연합(EU)은 자유무역협정(EVFTA)을 체결했다. 베트남과 EU 28개 회원국 간 교역 재화의 99%에 대해서 관세를 면제하는 조약이다. 인구 6억 명에 GDP는 22조 달러로 미국(20조 달러)을 능가한다. EU가 개발도상국과 맺은 역대 최대의 FTA다. 다음은 CPTPP 및 RCEP 두 협정의 개요다.

〈환태평양경제동반자협정(CPTPP): 아시아·태평양 지역 관세 철폐와 경제 통합〉

구분	내용	비고
주도국	미국(2017년 1월 탈퇴)	- 캐나다, 멕시코, 페루, 칠레, 일본, 베트남, 싱가포르, 말레이시아, 호주, 뉴질랜드 등 11개국[한국 가입 선언] 2015년 10월 15일 애틀랜타 타결 - 2017년 1월 도널드 트럼프 미 대통령 탈퇴 결정 - 2018년 12월 30일 공식 발효 - 2019년 1월 14일 베트남 공식 발효
인구	10억 명	
세계 GDP 비중	28조 달러 (40%)	
역내 무역 비중	10조 달러 (29%)	

〈역내포괄적경제동반자협정(RCEP): 아시아·태평양 지역 자유무역협정(FTA) 목표〉

구분	내용	비고
주도국	중국	- 아세안 10개국+韓, 中, 日, 호주, 인도, 뉴질랜드 등 16개국 - 2012년 협상 시작 - 2018년 10월 마지막 공식 협상 - 2019년 11월 아세안+한, 중, 일 협정문 타결 - 2019년 공식 발효 예정 - 아세안 10개국+韓, 中, 日, 호주, 인도, 뉴질랜드 등
인구	35억 명	
세계 GDP 비중	21조 달러 (29%)	
역내 무역 비중	10조 달러 (29%)	

● 베트남 및 글로벌 경제에 미치는 영향

 베트남은 미국과 중국 간의 무역 전쟁, 정확히 말해서 G2 파워 게임에서 일부 수혜자로 평가된다. 정치적으로는 사회주의 국가라고는 하나, 같은 이념 성향의 공산당을 주로 하는 중국에 기울고, 경제적으로는 자유시장경제 체제를 유지하면서 미국 측에 서는 모습이 역력하다. 군사와 외교적으로는 이슈에 따라서 미국과 중국을 오가는 등거리 외교를 펼치고 있다. 베트남은 두 협정에 직접적으로 가입함으로써 경제적인 실리 찾기에 나섰다. 결론적으로, 베트남 정부는 미국과 중국에 치우침 없는 철저한 자국 실리 중심의 외교 정책을 통하여 경제 발전에 보탬이 되는 방향으로 정책적 판단을 할 것으로 보인다. 미국과 중국도 베트남의 전략적인 가치를 훼손하지 않는 선에서 자국에 유리한 제스처를 요구할 것이다. 베트남은 숱한 세월 동안 중국, 프랑스, 미국, 일본 등 강대국들과의 전쟁이 오늘날의 강한 베트남을 있게 했다는 사실을 한시도 잊지 않고 있다.

 이런 것들을 고려하면, 두 협정이 베트남을 한 단계 발전하게 하는 원동력은 될 것이다. 물론, 예전처럼 국가 간의 협정들이 경제적인 혜택을 크게 가져다주는 것이 아닌 만큼, 그 효과는 기대만큼은 아닐 수 있다. 그러나 일방적인 경공업 제조업 중심 경제에서 중화학 공업과 지식서비스 산업 중심으로 경제 패러다임이 바뀌는 시점에 베트남 정부는 두 협정을 충분히 활용하여 개발도상국의 입지를 확실히 할 필요가 있다. 한편, 베트남 정부는 이들 다자간 협정보다는 현실적으로 아세안경제공동체(AEC: ASEAN Economic Community)를 통하여 발전의 근간으로 삼을 것으로 전망된다. 2015년 11월 22일경에 결성된 AEC는 상품, 서비스, 투자, 노동, 자본 이동의 자유화를 기조로 삼고 있다. 단일 시장, 생산 거점, 경제 블록화, 세계 경제 통합 등 장기 전략으로 아세안 10개국 중 어느 한 나라에 투자하면 10개국에 투자하는 것과 같은 효과를 누리고 있다. 저자가 베트남 투자 관련 강의나 세미나 등에서 늘 주장하는 바이기도 하다. 아세안은 2019년 현재 세계 7위 주요 경제 권역에서 2050년경에는 중국, 미국, EU에 이은 글로벌 4위를 목표로 하고 있다.

두 협정이 글로벌 경제에 미치는 영향은 다음과 같이 예상된다. 일단 미국의 탈퇴로 빛이 바랬지만 언제든지 복귀할 수 있고, 미국이 중국 주도의 협정에 훼방꾼으로 등장할 여지도 다분한 만큼 효과를 섣불리 예단하기는 이르다. 아시아 패권국을 넘어서 전 세계를 넘보는 중국이 주도하는 다자간 협정을 가만히 보고 있지도 않을 전망이다. 확실한 것은 G2 간 패권 경쟁이 앞으로도 이어질 가능성이 크다는 사실이다. 미국과 중국 두 나라 간의 무역 전쟁은 단기적인 소재도 아니다. 경우에 따라서는 20세기 냉전 체제 때처럼 동과 서의 양진영으로 갈라져서 편싸움을 하던 현상이 재연될 수도 있다. 하지만, 인류 발전에 무역이 기여한 것은 부인할 수 없는 역사적인 사실이고 그 의미는 절대 퇴색되진 않을 것이다. '팍스 로마나', '팍스 에스파냐', '팍스 브리태니카', '팍스 아메리카나', '팍스 시니카' 등을 통해서 봤듯이, 영원한 강대국은 없다. 국가 간의 협정 역시 국제법적인 구속력은 없고 한낱 종이 문서에 불과하며 순식간에 뒤집히는 모습을 수도 없이 봐 왔다. 자강불식(自强不息), 국가도 부단히 노력하지 않으면 생존이 불가능하다는 냉정한 자기 인식이 요구된다. 초강대국을 머리 위와 발아래에 두고 있는 한국과 베트남은 특히 더하다. 참고로, CPTPP의 교섭 일지와 주요국 경제 성장률 전망 자료를 덧붙인다.

〈CPTPP(환태평양경제동반자협정) 교섭 일지〉

- 2002년 10월: 뉴질랜드, 싱가포르, 칠레 TPSEP 논의 시작.
- 2005년 6월 3일: 뉴질랜드, 싱가포르, 칠레, 브루나이 TPSEP 협정 체결.
- 2006년 5월 28일: TPSEP 협정 발효.
- 2008년: 조지 부시 미국 대통령, TPSEP를 TPP로 전환 검토.
- 2009년 11월: 버락 오바마 미국 대통령, TPP 참가 의사 표명.
- 2010년 3월: 미국, 호주, 베트남, 페루 참가.
- 2010년 10월: 말레이시아 참가
- 2010년 11월 14일: 9개국, 2011년 11월까지 협상 타결 합의.
- 2011년 11월: 캐나다, 멕시코 교섭 참가.
- 2013년 3월 15일: 일본 교섭 참가 선언.
- 2013년 4월 20일: 일본 협상 참가 최종 승인.
- 2015년 10월 5일: 타결.
- 2016년 2월: 정식 서명.
- 2017년 1월: 트럼프 미 대통령 TPP 탈퇴 선언.
- 2017년 11월: 미국 제외한 11개국 큰 틀에서의 합의, CPTPP로 명칭 변경.
- 2018년 3월: CPTPP 11개국 공식 서명.
- 2018년 10월 31일: 6개국 자국 내 비준 완료.
- 2018년 12월 30일: 공식 발효.
- 2019년 1월 14일: 베트남 공식 발효.
- 2019년 6월 30일: 베트남과 유럽연합(EU) 자유무역협정(EVFTA) 체결.

〈2018/2019년(2017년) 주요국 GDP 성장률 전망(자료: OECD, IMF, WB, %)〉

구분	세계 경제	미국	유로 지역	중국	일본	베트남	대한민국
'18/'19년 (2017년)	3.9/3.0 (3.6)	2.9/3.0 (2.2)	2.2/1.0 (2.1)	6.7/6.5 (6.8)	1.0/1.0 (1.5)	7.1/6.8 (6.8)	2.7/2.0 (3.0)

★ 국제기구와 7개의 세계 경제 블록

현재 나라 간의 사안이나 문제를 조율하는 국제기구는 국제연합 (UN), 세계은행(WB), 국제통화기금(IMF), 경제협력개발기구(OECD), 세계무역기구(WTO), 국제노동기구(ILO), 금융안정위원회(FSB) 등 7개다. 가장 큰 글로벌 경제 협력체는 G20으로 전 세계 GDP의 90%, 교역량 80%, 인구 70%, 국토 면적 60%의 비중을 차지한다. 세계 경제는 미국을 중심으로 한 북미자유무역협정(NAFTA), 유럽연합(EU), 아시아태평양경제 협력체(APEC), 동남아시아국가연합(ASEAN), 걸프협력회의(GCC), 남미공동시장(MERCOSUR), 아프리카연합(AU) 등 7개의 경제 블록으로 나뉜다. 국가별로는 GDP 21조 달러의 세계 최강대국 미국, 28개국으로 구성된 미합중국과 맞먹는 GDP 규모의 유럽연합 EU, G2로 확실히 자리매김한 인구 13억 7천만 명이자 GDP 14조 달러의 중국, 2011년에 경제 대국 2위 자리를 중국에게 넘겨준 GDP 5조 달러의 일본, GDP 4조 달러의 아세안 10개국 그리고 GDP 2.5조 달러의 인도가 그 중심이다. 한국은 1.6조 달러다. 2018년 말에 발간된 영국 CEBR의 『세계 경제 리그 테이블』에 따르면, 세계 경제 규모는 미국, 중국, 일본, 독일, 인도, 프랑스, 영국, 브라질, 이탈리아, 캐나다, 한국, 인도네시아 순이다. 하지만, 2032년에는 중국, 미국, 인도, 일본, 독일, 브라질, 영국, 한국, 프랑스, 인도네시아 순이 될 것으로 전망하고 있다. 베트남은 45위 수준이다.

〈7개 세계 경제 블록〉

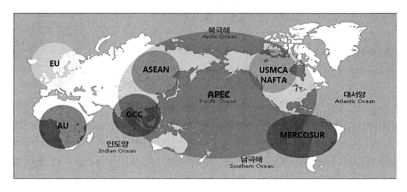

★ 아세안(ASEAN, 동남아시아국가연합 10개국), 21세기 엘도라도일까, 아니면 세계 경제 성장의 견인차일까?

● 아세안에서 답을 찾다

엘도라도(El Dorado). '금가루를 칠한 사람' 또는 '황금으로 도금된 도시'를 일컫는 에스파냐어다. 16세기경의 대항해 시대 당시 스페인 정복자들이 황금을 찾아 혈안이 되었던 시절의 이야기다. 21세기는 아세안, 동남아시아 10개국이 많은 사람의 관심 속에서 일거리나 새로운 사업을 찾아 나선 이들로 북적이고 있다. 정부의 한 정책 담당자의 "50~60대는 하릴없이 산에 가거나 SNS에서 험악한 댓글만 달지 말고 아세안이나 인도에서 답을 찾아라."는 조언(농) 비슷한 이야기로 화제가 되기도 하였다. 이 발언이 나오기도 전에 저자에게 선견지명이 있었는지, 아니면 정부 정책에 충실히 따랐는지, 저자도 은행 퇴직과 동시에 베트남으로 달려왔다. 2017년 7월경에 아세안 설립 50주년에 맞춰 발간한 『아세안에서 답을 찾다』(북랩)에서 저자가 인도까지

　　　　　　　　　　　　　　　영리한 베트남 투자

다뤘으니 정부 정책보다는 한발 앞서서 그림을 그린 셈이다.

"하나의 비전, 하나의 공동체, 하나의 정체성(One Vision, One Community, One Identity)."이 모토인 아세안(ASEAN, 동남아시아국가연합)이다. 동남아시아 지역 경제 및 사회적 기반 확립을 목적으로 1967년 8월 8일에 설립되어, 현재 10개국[필리핀, 말레이시아, 싱가포르, 인도네시아, 태국, 브루나이(1984), 베트남(1995), 라오스(1997), 미얀마(1997), 캄보디아(1999)]이 가입되어 있다. 아세안은 인구 8억 명, 평균 나이 31세, 문맹률 5% 미만, 1인당 평균 국민소득 4,200달러다. 아세안 10개국의 GDP는 약 4조 달러로, 한·중·일 3개국의 GDP인 21조 달러를 더하면 25조 달러가 되어 미국의 GDP인 21조 달러와 EU 28개국의 20조 달러를 넘어선다. 아세안 소비 시장도 8억 명을 돌파하여 28개국 인구 5억 1천만 명의 유럽연합(EU)을 앞지르는 규모다. 해외 직접 투자(FDI)의 유망지일 뿐만 아니라, 은퇴 후에 살고 싶은 전 세계 도시 10개 중 7개가 동남아시아 국가들로 꼽히는 만큼 전 세계인의 관심이 커지고 있다. 2020년의 베트남은 아세안 의장국이자 유엔 안전보장이사회 비상임 이사국이다. 베트남이 국제 외교 무대에서도 아세안을 대표하는 것이다.

아세안 지역과 전 세계 교역량(2019년 46조 달러, WTO 전망)의 1/4(12조 달러)이 거래되는 시장이다. 아세안 역내 교역 규모만 4조 달러로 전 세계 7%, 외국인 직접 투자 1,500억 달러로 세계의 6%를 차지한다. IMF 및 미국 통계청에 따르면, 2019년 아세안 10개국 인구의 구성비는 0~19세 2.5억 명, 20~64세 4억 명, 65세 이상 인구 5천만 명이다. 2018년 한국과 아세안 간의 교역 규모는 1,700억 달러(수출 1,050억 달러, 수입 650억 달러)로 한국-중국(2,200억 달러) 간에 육박하고, 한국-일본(1,000억 달러) 간 실적을 이미 넘어섰으며, 한-중-일 3,000억 달러 무역 규모에 버금간다. 문재인 대통령은 2017년 11월경에 이루어진 첫 아세안 지역(인도네시아, 베트남, 필리핀) 순방에서 아세안 10개국과 인도를 묶은 '신남방 정책' 구상을 밝혔다. 이 지역에서 새로운 대한민국의 성장 동력을 찾겠다는 전략이었다. 여기서 한국-아세안 교역 목표를 2016년 1,200억 달러(2012년 1,300억 달러, 2014년 1,400억 달러)에서 2020년 2,000억 달러로 제시했다. 베트남만 1,000억 달러 규모다.

● 아세안과 대한민국

한국의 대(對) 아세안 수출은 2006년의 321억 달러에서 2018년에는 1,000억 달러를 넘어섰다. 한국 ASEAN 대표부가 소재한 인도네시아에는 주(駐) 아세안 대표부 대사가 파견되어 있다. 한류 바람을 타고 한글을 배우려는 아세안 사람들도 넘쳐난다. 제2 외국어로 한국어가 채택되고, 한국 국제 학교도 곳곳에 만들어지고 있으며, 수많은 아세안 출신 유학생이 국내 대학에서 공부 중이다. 한국의 對 아세안 10개국으로의 2018년 말 기준 해외 직접 투자(FDI)도 중국이 1,700억 달러, 우리나라는 1,600억 달러에 이른다. 2018년 1조 1,800억 달러의 FDI 중 투자국별 비율은 미국 24%, 중국 19%, EU 18%, 아세안 15%, 중남미 7%, 일본 3% 순이다. 반면에, 외국인 투자자들의 대한(對韓) 투자는 누적 규모 1조 달러로 해마다 감소 추세에 있다. 2018년 FDI 유입액은 240억 달러인 데 반해서 유출액은 그 두 배인 500억 달러로 해외 직접 투자자들로부터 철저히 외면받고 있다. 유사 이래로 지금껏 우리나라 기업들이 해외에 만든 일자리가 200여만 개인데 반해서 외국 기업이 국내에 만든 숫자는 1/4에 불과한 50만 개에

영리한 베트남 투자

도 못 미친다. 그나마 하나둘씩 기회가 되면 대한민국을 떠나려 하고 있다. 우리나라나 미국이나 유럽, 일본, 중국, 아세안 등 어느 나라 어느 정부나 마찬가지지만, '일자리 만들기'가 선거의 최대 공약수인데 우리나라는 오직 '밖으로만'이 관심사가 되고 있다. 도널드 트럼프 미국 대통령이 강력히 시행하는 해외 투자 기업들이 국내로 되돌아오라는 정책인 '오프쇼어링'은 우리에겐 아직은 요원해 보인다. 산업통상자원부와 코트라가 손잡고 2017년부터 '국내복귀기업지원 종합 가이드'란 제도를 시행하고 있으나 근본적인 해결책이 없는 상황에서 국내 복귀는 엄두도 못 내는 게 현실이다. 오히려 틈만 나면 해외로 나가려는 기업들이 줄을 잇고 있는 상황이다. 경제 성장에 대한 국내에서의 해답이 없자 2018년부터는 문재인 정부도 '신남방 정책'을 통하여 아세안과의 협력을 통한 국가 발전을 꾀하고 있다. 2019년 11월에는 부산에서만 두 번째로 한-아세안 정상회의가 개최되었다.

〈한국의 대(對) 아세안 수출액(한국무역협회, 억 달러)〉

2006년	2007년	2008년	2009년	2010년	2011년	2012년	2013년
321	388	493	410	532	718	792	820
2014년	2015년	2016년	2017년	2018년	2019년 (e)	2020년 (e)	2021년 (e)
846	748	745	952	1,001	1,200	1,500	2,000

● 아시아의 중심 아세안과 아세안경제공동체

아시아 중에서도 가장 각광받는 곳은 단연 동남아시아 10개국이다. 포스트 차이나로 평가받는 아세안 국가들의 FDI는 연평균 10%

가까이 성장하고 있다. 그리고 글로벌 기업들이 아세안을 주목하는 이유는 풍부한 자원, 거대한 소비 시장, 인프라 시장 급성장, 중국 대체 생산 기지, 전략적 요충지 그리고 이제 막 시장이 제대로 열리기 시작했다는 점에서다. 2015년 11월 22일 EC(유럽경제공동체, EU로 발전)를 본뜬 아세안경제공동체(AEC: ASEAN Economic Community) 출범을 시작으로 상품, 서비스, 투자, 노동, 자본 등 이동이 훨씬 자유로워질 전망이다. AEC는 다자 간이 아닌 정부 간 기구로, EU보다는 다소 느슨한 공동체가 목표다. 향후 단일 시장, 생산 거점, 경제 블록화, 세계 경제 통합 등 장기 전략을 제시하고 있다. 우리와 함께 베트남 투자 1~2위를 다투는 일본도 2020년부터 3년간 아세안에 30억 달러를 지원하여 투·융자와 경제 발전을 지원한다는 계획이다. 일본은 일본국제협력기구(JICA)를 통해서 아세안 사랑에 가장 열성적이다. 잘 나가던 경제 성장률을 0%대로 끌어내린 2019년 홍콩 사태에서도 봤듯이, 중국 정부의 위협이 본토(티베트, 신장위구르자치구 등)는 물론이고 홍콩, 대만, 마카오를 넘어서 중국 외 지역으로 노골화되는 상황에서 인근 싱가포르나 베트남 등 아세안의 투자 가치는 더욱 커질 전망이다. 자본주의 자유시장경제는 정치 리스크에 따른 불확실성을 가장 싫어한다. 16세기 대항해 시대 당시 유럽과 남미의 엘도라도처럼 아세안도 신기루처럼 사라질까, 아니면 어려운 세계 경제 성장의 지렛대가 될 수 있을까? 저자는 '앞으로 10년은 끄떡없다'에 한 표 건다. 다만, 아세안은 등 떠밀려서 가는 곳도 아니고, 50~60대가 하릴없이 갈 수 있는 만만한 곳도 결코 아니다. 많이 공부하고, 경험하고, 단단히 각오하고, 무엇보다 뭘 좀 알아야 성공할까, 말까 하는 곳이다. 저자는 1989년부터 필리핀 마닐라를 시작으로 지금의 베트남 호치민까지 30년 동안 겪어 봤어도 아직도 결단코 쉬운 곳이 아니라고 여긴다.

○ 아세안경제공동체(AEC: ASEAN Economic Community)

: 2015년 11월 22일 결성된 단체. 상품, 서비스, 투자, 노동, 자본의 이동 자유화, 즉 연계성(Connectivity)에 초점을 맞췄다. 단일 시장, 생산 거점, 경제 블록화, 세계 경제 통합 등 장기 전략을 쓰고 있다. 아세안 중 한 나라에 투자하면 10개국에 투자하는 것과 같은 효과를 볼 수 있다. 2018년 말 현재 세계 7위 주요 경제 권역에서 2050년에는 중국, 미국, EU에 이은 4위를 목표로 하고 있다.

〈ASEAN 10개국+한·중·일 3개국 개황(2019년 기준, WB, IMF, OECD, CIA, KOTRA 등)〉
[ASEAN 10개국 GDP 4조 달러+한·중·일 3개국 GDP 21조 달러=합계 25조 달러]
[GDP(World Bank Atlas): 전 세계 86조 달러, OECD 53조 달러, 미국 21조 달러, EU 19조 달러]
[1인당 GNI(World Bank Atlas, 평균, U$): 전 세계 11,101, OECD 40,008, 미국 62,850, EU 35,359]

국가명	수도	인구 (백만)	면적 (천㎢)	통화/환율	GDP(억$)/1인당 GNI($)
INDONESIA	JAKARTA	265	1,905	IDR/13,350	1조 0,422/3,840
PHILIPPNES	MANILA	108	300	PHP/43.50	3,309/3,830
VIETNAM	HANOI	97	331	VND/23,160	2,449/2,700
THAILAND	BANGKOK	70	514	THB/34.30	5,050/6610
MYANMAR	NAYPYIDAW	60	677	MMK/1,3200	712/1,310
MALAYSIA	KUALA LUMPUR	32	330	MYR/4,2000	3,544/10,460
CAMBODIA	PHNOM PENH	17	181	KHR/4,500	246/1,380
LAOS	VIENTIANE	7	237	LAK/9,000	181/2,460
SINGAPORE	SINGAPORE	6	0.7	SGD/1,3850	3,642/58,770

BRUNEI	BEGAWAN	0.5	0.6	BND/1.3850	156/42,239
CHINA	BEIJING	1,370	9,597	CNY/6.8700	13조 6,082/9,470
JAPAN	TOKYO	127	378	JPY/110.50	4조 9,710/41,340
KOREA(N.K)	SEOUL(P.Y)	52(26)	100(120)	KRW/1,180	1조 6,194/30,600(325/1305)

★ 무역 전쟁 최대 수혜국 베트남에 대한 해외 직접 투자

● 신(新)아시아의 네 마리 호랑이

'아시아의 네 마리 용(Four Asian Dragons)'. 20세기 중후반에 일본에서 처음 나온 용어로, 대한민국, 대만, 홍콩, 싱가포르를 일컫는 말이었다. 제2차 세계대전 이후로 동아시아에서 가장 성장세가 두드러질 나라 네 개를 꼽았다. 결과는 잘 아는 바와 같이, 경제 성장, 소득 증가, 민주주의 등 답이 얼추 맞았다. 그러나 저자에게 이번 세기 들어서 '신(新)아시아의 네 마리 호랑이'를 꼽으라면, 베트남을 비롯하여 인도와 인도네시아 그리고 미얀마를 들고 싶다. 지난 세기 네 마리 용들과는 스케일이 다른 나라들이다. 세계 경제가 이들 네 나라에 달려 있다고 해도 과언이 아니다. 경이적인 기록으로 경제 성장에 박차를 가하는 베트남에 대한 투자의 과거와 현재 그리고 미래를 말해 보고자 한다.

과거 베트남에 대한 해외 직접 투자(FDI)는 '도이머이(1986년 베트남 공산당 제6차 대회에서 제기된 슬로건)'라는 정부의 강력한 개방 정책을 바탕으로 7% 안팎의 높은 GDP 성장률을 이어 왔다. 신발, 섬유, 의류, 일반 생활용품, 가전제품 등 다품종 중소 규모의 소비재 중심의 가공 생산 제조업이 주를 이뤘다. 1990년대에 소련을 비롯한 동구권 공산 국가들이 민주화 과정을 거쳐서 개혁·개방의 길로 나서면서 국가 간의 원조가 끊기자 절박한 심정으로 나섰던 개방이 결과적으로는 베트남 국부를 증대시키는 주요 요인으로 작용하였다. 20세기 말은 세계적으로는 '글로벌'이라는 개념이 정립되었던 시기로, 외환위기라는 가혹한 시련을 겪기도 하였으나 개방은 거스를 수 없는 대세로 자리 잡았다. 가장 큰 수혜를 본 지역은 아세안 10개국이었으며, 그중에서도 가장 대표적인 나라가 바로 베트남이다. 지정학적으로 전략적인 위치, 적절한 규모의 소비 시장, 정부의 안정적인 정책, 국민들의 근면성, 저렴한 인건비 등 모든 면에서 투자 유인이 컸다. 2019년 1분기를 기준으로 우리나라의 해외 직접 투자는 141억 달러로, 이 중에서 미국 26%, 중국 12%, 싱가포르 7.7% 다음으로 베트남이 6.6%를 차지하고 있다. 반면에 국내로 들어온 FDI는 26억 달러에 불과하다. 여러 정황상 국내에서 자본이 급격하게 유출되고 있음이 확연하다.

〈대한민국 대(對) 베트남 주요 경제 지표 비교표〉

구분	대한민국	베트남	비고
인구[백만 명]	52	98	
경제 활동 인구[백만 명]	26	68	
GDP[억 달러]	16,294	2,449	
GDP 증가율[%]	2.00	6.80	
1인당 GNI[달러]	30,600	2,700	
수출[억 달러]	6,055	2,600	
수입[억 달러]	5,350	2,500	
무역 수지[억 달러]	705	100	

대외 채무[억 달러]	4,621	1,210	2019년 6월 대한민국 대외 채권 9,331억 달러
해외 직접 투자[억 달러]	8,987	3,585	
외환 보유고[억 달러]	4,063	730	
소비자 물가 상승률[%]	3.00	3.00	
실업률[%]	3.20	2.30	
환율[USD/KRW/// USD/VND]	1,156.40	23,155	
시가 총액 [억 달러·KOSPI/VNI+HNX]	14,000	1,400	
주식 시장 외국인 투자 비중[%]	35.00	15.00	
주가지수[KOSPI/VNI]	2,197.67	960.99	
은행[개수]	18	44	

● 남북 균형 발전과 서비스·유통 산업 강화

경제 개방 30년째를 맞고 있는 베트남에 대한 투자는 개방 초기 제품들에 대한 소재 및 부품 생산과 함께 일부 제품은 고급화에 박차를 가하고 있다. 더불어, 발전 설비, 정유 등 중화학 제품의 생산과 수출, 전 세계 휴대폰 제조 수출의 전진 기지 역할을 톡톡히 해내고 있다. 베트남 정부도 '남북 균형 발전 전략'을 채택하여 투자 효과가 지역별로 골고루 돌아가도록 정책을 펼치고 있다. 타깃 산업도 저렴한 인건비를 바탕으로 한 제조업 위주에서 부가 가치가 큰 산업으로 고도화를 꾀하고 있다. 철저한 제조업 중심에서 서비스·유통 산업으로 패러다임이 바뀌고 있는 것이다. 현재까지 베트남 정부의 경제 정책, 정확히 말하면 해외 투자 유치를 통한 경제 성장은 전 세계적인 모범 사례다.

〈베트남 서비스·유통 산업의 특성〉

○ 입지 산업[Location Industry]
○ 인적 산업[Man-Power Industry]
○ 생활문화 산업[Life Culture Industry]
○ 이미지 산업[Image Industry]
○ 서비스 산업[Service Industry]

● 베트남 투자 리스크

그러나 베트남 투자와 관련하여 장밋빛 전망만 있는 것은 아니다. 예상되는 문제점은 크게 네 가지로, 정치적인 리스크, 경제적인 리스크, 컨트리 리스크 그리고 자연적인 리스크다. 먼저, 정치적인 리스크는 동남아 대부분의 국가가 겪었던 민주화 과정을 거치지 않았다는 점이다. 집단 지도 체제와 선거라는 민주주의적인 요소를 일부 접목한 정치 시스템을 갖고는 있으나, 공산당 1당의 독점적인 권력 구조는 오래가지 못한다는 역사적인 경험을 갖고 있다. 하지만, 이는 강력한 베트남 정치 지도자들의 리더십을 바탕으로 긴 호흡을 갖고 대응하리라 본다. 다음은 경제적인 리스크다. 베트남도 1997년의 동아시아 IMF 외환위기와 2008년의 글로벌 금융 위기를 겪었다고는 하나 당시엔 글로벌 시장에 대한 개방 정도가 높지 않았다. 그러나 지금은 전세계 해외 직접 투자의 절반 정도가 베트남을 비롯한 아세안 국가들로 집중되어 금융 위기가 온다면 파급 효과 또한 만만치 않을 전망이다. 전체 경제 분야에 있어서 금융 산업이 차지하는 비중이 크진 않지만, 늘 그랬듯이 금융 위기는 자기(나라) 의지와 상관없이 투자 상대국과 제3국들까지 연쇄적인 파급 효과가 있어서 위기가 확산되는 레버러지(지렛대) 모양새를 갖춘다. 하지만, 이조차도 베트남 정부는 두 번의 글로벌 금융 위기를 통한 학습 효과와 철저한 대비를 하고 있다고 본다. 다음은 컨트리 리스크다. 베트남은 지리적으로, 또한 역사적으로 아세안의 중심에 위치하면서 위로는 중국이라는 초강대 세력과 국경을 맞대고 있다. 특히, 바다를 두고는 난사군도, 시사군도 등 영유권 분쟁이 언제든지 재발할 소지를 안고 있다. 미국과 중국 간의 G2 파워 게임에 베트남은 전략적인 요충지로서 두 강대국 모두에게 포기할 수 없는 나라다. 적절하고도 전략적인 외교 정책이 관건이지만, 인도와 파키스탄처럼 힘의 균형에 따라서 왔다 갔다 하는 와중에 나라의 정체성과 발전이 뒤처질 수 있는 경우는 경계해야 할 과제다. 마지막으로, 자연적인 리스크로 환경 분야를 꼽을 수 있다. 아세안 10개국뿐만 아니라 이웃한 중국과 인도 등이 제조업을 바탕으로 한 수출에 국가 정책이 집중되어 있음을 부인할 수 없다. 그리고 이로 인해 덩달아 발생하는 환경 오염을 간과할 수 없다. 공장, 자동차, 오토바이 등 배출 매연, 미세먼지, 지구 온난화에 따른 저지대(호치민 포함 남부 지방 대다수가 해당) 침수 문제, 사회간접자본(SOC) 투자 미비에 따른 열악한 도로 사정, 미흡한 상하수도 시설 등 후진국이 앓는 병을 베트남도 그대로 앓고 있다. 수도 하노이의 미세먼지 수준은 전 세계 최악인 날이 점점 늘고 있다. 앞으로 환경은 인간이 잘살고 못사는 차이가 아니라 인류의 생존을 좌우할 요소로 대두될 것이다. 지금처럼 과도한 자원 개발과 과잉 생산은 오염 유발을 동반할 수밖에 없다.

나라 간의 생산성 차이가 수출을 발전시켜 왔고, 수출은 글로벌이라는 개념을 확산시켰으며, 전 지구적인 발전과 편리한 생활의 원천이 되어 온 것은 부인할 수 없다. 바로 무역(貿易)의 힘이다. 그런데 이제는 미국과 중국 간의 무역 전쟁을 시작으로 수출에 대한 근본적인 패러다임을 바꿔 놓을 수도 있는 상황이 전개되고 있다. 완전자동화 공정(PAP), 인공지능(AI), 가상현실(VR), 3D 프린팅 등 제4차 산업 혁명이 선·후진국을 불문하고 밀려들고 있다. 앞으로는 대부분의 공정 자체가 단순해지면서 굳이 인건비가 낮은 곳을 찾을 필요가 없어질 것이다. 미-중 간의 무역 전쟁이 아니더라도 앞으로 무역은 더 이상 확대될 필요가 없어질 수도 있다. 제품 자체도 단순해질 것이며, 인간의 호기심이나 심미안도 미래 세계는 지금과는 확실히 달라질 것이다. 결론적으로, 미래는 과학과 기술 문화적인 측면에서 선진국만이 세계 무대를 누빌 가능성이 크다. 베트남은 그런 측면에서는 아직은 부족한 면이 다분하다.

● 베트남 투자의 미래

아시아의 네 마리 용, 즉 한국(인구 5,177만 명, 국토 면적 100,210㎢, GDP 1조 6,932억 달러, 1인당 국민소득 32,774달러), 대만(인구 2,360만 명, 국토 면적 35,980㎢, GDP 6,132억 달러, 1인당 국민소득 25,977달러), 싱가포르(인구 566만 명, 국토 면적 710㎢, GDP 1조 3,496억 달러, 1인당 국민소득 61,766달러), 홍콩(인구 747만 명, 국토 면적 2,754㎢, GDP 3,647억 달러, 1인당 국민소득 48,829달러)은 그동안 괄목할 만한 성장세를 나타냈다. 그러나 베트남―저자는 한 마디로 '절대 만만치 않은 나라'라고 표현한다― 역시 유구한 역사와 전통 그리고 문화를 가진 민족이다. 30여 년 동안의 발전 과정을 보면 향후 10년은 베트남 투자 걱정을 하지 않아도 될 듯하다. 달리는 호랑이 등에 올라타서 '한강의 기적'처럼 북쪽의 '홍강'과 남녘 '사이공강' 그리고 남서쪽의 '메콩강'의 기적을 향유할 것을 기대한다. 1980년대의 대 혼란기에 전 세계가 대한민국의 민주화 과정을 지켜보면서 대한민국이 인구 5천만 명에 GDP 1조 달러, 수출입 교역 1조 달러, 1인당 국민소득 3만 달러 이상, G20 및 OECD 가입국의 반열에 오르는 기적을 세계는 상상도 못 했을 것이다. 그러나 지금은 세계 10위권 경제 규모, 수출입 교역 8위 등 글로벌 톱 10에 자리매김했다. 지금으로부터 10년 후인 2030년이면 베트남도 인구 1억 명 이상의 우리만큼 잘사는 나라가 되어 있을 것이다. 베트남에 살고, 투자하고, 사업하고, 직장에 다니는 모든 분에게도 혜택이 돌아갔으면 하는 바람으로 베트남 투자를 과거와 현재 그리고 미래로 나눠서 살펴봤다. 참고로, 저자는 1989년에 필리핀 마닐라를 시작으로 베트남에서 두 번째 해외 근무를 하면서 아세안 10개국을 속속들이 경험하고 연구하고 있다. 『아세안에서 답을 찾다』(2017, 북랩)라는 책을 통하여 이를 정리하였으며, 앞으로도 아세안에 대한 연구를 이어나갈 것이다. 아세안의 성장은 곧 저자 발전의 원동력이기도 하다.

★ 베트남 금융 산업

● 금융 산업 현황 및 특징

은행 고객이 전 인구의 30%에 불과한 베트남에는 베트남 중앙은행 [SBV, Governor(총재) Le Minh Hung], 4개의 국영 은행, Agri Bank, Vietcom Bank, Vietin Bank, ACB, Eximbank, Sacombank 등 자국 상업 은행 31개, 외국계 은행 법인 9개, 외국계 은행 지점 50여 개, 대표 사무소 50여 개 등이 있다. 베트남 중앙은행 통계 자료에 따르면, 외국계 은행 시장 점유율은 8%, 순이자 마진(NIM)은 3%에 이른다. 베트남 21개 주요 은행들의 2019년 6월 말 기준 부실 채권 (NPL) 총액은 786조 동이며, 전체의 2% 이내라고 밝히고 있으나 시장은 5%가 넘는 것으로 보고 있다. 베트남자산관리회사(VAMC, Vietnam Assets Management Company)가 금융 기관의 부실 채권 등을 관리하고 있다. 베트남 중앙은행은 부채(여신)의 위험 상태에 따라서 자산 건전성 분류 기준을 다음과 같이 나눈다. 정상(Standard), 요주의 (Special Attention), 고정(Subprime), 회수 의문(Doubtful), 추정 손실 (Potential Incobrable)로 분류한다. 고정 이하 여신이 22%, 추정 손실 5.2% 수준이다. 2019년 상반기를 기준으로, 베트남 금융 시장의 총 수신 증가율은 11.6%, 총 여신 증가율은 13.9%이며, 금리는 보합 수준, 수익성 증가율은 전년 대비 31%로 36억 달러 상당이며, 부실 채권(NPL) 비율은 2017년 1.99%에서 2018년 1.91%로 양호한 수준이다. 자본 적정성(CAR)은 전체 평균 12.14%이며, 국영 은행 9.65%, 상업 은행 10.66%, 파이낸스·리스 18.37%, 협동조합 19.48%를 기록했다. 총자산순이익률(ROA)은 전체 0.54%, 국영 은행 0.45%, 상업 은행 0.54%, 외국계 은행 0.66%, 파이낸스·리스 1.64%, 협동조합 0.30%, 서민 금융 기관 0.59% 등이다. 자기자본이익률(ROE)은 전체 5.93%, 국영 은행 8.67%, 상업 은행 4.96%, 외국계 은행 4.55%, 파이낸스·리스 7.79%, 협동조합 2.51%, 서민 금융 기관 9.11% 등이다. 예년 수준으로 선방했다는 평가다. 은행계의 신용카드는 1억 7,200만 장이 발급되어 있다. 금융 기관 간 M&A도 활발한데, 2018년에는 KEB하나은행의 BIDV 지분 15%를 인수하였으며, 롯데카드는 베트남 소비자금융회사 Techcom Finance를 인수했다. 베트남 금융 산업의 특징으로는 자기 자본 미미, 부실 채권 과다, 과도한 해외 금융 기관 의존도, 낮은 신용도, 국가 주도 정책을 들 수 있다. GDP 대비 주식 시장의 시가 총액은 80%이고, 채권 시장의 규모는 30% 안팎이며, 파생상품시장도 확대일로다.

● 글로벌 은행들의 격전지 베트남 금융 산업

일반적으로 해외 진출 순서를 보면 기업이 가장 먼저 진출하고, 다음은 외교 공관 그리고 금융 기관 순이다. 이처럼 금융 기관은 산업 기반이 어느 정도 안정된 다음에 들어오는 만큼 상대적으로 진출이 늦은 편이다. 하지만 속도는 일사천리다. 베트남도 예외가 아니다. 우리나라 금융 기관이라면 거의 예외 없이 진출하는 곳이 베트남으로, 규모 면에서는 중국에 이어 두 번째다. "베트남에 대표 사무소라도 내지 않은 한국계 은행은 '혈액은행'뿐이다."라는 우스갯소리도 있을 정도다. 실적도 좋은 편이다. 외국인 직접 투자(FDI)로 베트남 금융 기관에 진출하는 방법은 크게 세 가지다. 현지 법인, 지점 그리고 대표 사무소다. 일반적으로 대표 사무소를 내고 지점으로 전환하여 두세 개 이상의 지점을 묶어서 법인으로 전환하는 경우다. 대표적인 라이선스 산업인 만큼 단계마다 최소 3년 이상 시간이 걸린다. 베트남 현지 진출한 외국계 은행 중에서 현지 법인은 ANZ(호주·뉴질랜드, 리테일 부문은 신한은행이 인수), HSBC(영국), SCB(영국, 한국 데스크 있음), Hong Leung Bank(말레이시아), Public Bank(말레이시아), CIMB(말레이시아), UOB(싱가포르), Shinhan Bank(한국), Woori Bank(한국) 등 아홉 개다. 특히, HSBC 베트남 법인은 1995년에 외국계 은행 최초로 지점 영업을 시작한 데 이어, 2009년에는 처음으로 현지 법인 허가를 받았다. 베트남에 은행 산업이 막 태동하려던 때 초기 리스크를 무릅쓰고 과감하게 투자해 현재 지점 20여 개와 ATM기 150대 등 탄탄한 영업망과 현지 네트워크를 구축해 외국계 '주류' 은행으로 정착했다. 1,500명에 달하는 직원과 30만 명에 달하는 고객 중 90%가 베트남 현지인이며, 외형만 보면 여느 로컬 은행과 다를 바 없다. 2018년 말을 기준으로 HSBC가 법인, 지점, 로컬 은행, 지분 투자 등 다각적인 투자로 베트남에서 벌어들인 총 세전 이익(PBT)은 1억 7,000만 달러에 달한다. 외국계 은행 2위인 신한 베트남 은행의 법인 세전 이익은 8,000만 달러로 2분의 1 수준이다. 최근에는 신한은행이 HSBC를 모든 면에서 역전한 것으로 나타났다. 또한, ANZ로부터 리테일 부문도 인수했다.

● 돌풍을 일으키는 한국계 금융 기관

우리나라 은행으로는 현지 법인인 신한은행 및 우리은행을 포함하여, 국민, KEB하나, 기업, 수출입, 산업, 농협, 대구, 부산은행(2011년 6월 30일) 등 10개 은행 50여 개의 법인 지점이 대표 사무소 형태로 진출해 있다. 9개 해외 금융 기관 현지 법인 중에선 한국의 신한은행 베트남 법인이 가장 활발하다. 1992년에 가장 먼저 현지 진출하여, 현재 남부 20개, 중부 1개 그리고 북부 지역 15개 등 총 36여 개의 네트워크를 가지고 있다. 2,000여 명의 임직원, 총자산 40억 달러, 총 고객 100만여 명, 당기 순이익은 8,000만 달러에 이른다. 도소매를 아우르며 철저한 현지화에 박차를 가하고 있다. 또한, 쌀딩크로 불리는 베트남 축구 영웅 박항서 감독을 광고에 영입하여 시민에게 더욱 가까이 다가가고 있다. 핀테크 열풍 속에서 'Sunny Bank'라는 모바일 전문 은행도 선보였다. 신한 베트남 은행은 현지 직원 비율 92%, 현지 고객 비율 83%, 현지 기업 1,000여 개 사, 개인 고객 100여만 명으로 현지화에 성공하였다. 전략적인 신용카드 사업도 안정적으로 정착하고 있다. 자산 운용사와 연기금 등 기관 투자자의 금융 자산을 대신 보관 및 관리해 주는 글로벌 커스터디 업무도 개시했다. 주로 HSBC나 SCB 등의 글로벌 은행들이 하던 업무였다. 이와 더불어 현지 ANZ 뱅크 소매 금융 부문도 인수하면서 몸집을 키워가고 있다. 삼성화재는 2017년 5월경에 베트남국영석유회사(Petrolimex)의 자회사인 PJICO 손해보험회사 지분 20%를 인수하고 영업에 나섰으며, 2대 주주가 되었다. 30여 개의 베트남 손보사 중에서도 시장 점유율 5위로 7% 수준이다. 한화생명도 일찌감치 현지에 진출하여 한국의 보험 영업 기법을 도입하여 활발한 영업에 나서고 있다. DB생명도 현지 보험회사와 합작 기반으로 시장을 키워가고 있다. 증권 회사도 미래에셋대우, 한투증권, 신한금융투자 등이 진출해서 증권 시장을 달구고 있다. 한편, 호치민과 하노이에 지점이 있는 우리은행도 2016년 11월에 법인 인가를 받아 베트남 전역으로 영업망을 확대하고 있다. 한국무역보험공사, 서울보증보험, 한국감정원 등도 현지에 진출해 있다. 베트남에 진출한 한국계 금융 기관들의 영업 실적도 좋아서 전체 이익 규모는 중국에 진출한 한국계 은행을 능가하고 있다. 현지에 진출한 한국계 기업과 개인을 대상으로 한 영업으로만 보면 과열이란 말이 나올 만큼 한국계 금융 기관들의 경쟁이 치열하나, 그런데도 시장이 더 클 여지는 충분하다. 한국계 금융 기관들이 선진 금융 기법과 충분한 자본금 그리고 현지화에 성공한다면 베트남 금융 산업 발전에 따른 선점 효과도 누릴 수 있다.

● 베트남 금융 산업 진출 전략과 미래

금융 산업이 발전하면서 2017년 8월부터는 선물 옵션, 스왑 등 파생상품시장도 거래를 시작하였다. 2020년경에는 바젤II(BASEL 2) 시행과 글로벌시장지수 편입을 앞두고 있다. 국가 신용 등급 투자 적격 등급이 되면 시장 확대도 예상된다. 그동안 투기 등급 수준의 국가 신용 등급 때문에 망설이던 미국과 유럽 자금이 본격적으로 유입될 것이며, 금융 시장이 한 단계 업그레이드될 것으로 예상된다. 최근에는 선진 금융 기법이라 할 만한 핀테크와 블록체인 분야도 관심사다. 은행권 구조 조정은 1단계(2011~2015년), 2단계(2016~2020년)가 진행 중이다. 2011년경에 금융 기관 구조 조정 시작 이후 12개 베트남 은행이 인수·합병되거나 중앙은행의 특별 관리를 받고 있다. 아직은 압도적인 현금 결제 비중이 높지만, QR 코드, 전자 지갑, 삼성 페이 등 모바일 금융도 점유율을 높이고 있다. 2019년 말을 기준으로 보면 SBV 인가 비은행 결제 기관만 해도 NAPAS 등 32개다. 핀테크도 서서히 개념이 정립되고 있다. 베트남 은행 진출과 관련하여 국내 은행에 대한 외국인의 지분율은 30%로, 전략적 투자 20%, 비전략적 투자 15%로 제한하고 있다. 그러나 베트남 은행들의 경쟁력이 강화되면 외국인 지분율은 더 늘어날 전망이다. 베트남도 WTO에 가입되어서 진입장벽을 낮출 수밖에 없다. 아직은 주요국 금융 기관들이 앞다투어 아세안과 베트남 진출을 시도하고 있으나 라이선스를 받는 것이 무척이나 어려운 게 현실이다. 베트남이나 타국 현지 금융 기관 인수·합병, 지분 참여 등 공격적인 투자와 더불어 장기적인 관점에서 전략적인 접근이 요구된다. 자국의 돈줄을 그냥 내줄 리가 만무하다. 베트남 정부와 국민은 절대 만만치 않고 시간이 철저히 자기편인 것을 아는 무서운 민족이다.

★ 베트남 제조업 현황

베트남은 지금껏 철저히 제조업 중심으로 발전해 온 나라다. 세계의 공장으로 불리는 중국과 국경을 맞대고 있으며, 아세안의 지리적 중심, 풍부한 노동력과 저렴한 인건비, 온난한 기후 등이 그 바탕이다. 또한, 월 평균 임금 197달러라는 사실을 통해서도 알 수 있듯이, 경쟁국인 중국과 태국 대비 인건비 측면에서 강력한 제조업 경쟁력을 갖추고 있다. 60세 이상 인구가 9%로 중국의 13%에 비해 훨씬 젊은 국가이기도 하다. 1998년~2010년 사이에 태어난 약 1,500만 명의 'Z세대'는 SNS와 브랜드에 의존하는 강력한 소비층으로 자리 잡았다. 그러나 2010년부터 연 12~29%로 오른 가파른 인건비 상승은 저임금 노동 생산국인 베트남에 가시적인 생산성 문제가 되고 있다. 항만 사용료도 징수 예정이다. 2018년을 기준으로 호치민 항만이 600만 TEU(20ft 컨테이너 단위), 하이퐁 항만이 200만 TEU였다. 추가적인 수출입 비용 부담이 예상된다. 사회주의 국가의 특성상 노조가 막강한 파워를 지닌 베트남은 파업도 증가 추세이며, 한국인 소유의 공장이 가장 많다. 2019년을 기준으로 노동 생산성은 인근 싱가포르의 1/18, 말레이시아의 1/16, 태국과 중국의 1/3에 불과하다. 베트남 국가임금위원회는 2019년 7월 11일, 2020년 최저임금 인상률을 5.1~5.7%(평균 5.5%, 2019년도 5.3%)로 결정했다. 베트남 동화(VND)로 지역별로 보면 307만 동에서 442만 동이다. 1지역(하노이, 호치민, 하이퐁, 동나이, 빈증, 붕따우 등 대도시) 442만 동, 2지역(다낭, 껀터, 냐짱, 닌빈, 하이증, 홍옌, 박닌, 타이응우옌) 392만 동, 3지역(떠이닌성, 벤쩨성, 짜빈성, 박닌성, 타이응우옌성 일부) 343만 동, 4지역(1, 2, 3지역 외) 307만 동이다. 전년도는 차례대로 418만 동-371만 동-325만 동-292만 동이었다.

● 제5차 노동법 개정안 국회 통과 내용

2019년 11월 20일 베트남 국회에서 통과된 '제5차 노동법 개정안 국회 통과 안내'에 관한 내용이다. 2019년 11월 20일, 베트남 국회는 453명의 국회의원 중 435명 찬성, 반대 9명, 기권 9명으로 본 개정안을 통과시켰다. 2020년 1월 1일부터 시행된다. 주요 내용을 보면 다음과 같다. 주당 근무 시간은 일 8시간 또는 주 48시간을 초과해서는 안 된다. 고용주는 일일 근로 시간이 일 10시간, 또는 주 근무 시간이 적용되는 곳에서는 주 48시간을 초과하지 않는다면, 일일 또는 주당 근로 시간을 정할 권리가 있다. 그러나 국가는 고용주에게 주 40시간 근무를 장려한다. 앞으로는 주 5일제로 토요일 휴무도 예상된다. 초과 근무 시간은 법령, 단체 협약, 내부 근로 규정에 정한 바에 따라, 정규 근로 시간 이상의 근로 시간으로, 고용주가 근로자의 동의하에 초과 근무 시간이 일일 정규 근무 시간의 50%를 넘지 않는 범위에서 초과 근무를 요청할 권리가 있다. 개정안에서는 월 최고 한도가 30시간에서 40시간으로 늘어났다. 연 최고 한도는 정상적인 환경에서는 현행대로 200시간을 유지하며, 특수 환경에서는, 즉 농업, 임업, 수산물을 포함한 식품 가공업을 비롯하여 의류, 신발, 전자 산업 등 노동 집약 부문의 근로자에게는 연 300시간까지 늘릴 수 있다. 휴일 추가는 이번 개정법에서는 국경일인 9월 2일 전후로 1일 휴일을 추가한다. 퇴직 연령은 현행 남자 60세, 여자 55세의 퇴직 연령을 남자 62세, 여자 60세로 정하였으며, 2021년 1월부터 시작해서 남자는 60세+3개월, 여자는 55세+4개월로 정년이 늘어난다. 매년 남자 3개월, 여자 4개월 단위로 늘어나며, 남자는 2028년까지 62세에 도달할 때까지, 여자는 2035년까지 60세에 도달할 때까지 늘어난다.

베트남으로의 공장 이전이 다반사인 한국은 정부의 대표적인 경제 정책인 소득주도성장, 최저임금 인상, 주 52시간 근무 제도 등으로 제조업 경쟁력이 약화되고 있다. 한국은 2016년부터 2019년까지 최저임금 인상률이 8.1%-7.3%-16.4%-10.9%(8,350원)다. 반면에, 후발국인 베트남은 2016년~2020년 최저임금 인상률이 12.4%-7.3%-6.5%-5.3%-5.5%다. 최저임금을 미국 달러로 환산하면 베트남은 130달러~200달러 상당이다. 중국 310달러, 인도네시아 295달러, 말레이시아 270달러, 필리핀 251달러, 태국 256달러, 캄보디아 183달러, 미얀마 124달러 수준과 비견된다. 2019년 9월에 한국은행이 발표한 '해외경제포커스' 자료에 따르면, 2018년을 기준으로 아세안 주요국 연간 제조업 임금 수준은 인도네시아(5,027달러), 필리핀(4,056달러), 베트남(3,812달러)으로 중국(10,520달러)의 절반 이하 수준이다. 베트남이 미국-중국 간 무역 전쟁의 가장 큰 수혜를 받을 가능성이 있는 나라로 인식된다. 중국을 대체할 투자국으로 급부상하고 있는 것이다. 그러나 2019년 6월경에 미국과 중국 간 무역 전쟁 와중에 도널드 트럼프 미국 대통령은 "많은 기업이 베트남으로 공장을 옮기고 있지만, 베트남은 중국보다 훨씬 더 우리를 이용한다. 모두 중 가장 나쁜 남용자다."라고 쏘아댔다. 중국산 상품에 부과되는 관세를 피할 목적으로 중국에서 베트남으로 공장을 이전한 데 따른 것이다. 따라서, 베트남 정부도 지금까지의 저비용 노동 집약 산업에서 노동의 질 향상을 통한 하이테크 산업으로의 변모를 꾀하고 있다. 아세안 중심의 지리적인 이점과 사회주의 정부의 강력한 리더십 그리고 글로벌 경제 패러다임 변화의 가장 큰 수혜 국가로는 베트남이 적지다.

다음은 베트남 중고 기계 수입 관련 내용이다. 베트남 정부는 2019년 4월 19일부터 '중고 기계 수입에 관한 총리령(Decision No. 18/2019/

QD-TTg)'과 '중고 기계 수입 시행규칙(Circular 23/2015/TT-BKHCN)' 개정을 통하여 2019년 6월 15일부로 발효되는 동 법안을 결정했다. 중고 기계 수입 요건은 생산 라인 기계류 구분, 환경보호 및 에너지 절약 안전 강화, 잔존 가치 85% 이상, 수입될 생산 라인 기술이 OECD 회원국 중 최소 3개국 이상에서 현재 사용되고 있는 기술 등이다. 중고 기계 수입은 감정 증명서(유효기간 중고 기계 6개월, 생산 라인 18개월 이내)에 의한다. 감정서에는 이름, 제조연도, 상표, 시리얼 넘버, 모델 타입, 제조 국가 및 제조 업체, 감정 장소 및 날짜, 중고 기계 상태, 감정 방법 및 과정[국가기술 표준(QCVN), 베트남 표준(TCVN), G7 국가 및 한국 표준(KS)]이 필수 기재사항이다. 미국과 중국 간 무역 전쟁 와중에서 중국으로부터 노후화된 생산 라인이나 기술이 베트남으로 급격하게 유입되는 것을 사전에 방지할 목적이 크다. 이제는 베트남도 무분별한 기술이나 업종은 해외 투자를 받지 않겠다는 의지의 표명으로 읽힌다. 투자법, 기업법, 노동법과 함께 환경보호법, 특허법도 강화 추세다.

★ 제조업 르네상스, 선택 아닌 필수, 제조업(製造業)이 강한 나라 가 선진국 반열에 올랐고, 국가 경쟁력도 좌우하며, 생존도 가능하다

미국, 영국, 중국, 일본, 독일, 프랑스, 스위스, 스웨덴, 이스라엘, 인 도, 대만, 싱가포르, 인도네시아, 베트남…. 이들 나라의 공통점은 '제 조업 강국'이다. 미국(美國). 컴퓨터, 인터넷, 자동차, 우주 항공, 군수 무기 등 세상에 거의 처음으로 선을 보인 것들은 대부분 미국이 만들 었으며, 유일무이한 세계 최강대국의 지위에 올랐다. 'Make America Great Again'이란 취임 일성으로 백악관에 들어선 도널드 트럼프 미 국 대통령의 일련의 무역 전쟁의 핵심 목적도 다름 아닌 미국 제조업 의 부흥이다. 영국(英國). 18세기 산업 혁명을 일으켰으며, 직조 기계, 증기 기관, 조선 해양 등 제조업을 바탕으로 100년 이상 '팍스 브리태 니카'를 구가했다. 중국(中國). 전 세계 사람들이 쓰는 물건의 1/4을 만 들어 내고 있으며, 이를 바탕으로 세계 최강대국의 지위를 넘보고 있 다. "製造业是国民经济的主体, 是立国之本, 兴国之器, 强国之基(제조 업은 국민 경제의 주체요, 입국의 근본이요, 흥국의 수단이요, 강국의 기반이 다)." 미(美)-중(中) 간 무역 전쟁의 근본적인 원인이 되는 2015년 5월에 중국 국무원이 발표한 「중국 제조 2025」 문건의 첫 구절이다. 일본(日 本)과 독일(獨逸). 1900년대 초부터 각종 무기, 철도, 항공, 조선, 전자 산업에 공을 들이면서 우주, 전자, 기계, 화학 등 전 산업 분야에 걸 쳐서 탄탄한 기술을 바탕으로 세계 최고의 기술 경쟁력을 갖추고 있 으며, '인더스트리 4.0'과 '제4차 산업 혁명'을 이끌고 있다. 독일 아디 다스 법인의 안스바흐 공장에서는 매년 50만 켤레의 운동화를 단 10 명의 직원이 만든단다. 'Made for Germany'가 지향하는 바이다. 프랑스, 현실 세계를 가상 공간에 구현해 최적화를 찾아내는 '디지털 트윈'이란 개념을 도입하고 패션, 항공, 고속철도, 군수 산업, 핵에너지, 로봇 등 제조 분야의 절대 강자로 남아있다. 스위스. 알프스 자락의 조그만 관광 국가가 전부가 아닌 아인슈타인을 배출한 취리히연방공대(ETH)와 한때 근무도 했던 특허청 특허 강국으로 1인당 국민소득 9만 달러의 세계 최고 부자 국민, 정밀 기계, 화학 등 제조업이 강한 나라다. 스웨덴. 트럭, 자동차, 기계, 화학 발전, 철강 등 북유럽 최대의 제조 강국으로 자리매김하고 있다. '요람에서 무덤까지'로 불리며 그들이 세계 최초로 도입한 복지 개념도 제조업이 바탕이 된 공업 강국의 발로다. 이스라엘. 유대인들의 뛰어난 두뇌와 중동 지역 이슬람 한가운데서 살아남아야 하는 생존의 절박함을 탄탄한 기술력을 바탕으로 한 제조업을 통해서 어려움을 극복한 나라다. IT 산업과 군수 산업을 기반으로 전자, 화학, 생물, 의료 분야의 하드웨어와 소프트웨어 모두 최고의 경쟁력을 갖고 있다. 인도(印度). 2020년에는 중국을 넘어설 인구 대국으로, 세계 최고의 IT 기술, 글로벌 기업 CEO 배출 최대국, 미국의 인도-태평양 전략 중시 등의 특성이 있다. 그리고 모디 총리는 "Make in India."라는 한 마디로 인도를 제조업 강국으로 만들려는 청사진을 제시하고 있다. 대만(臺灣). 대내외 직접 투자와 탄탄한 중소 제조업을 바탕으로 국가의 부를 일궈가고 있다. 중국의 갖은 압박에도 불구하고 철강, 기계·기구, 섬유, 화학, IT, 반도체 등 전방위 산업을 발전시켜 가면서 독립 국가의 면목을 확실히 갖추고 있다. 싱가포르. 도시 국가의 전형으로 컨벤션이나 관광 산업이 주라고 생각하겠지만, 전기, 전자, 조선, 석유 화학 분야에서 세계적인 제조업 경쟁력을 갖추고 있으며, 기업하기 좋은 환경을 갖춘 나라 중의 하나다. 인도네시아. 아세안 10개국 중에서 인구 265백만 명으로 아세안 최대의 영토와 자원 그리고 소비 시장을 가지고 있는 나라이자 군용 항공기부터 가구, 의류, 신발까지 제조업이 활발한 나라다. 베트남. 전 세계 해외 투자 자금의 1/5을 빨아들이고 있는 제조업을 나라 발전의 근간으로 삼고 있으며, 원자재 조달, 생산, 물류 소비, 수출 등 전방위적인 경쟁력을 갖추고 있다. 특히, 미국(美國)-중국(中國) 간 무역 전쟁이 장기화되고 확산 조짐을 보이면서 가장 큰 수혜를 받을 나라로 중국과 국경을 맞대고 있으며 미국과 서방에 우호적인 베트남이 손꼽힌다. 중국에 투자한 외국 투자 법인들도 동시에 규제하는 '세컨드리 보이콧'을 의식한 글로벌 기업뿐만 아니라 중국 본토에 투자한 대만, 홍콩 마카오 투자 법인들도 베트남 등 아세안 지역으로의 이동이 가시화되고 있다. 이처럼 제조업 경쟁력을 바탕으로 성장하는 나라들이 있는 반면에, 캐나다, 브라질, 러시아, 남부 유럽, 호주, 인도, 중동 국가들은 풍부한 자연 자원을 갖고도 나라의 발전 정도나 국민들의 편의성 등은 좀 뒤처진다. 이는 다름 아닌 제조업 경쟁력의 약화에서 그 원인을 찾을 수 있다. 위의 예에서 보았듯이 제조업이 성한 나라는 살고, 그렇지 못한 나라는 도태될 것이다.

● 기로엔 선 대한민국 제조업

2017년 5월, 새 정부 들어 국내 경기가 3년 내리 급랭하면서 GDP 성장률 또한 취임 초 3%대에서 1%로 낮춰 잡고 있다. 잠재 성장률도 하향 추세가 확연하며 이마저도 달성이 쉽지 않은 상태가 이어지고 있다. 생산뿐만 아니라 소비, 고용, 투자, 수출 역시 일제히 하향 곡선을 그리고 있다. 제조 공장 가동률은 50%대로 급전 직하했다. 대외적으로도 미국-중국 간의 무역 전쟁 와중에 위기일발이다. 대한민국도 한때는 전자, 조선, 자동차, 반도체, 석유 화학, 기계, 플랜트, 원자력 등 여러 부문에서 세계적인 기술력과 가격 경쟁력을 갖추고 있었다. 하지만, 제조업 경쟁력이 약화되면서 전반적으로 국력이 쇠퇴하는 모습이 역력하다. 우리나라에서의 사업 기회와 성장 가능성이 희박해지면서 기회만 되면 중국이나 베트남을 중심으로 한 동남아시아 등지로 떠날 채비를 하고 있으며, 현실적으로 수많은 제조 업체가 해외 투자를 실행에 옮기고 있다. 2018년 국내 기업들의 해외 투자는 425억 달러인 데 비해서 외국 기업들의 국내 투자는 205억 달러에 그쳐서 투자 순 유출이 두 배가 넘는다. 2017년도에는 460억 달러 대(對) 105억 달러였다. 정부의 대표적인 경제 정책인 'J노믹스'로 불리는 소득주도성장, 최저임금 인상, 주 52시간 근무제도 등으로 제조업 경쟁력이 약화되고 있다. 한국은 2016년부터 2019년까지 최저임금 인상률이 8.1%-7.3%-16.4%-10.9%(8,350원)다. 후발주자인 베트남의 2016년~2019년 최저임금 인상률은 12.4%-7.3%-6.5%-5.3%다. 그동안 우리나라 제조업이 이 만큼 성장할 수 있었던 배경에는 기업인들의 기업가 정신(Enterpreneurship)과 근로자들의 피땀 어린 노력 그리고 정치 지도자들의 확고한 비전 제시 등이 그 바탕이었다. 근본적으로 기술력이나 시스템보다 사람(人才)이 그 중심에 있었던 셈이다. 반대로, 지금 우리나라 제조업의 어려운 현실의 원인에 기업가 정신 실종, 근로자들의 근로 의욕 저하 그리고 정부 리더십 부재 등 시스템이 아닌 사람이 문제의 중심에 있다고 보면 이는 과연 논리적인 비약일까?

● 제조업 경쟁력이 곧 국가 경쟁력이다

2019년 10월에 공개된 세계경제포럼(WEF)의 「2019년 국가 경쟁력 평가 보고서」를 보면 제조업 강국들이 국가 경쟁력 상위에 랭크되어 있음을 알 수 있다. 140개국의 평가 대상국 중에서 1위부터 15위가 윗글 첫머리에서 든 나라들이 대부분을 차지하고 있다. 1~5위는 미국, 싱가포르, 독일, 스위스, 일본, 6~10위는 네덜란드, 홍콩, 영국, 스웨덴, 덴마크 그리고 11~15위가 핀란드, 캐나다, 대만, 호주, 대한민국 순이다. 한국의 분야별 지표는 거시 경제 안정성과 ICT 보급 1위, 초고속 인터넷 가입자 수 6위, 인터넷 사용 인구 9위이며, 노동 시장 정부 규제, 인적 자본, 독과점 세금, 기업 활력 분야는 하위 수준을 면치 못했다. 금융 경쟁력은 140개국 중에서 19위다. 그나마 다행인 것은 우간다(2016년 우간다 77위, 한국 80위)를 제쳤다는 사실이다. 세상은 시시각각 변한다. 사람은 더욱더 그렇다. 하지만 변하지 않는 것들도 있다. 인간의 의지에 따라서 잘 살거나(행복) 못 살(불행) 수도, 정치 지도자의 리더십에 따라서 부강한 나라가 되거나 빈곤한 국가가 될 수 있으며, 경우에 따라서는 죽고 사는 생존의 기로에 놓일 수도 있다. 사람이나, 나라나 건강(부강)하지 않으면, 또한 살아남지 못하면 무의미하다. 제조업은 농업이나 서비스업과 달리 한 번 고꾸라지면 다시 일어서기 어렵다. 농업이나 서비스업은 경기에 따라서 부침이 나타날 수도 있으나, 제조업은 의지가 한 번 꺾이면 회복 불능이다. 제조업의 경우에는 끊임없는 설비 투자와 기술 개발 그리고 무엇보다 기술력을 가진 사람이 이어져야 한다. 저자는 베트남에서 3년여를 근무하고 한인상공인연합회(KOCHAM) 간부로 지내면서 500여 기업을 방문할 기회가 있었다. 그러면서 현지 진출한 기업들의 패턴을 분석해 봤다. 크게 세 부류로 나눌 수 있는데, 국내 모(母) 기업의 해외 법인, 온전한 현지 창업 회사 그리고 현지 기업과의 합작 법인 형태가 그것이다. 해외 진출 이유로는 국내 기업의 해외 생산 확대, 국내에서의 경쟁력 약화에 따른 생존 차원의 해외 이전 그리고 완전히 새로운 시장에서의 도전 등이 있었다. 이런 절박한 이유로 해외에서의 사업이 국내에서보다 더 경쟁력 있고, 의미가 있으며, 비즈니스 성공 가능성도 그만큼 더 클 수밖에 없다. 우리나라 제조업도 접근 방법에 따라서는 아직 늦지 않았다. 기업가 정신이 살아있고, 근로자들의 근로 의욕과 성공에 대한 열망 그리고 우수한 두뇌와 기술력 등, 정부와 정치권의 리더십을 빼고는 여전히 희망이 있다. 설비 투자 확대-기술 획득-제조업 발전-생산 증대-고용 증가-소득 증가-국부 증대-R&D 투자 확대 등 선순환 경제 사이클로 지금 정부가 내세우는 순서가 뒤바뀌긴 하였지만, '소득주도성장'의 한 축을 담당할 수도 있겠다.

● 제조업의 미래

제조업의 미래 관련 키워드는 두 가지다. 인공지능(AI), 가상현실(VR), 사물인터넷(IoT), 빅데이터, 드론, 로봇 공학, 나노 기술, 3D 프린팅, 스마트 카, 생명공학(BIO) 등으로 대표되는 '제4차 산업 혁명'과 종국으로 치닫고 있는 미국과 중국 간의 '무역 전쟁'으로 요약할 수 있겠다. 먼저, 미(美)-중(中) 간의 무역 전쟁은 전장이 전 세계로 확산될 조짐이며, 단기간에 끝날 문제가 아니다. 요점은, 자국에서 팔 물건은 자국에서 생산하라는 것으로, '소비 시장이 작고, 기술력이 떨어지면서, 생산 코스트가 비싸고, 수출로 먹고사는 나라'들이 가장 큰 타격을 받을 것이다. 제4차 산업 혁명은 이런 문제들을 한꺼번에 해결할 수 있는 수단이어서 더더욱 무섭다. 『제4차 산업 혁명(The 4th Indus-trial Revolution)』(클라우스 슈바프 WEF 회장의 저서)에 따르면 2016년 1월경에 스위스 다보스에서 열린 다보스포럼 '2016년 세계경제포럼(WEF, World Economic Forum)'의 주제가 바로 미래 직업, 교육과 함께 '제4차 산업 혁명'이었다. 1775년, 제임스 와트의 증기기관 발명으로 '제1차 산업 혁명'이 시작되었다. 1879년 토머스 에디슨의 전구 발명으로 전기가 들어오면서 야간에도 공장이 돌아가고 대량 생산의 원동력이 되었으며 이는 '제2차 산업 혁명'으로 이어졌다. 1969년에는 컴퓨터와 정보통신기술 개발로 시작된 인터넷 기반의 '제3차 산업 혁명'을 거친 인류가, 이제는 '컴퓨터 네트워크의 사이버 공간과 물리적 세계가 실시간으로 연결되고 사물들이 서로 소통하며 자동적이고 지능적으로 제어되는 융복합 시스템으로 인해 제4차 산업 혁명'이 새로운 화두로 떠오르고 있다.

● 국가 존망을 가를 제조업

흔한 얘기로 "부자는 3대를 못 간다."라는 말의 사실은 다음과 같다. 한참 어렵다는 제조업을 예로 들면, 부모 세대는 창업해서 갖은 노력을 기울여서 부의 기반을 다졌으나 장래의 불확실성으로 2대인 자식에게는 물려주고 싶지 않은 현실과 불안감으로 가업 상속을 적극적으로 권하지도 않을뿐더러, 자녀 세대도 대부분 외국에서 유학하고 국내로 돌아와 리스크도 작으면서 확실한 수익원으로 통하는 프랜차이즈 식음료업 등에 주로 종사하면서 부모 세대의 제조업은 자연스럽게 명맥을 잊지 못하고 단절된다. 3대는 넉넉한 현금으로만 재산을 물려받아서 흥청망청 쓰다 보면 자연스럽게 나락으로 떨어지는 경우가 허다하다. 따라서 돈을 버는 방법을 물려줘야지, 재산만 물려줘서는 안 된다. 근래에는 최고 65%에 이르는 과도한 증여 및 상속세로 인해 많은 기업가와 부자들이 세율이 낮은 홍콩, 싱가포르, 베트남 등으로 공장이나 재산을 이전하려는 욕구가 커지고 실제로도 이를 실행에 옮기고 있다. 부자들의 창업 욕구와 기업을 유지 발전시키려는 노력에 정책적인 뒷받침이 절실하다. 고용은 기업이 하고, 나라 발전의 근간은 엄연히 제조 기업들이다. 우리나라도 100년을 넘어서 1000년 기업으로 유지·성장하는 데 온 국민의 응원이 절실히 필요하다. 평화(平和), 우리에게 이보다 중요한 일은 없으며 나라 안팎에서도 이슈가 되고 있지만, 생존이 없으면 아무 의미가 없다. 경제도 사전에도 없는 '평화 경제'라는 비논리로 접근하고 있다. 생존, 즉 철저히 적자생존(適者生存)만이 답이다. 인간이 동물과 다른 점은 도구를 만들어 사용하면서 손과 두뇌를 발달시켰다는 사실이다. 발달된 두뇌는 찬란한 인류 문명을 만들었으며, 문명은 문화를 낳았고, 이는 오늘날의 기술 발달로 이어져 우리가 누리는 행복과 편리함의 원천이 되었다. 따라서 뭔가를 잘 만드는 사람(製造業)과 국민과 국가는 성장(生存)해야 하고, 아니면 존립 자체가 어려울 수도 있다. 제조업을 유지·발전시켜야 하는 이유가 바로 여기에 있다.

★ 물류 혁명(Physical Distribution Revolution)과 베트남 물류 시장

● 컨베이어 벨트(Conveyor Belt) 혁명

컨베이어 벨트, 인류가 만들어 낸 것 중에서 가장 혁신적인 발명품 중의 하나다. 기원전 250년에 아르키메데스의 스크루 펌프로 물을 퍼 올리는 용도로 시작되어, 15세기의 농업 부문과 광 산업에서는 물체를 운반하는 용도로, 18세기에는 산업 혁명의 밑거름으로, 20세기 들어서는 포드 자동차의 생산 라인으로 이어졌고, 지금은 물류 혁명의 핵심적인 역할로 자리매김했다. 컨베이어 벨트와 로봇이 하는 작업에 인공지능까지 가세한 스마트 공장이 일반적인 공장의 형태로 진화해 가고 있다. 컨베이어 벨트가 이뤄낸 유통 혁명은 근본적으로 철이 있었기에 가능했다. 초기의 컨베이어 벨트는 가죽과 고무를 이용하여 만들어졌다. 인간은 철을 이용하면서 다양한 형태로 진화하였으며 그 용도도 업종을 가리지 않을 정도다.

● 물류(Physical Distribution)

물류(物流)는 물적 유통(物的流通)의 줄임말로 상품과 서비스의 효율적인 흐름을 의미한다. 특정한 재화(Goods)나 용역(Services)을 적절하게 이동, 위치시키는 행위를 뜻한다. 이 과정에서 자원을 효율적으로 활용하여 그 효용성을 극대화하고, 내재된 가치를 재창출하며, 시간 및 공간적 상황을 조사하여 전략을 설정하는 것이다. 원자재나 부자재가 생산 현장에 투입되어서 공장에서 완제품을 생산, 출하해 이것을 최종 소비자에게 공급하는 수송·하역·포장·보관 등 전 과정을 이른다. 물류라는 개념은 군사 과학의 한 분야인 병참술(Logistics), 즉 후방지원(後方支援)에서 비롯됐다. 말 그대로 전시에 물자를 적재적소에 이동, 배치해서 에너지를 덜 낭비하고 전투를 효율적으로 수행할 수 있을지를 연구하던 것이 오늘날의 물류학으로 발전한 것이다. 군사 활동 과정에서 생긴 노하우가 물류라는 이름으로 기업 활동에도 도입된 것이다. 비슷한 의미를 가진 물류, 유통, 로지스틱스라는 용어를 좀 더 정확히 표현하면 다음과 같다. 물류는 포장, 하역, 운송, 보관, 정보와 같은 활동을 포함한 물품 이동의 전체를 최적화하는 것이다. 유통은 생산과 소비를 연결하기 위한 기능을 일컫는다. 로지스틱스는 재고 계획, 수·배송 계획, 구매·조달, 물류 센터의 정보를 바탕으로 한 고객 서비스 경영 전체를 의미하며 물류와 유통을 함께 묶은 것을 '로지스틱스'라고 한다.

● 물류의 구분

1자 물류(1PL)는 제조 업체 스스로 물류를 수행하는 경우이며, 대부분의 중소기업이 여기에 해당한다. 2자 물류(2PL)는 제조 업체에서 물류 행위를 위해 세운 자회사를 통해서 하는 경우이며, 우리나라 기업은 대부분이 여기에 속한다. 3자 물류(3PL)는 제조 업체와 연관이 없는 물류 회사를 통해 물류를 수행하는 경우이며, 대부분의 대기업은 3PL을 표방하지만, 실질적으론 모회사 물량 80%, 타 회사 물량 20% 정도로 운영하게 된다. 전 세계에서 가장 모범적인 3PL 회사는 페덱스, UPS 등이 있다. 4자 물류(4PL)는 3자 물류에서 더 나아가 위탁받은 회사의 물류 시스템을 개선하는 역할까지 하면 4PL이라고 한다. 현재는 3PL 회사가 대부분 이런 역할을 담당한다. 물류 시장에는 중소 사업자가 절대다수를 차지하고 있다. 운수업 조사를 분석해 보면 물류 업체 수의 비중은 대기업 0.7%, 중기업 7.7%, 소기업 91.6%로 중소기업이 99% 이상을 차지한다. 반면에 중소 물류 기업의 시장 내 지위는 여전히 낮은 상황으로, 업체 수 비중이 90%를 넘는 소기업의 매출액 비중도 20.8%에 지나지 않는다. 중소 물류 기업의 경영 여건이 열악한 탓에 물류 산업 전체의 경쟁력이 저하 내지 답보 상태에 있다는 지적이 많다. 물류 서비스가 네트워크를 기반으로 제공된다는 점에서 물류 시장에는 거래의 복잡성과 그로 인한 불공정성이 내재되어 있다. 계약과 거래에서 하청의 위치에 있는 중소 물류 사업자가 자생력을 확보하기 어려운 구조인 것이다. 물류업의 범위는 화물 자동차 운송업, 소화물 전문 운송업, 보관·창고업 그리고 기타 운송 관련 서비스업 중 화물 자동차 터미널 운영업과 화물 운송 주선업 등이다.

● 베트남의 물류 산업

전 세계 물류 산업의 시장 규모는 8.8조 달러이며, 우리나라는 1,500억 달러, 베트남은 400억 달러(50조 원 상당)에 이른다. 베트남 GDP의 17%를 차지하며, 무역 전쟁 최대 수혜국, 활발한 해외 직접 투자, 자체 소비 시장 증가 등으로 연간 15% 이상의 성장세를 나타내고 있다. 물류는 규모나 취급 품목에 따라서 원자재, 원재료, 소재·부품, 화학 제품, 일반 소비재 등으로 다양하며, 공장형(스톡·야적), 창고형(냉동·냉장·특수 저장 시설), 보세장치(BWT), 물류 창고(디스트리뷰선) 등으로 구분된다. 창고의 본래 기능인 저장에서부터 개별 포장 그리고 배달까지 전반적인 물적 유통으로 이어지는 구조다. 철저한 제조업 중심에서 일반 소비재 등 서비스 산업으로 산업의 패러다임이 바뀌는 베트남 시장에서 홈쇼핑, 쇼핑몰, E 커머스(전자 상거래) 등을 겨냥한 물류는 폭발적인 성장세가 기대된다. 베트남 남부 동나이성 롱탄 국제공항(2020년 착공, 2025년 완공 목표, 인천 국제공항이 모델) 건설로 동남아시아 허브 공항의 입지도 기대되는 만큼, 베트남을 포함한 아세안 10개국 물류 중심지로서의 가치도 충분하다. 현재 베트남 시장에서는 1,500여 개의 물류 업체들이 경쟁하고 있으며, 이 중에서도 한국계만 300개 이상으로 추정된다. 국내 물류 산업의 한계에 따른 급격한 베트남 진출로 한국계 기업 간, 글로벌 물류 기업과 대형 로컬 물류 업체들과의 경쟁 심화로 어려움을 겪고 있지만, 여전히 기회가 있다. 물류 관련 마케팅은 여전한 오프라인뿐만 아니라 페이스북, 유튜브 등 인플루언서들을 활용한 다양한 방법들이 요구된다. 세계 경제 성장을 견인하는 아시아, 특히 아세안 10개국도 물류 중심지로서 손색이 없다. 인구 및 경제 대국인 중국과 인도를 등에 업고 생산과 소비의 거점으로 괄목할 만한 성장세를 나타내고 있다. 2030년경에는 전 세계 GDP의 50%를 이들 지역이 차지할 것으로 전망된다. 팍스 로마나, 팍스 에스파냐, 팍스 브리태니카, 팍스 아메리카나를 거쳐 팍스 시니카가 대세다. 그런데 미국과 중국 간의 무역 전쟁 등 G2 간 파워 게임에 변수가 생기면서 아세안이 중국 대체 투자처로 떠오르고 있다. 특히 베트남은 아세안의 물류 중심지로 손색이 없다. 저자가 30여 년 동안의 국제 금융과 아세안 전문가의 관점에서 바라본 물류 혁명은 이미 시작되었다. 중국은 '일대일로', 대한민국은 '신남방 정책'이라는 이름으로 베트남도 글로벌 물류의 새로운 강자로 떠오르고 있다.

● 제4차 산업 혁명과 물류의 미래 그리고 에피파니(Epiphany)

오늘날 물류의 범위는 계속 확대되고 있다. 단순히 생산자와 소비자를 연결하는 유통 분야, 즉 판매 물류가 전부라는 고전적 의미의 물류 개념에서 벗어나 지금은 조달, 생산, 회수를 물류 산업의 새 과제로 보고 있다. 따라서 원재료나 부품의 조달과 생산 계획, 제품 폐기물의 회수 처리 등을 효율적으로 추진하는 일 모두가 물류인 셈이다. 운송은 운수 회사, 통관은 관세사가 하지만, 운송에 관련된 제반 업무들을 화주를 대신해서 처리하는 업무를 포워딩이라고 하는데, 이것도 물류의 한 범주다. 제4차 산업 혁명 시대를 맞아서 물류에도 변화가 일어나고 있다. 디지털 물류 플랫폼을 비롯한 데이터 기반의 제4차 산업 혁명의 핵심기술인 사물인터넷(IoT), 빅데이터(Big Data), 스마트 창고(Smart Warehouse), 인공지능(AI), 로봇 기반 물류가 새로운 비즈니스로 등장하고 있다. 물류의 무인화와 물류의 표준화를 통한 로봇, 드론, 자율주행 차량 배송 등으로 리드타임(상품의 주문과 인도 사이에 경과된 시간)을 줄이고 있다. 1인 가구와 맞벌이 가구 증가로 소비 패턴 변화, 공간 재활용, 시간 단축 등도 주요 변화 포인트다. 제4차 산업 혁명은 유통 혁명으로부터 시작되었다. 물류 혁명은 DHL과 새벽 배송(밤 11시 이전 주문 시, 다음 날 아침 7시 이전 배송, 로켓 배송)으로 유명한 2005년 아마존이 빅데이터 분석을 통한 예상 주문량을 미리 물류 센터로 발송하는 것으로부터 시작되었다. 지금은 전 세계 온라인 쇼핑 서비스 시장 규모가 200조 원대로 성장했다. 1인 가구와 맞벌이 가구 증가로 소비 패턴 변화가 물류에도 직접적인 영향을 미치고 있다. 우리나라도 전자 상거래가 폭발적으로 성장하면서 의류 등 생필품에서 이제는 유기농 야채, 고기, 횟감까지도 밤낮을 가리지 않고 7시간 이내 아침 배송으로까지 이어지면서 1조 원 대의 시장으로 커졌다.

P2P, B2B, B2C, C2C 등과 WMS(Warehouse Management System, 창고 관리 시스템, 창고를 관리하기 위한 프로그램으로 입·출고, 보관 등 각종 프로세스를 전산화하여 처리하는 시스템), SCM(Supply Chain Management System, 물류를 최초 공급자부터 최후 수요자에 이르는 전 과정에 걸쳐서 시스템을 통합화하여 관리하는 시스템), SCP[Supply Chain Planning, 수요자의 니즈(Needs)를 분석하고 예측하는 것], SCE(Supply Chain Execution, SCM에서 SCP에 의해 나온 결과를 토대로 실제 물류 행위를 하는 데 필요한 시스템), OMS(Order Management System, 주문서를 관리하는 시스템), SCEM(Supply Chain Event Management, SCM상에서 발생하는 특별한 문제점들을 관리하는 시스템) 등을 일컫는다.

물류는 미래 유망 직업으로서도 손색이 없다. 참고로, 대표적인 미래의 유망 직업군으로는 기후변화 전문가, 전기 자동차 개발자, 탄소 배출권 거래 중개인, IT를 바탕으로 한 ICT, 빅데이터(Big Data), 사물 인터넷(IoT), 클라우딩 컴퓨터, 3D 프린팅, 첨단 제조 기술, 첨단 슈퍼 소재, 유비쿼터스 엔지니어, 극소형 칩에 상품 정보를 저장하고 무선으로 데이터를 송신하는 장치인 RFID 기술을 실생활에 적용하는 시스템 개발자, 컴퓨터 보안 전문가, 국제 의료 코디네이터 등을 들고 있다. 전통적인 직업군 중에서는 물류 전문가를 포함하여 항공기 조종사, 관세사, 특허 업무를 담당하는 변리사 등이 있으며, 직업 관련해서는 전직 지원 전문가, 커리어 컨설턴트 등이 유망 직업으로 분류되고 있다.

1775년, 제임스 와트의 증기기관 발명으로 '제1차 산업 혁명'이 시작되었다. 1879년에는 토머스 에디슨의 전구 발명으로 전기가 들어오면서 야간에도 공장이 돌아가고 대량 생산의 원동력이 되었으며 이는 '제2차 산업 혁명'으로 이어졌다. 1969년에는 컴퓨터와 정보통신기술 개발로 시작된 인터넷 기반의 '제3차 산업 혁명'을 거친 인류가, 이제 는 '컴퓨터 네트워크의 사이버 공간과 물리적 세계가 실시간으로 연 결되고 사물들이 서로 소통하며 자동적이고 지능적으로 제어되는 복 합 시스템으로 제4차 산업 혁명'을 새로운 화두로 맞이하고 있다. 인 류는 혁명화 과정을 통하여 문명을 발전시켜 왔다. 사냥과 채집의 원 시생활에서 정착을 가능케 했던 기원전 7000년 전의 농업 혁명, 15세 기에 미지의 세계를 향한 항해 혁명, 자본의 축적을 통한 부와 권력 을 향한 16세기의 상업 혁명, 18세기 기술의 진보를 가져온 산업 혁 명, 20세기 금융 혁명 그리고 21세기인 지금은 정보 혁명과 유통 혁 명으로 이어지고 있다.

컨베이어 벨트로 시작된 제조업과 유통 혁명은 진화 과정에 있으 며, 유통 강자가 산업의 최종 승자로 남을 것이다. 비즈니스는 돈이 며, 돈은 돌고 돈다는 의미를 갖고 있고, 그것은 곧 흐름(유통)을 통해 서 만들어진다. 여기서 아일랜드 작가 제임스 조이스(James Joyce, 1882~1941년, 『더블린의 사람들』, 『율리시스』를 쓴 작가)의 『젊은 예술가의 초상』에 쓰인 예술가적 표현 하나를 덧붙이면 다음과 같다.

"대부분의 사람들은 컨베이어 벨트를 타고 상품이 포장되는 시간의 연속선상처럼 흐름을 삶을 갖춰 가는 것으로 이해한다. 그러나 예술가적 기질을 타고난 사람은 이를 거부한다. 원하는 시간과 공간에 머무르고 싶을 때 머물러야 한다. 자발적 실업을 통 해 인생의 에피파니를 경험한다. 깨달음의 순간을 가리키는 용어가 에피파니(Epipha-ny), 현현(顯現)이다. 그것은 직관적 진실 파악이라고 설명할 수 있다."

★ 제4차 산업 혁명의 의미와 글로벌 경제 패러다임 변화의 디딤돌

2017년, 서울의 한 호텔에서 펼쳐진 딥러닝(Deep Learning)이라는 인공지능(AI) 학습으로 무장한 기계 대표 알파고(AlphaGo) 대(對) 인간 대표 선수 이세돌 간의 세기의 바둑 대전은 4승 1패, 알파고의 완벽한 승리로 막을 내렸다. 그 이후로 알파고는 무한정으로 학습한 알파고 제로(AlphaGo Zero)라는 프로그램으로 진화해 인간에게선 더 이상 배울 게 없어서 자기 자신 또는 기계끼리의 학습을 통하여 이세돌과 중국의 커제(柯潔) 9단을 물리친 알파고를 100:0으로 완파하는 경지에 올랐다. 인간을 넘어선 기계의 지능에 거저 놀라울 뿐이다. 힘들어서 외국어를 배우지 않아도 전 세계 100여 개의 언어를 완벽하게 통역하고, 손수 운전할 필요가 없는 완전 자율주행차도 머지않아 우리 앞에 나타날 전망이다. 이는 제4차 산업 혁명의 과정이며 결과로 얻어진 것들이다. 제4차 산업 혁명의 의미와 산업 현장에 몰고 올 변화 그리고 우리가 준비해야 할 것들이다.

● 제4차 산업 혁명의 의미

『제4차 산업 혁명(The 4th Industrial Revolution)』(클라우스 슈바프 WEF 회장의 저서), 2016년 1월 스위스 다보스에서 열린 다보스포럼 '2016년 세계경제포럼(WEF, World Economic Forum)'의 주제는 바로 미래 직업, 교육과 함께 '제4차 산업 혁명'이었다. 인공지능(AI), 가상현실(VR), 사물인터넷(IoT), 빅데이터, 드론, 로봇 공학, 나노 기술, 3D 프린팅, 스마트 카, 생명공학(BIO) 등으로 대표되는 제4차 산업 혁명이 시작되었다. 1775년 제임스 와트의 증기기관 발명으로 '제1차 산업 혁명'이 시작되었다. 1879년에는 토머스 에디슨의 전구 발명으로 전기가 들어오면서 야간에도 공장이 돌아가고 대량 생산의 원동력이 되었으며 이는 '제2차 산업 혁명'으로 이어졌다. 1969년에는 컴퓨터와 정보통신기술 개발로 시작된 인터넷 기반의 '제3차 산업 혁명'을 거친 인류가, 이제는 '컴퓨터 네트워크의 사이버 공간과 물리적 세계가 실시간으로 연결되고 사물들이 서로 소통하며 자동적이고 지능적으로 제어되는 복합 시스템으로 제4차 산업 혁명'이 새로운 화두로 떠오르고 있다. 제4차 산업 혁명의 세계관을 가장 잘 표현한 단어는 'VUCA'다. 'VUCA'는 'Volatility(변동성)', 'Uncertainty(불확실성)', 'Complexity(복잡성)', 'Ambiguity(모호성)'를 일컫는 말이다.

● 5G 시대 개막과 제4차 산업 혁명

5G, '5세대 통신 혁명'이 시작되었다. 1세대는 1984년에 상용화된 AMPS라는 아날로그 방식으로 하던 음성 통화 시대였다. 2세대는 1981년에 상용화된 GSM과 CDMA라는 디지털 방식으로, 문자 메시지와 이메일 등 간단한 데이터 서비스가 가능했다. 3세대는 W-CDMA 방식으로 2001년에 상용화되었고 해상도는 낮지만, 영상 통화도 가능했다. 4세대는 지금 우리가 쓰고 있는 모바일 인터넷 시대로 2009년에 시작된 LTE 방식이다. 5세대는 2019년경에 시장이 열렸다. '초고속', '초연결' 사회를 구현할 전망이다. LTE와 비교해서 최대 속도 20Gbps 20배 이상, 체감 속도 100Mbps 10배 이상이다.

● 미래 주요 산업별 영향

　제조업은 스마트 팩토리와 3D 프린팅 기반의 완전 자동화(Full Automation)가 가속화될 것으로 보인다. 지대, 인건비, 자본 등 코스트 절감을 위한 생산 시설 이전 해외 투자는 줄어들 것이다. 지식, 기술, 자본에 따른 부자 나라와 가난한 나라 간의 격차도 더욱 커질 전망이다. 농업은 생명과학으로 진일보할 전망이며, 장소와 기후 등과는 상관없는 전천후 농법으로 대도시 주변의 농산물 공장 형태로 변화될 것으로 보인다. 서비스업은 공유 경제 형태가 일상화될 것이며, 물류가 특히 중요해지고, 사람이 하는 대부분의 역할을 정교한 로봇이나 기계가 담당할 전망이다. 하지만 인간만이 할 수 있는 종교, 예술, 의료 행위 등은 사람의 몫으로 남을 것이다. 금융은 제4차 산업혁명의 선두 주자로 핀테크, 로보어드바이저, 블록체인, 비트코인 등으로 이미 진화가 이뤄지고 있다. 우리나라만 해도 전통적인 은행 산업에 카카오뱅크, K뱅크라는 새로운 인터넷 전문 은행이 이미 들어섰다. 예술은 형태나 내용만 다양해졌을 뿐 근본적인 면에선 크게 다르지 않은 원시 사회부터 이어져 온 음악, 미술, 영화, 게임 등은 엔터테인먼트 산업으로 계속 진화해 갈 것이다. 에너지 분야는 친환경, 재생 에너지, 효율화가 이슈가 되면서 더욱 안전하고 경제적인 에너지원 찾기에 나설 것으로 보인다. 석유 기반의 화석 연료와 원자력 등은 퇴조할 것이 분명해 보인다. 부동산은 건축 기술과 소재가 발전하면서 물리적인 제약을 벗어나 도시화가 가속화될 것으로 보인다. 도시 재생 사업(Regeneration)이 선·후진국을 불문하고 화두가 될 전망이다. 도시와 건축은 다양성보다는 편의성에 집중할 것이다. 헬스 케어 서비스는 사회가 인간 수명 연장과 건강에 대한 관심이 가장 중요시되는 사회로 변화하면서 가장 각광받는 분야 중 하나가 될 것이다. 치료와 예방을 위한 의학과 제약의 근간인 바이오산업은 성장세를 가늠하기조차 어려울 만큼 큰 사업 분야가 될 것이다. 정보통신기술 (ICT)은 앞에 기술한 모든 산업에 결정적인 기반을 제공하는 수단이다. 플랫폼, 데이터베이스, 스타트업, 전자 상거래. 이런 말들이 앞으로는 일상이 될 것이다. 소프트웨어와 하드웨어 IT 기술 선진국이 강대국의 반열에 오를 것이다.

● 제4차 산업 혁명을 위해서 준비해야 하는 것들

제4차 산업 혁명의 핵심 키워드는 연결(Network)이다. 기술 발전과 융합을 통해서 사람과 사람, 사람과 기계, 기계와 기계 간의 연결고리를 찾아내고 유용한 데이터를 수집, 저장, 활용하는 것이 관건이다. 인간의 속성상 기존의 것들이 존재하기는 하겠지만, 비즈니스 기회가 되지는 못할 것이며, 익숙했던 것들에게서 멀어질 준비도 필요하다. 실업, 소외감, 빈부격차 등이 필연적이지만, 통찰력과 상상력, 기계와 친해지려는 열린 마인드 등을 통해서 나름대로 대비한다면 넘지 못할 벽도 아니다. 궁극적으로는 이 모든 것은 우리 인간들의 삶을 간단하고(Simple) 편하게(Convenient), 아름답게(Beautiful), 의미 있게 (Meaningful) 하는 데 있다. 잘 준비하면 나라 간에도 여러 가지 기술 격차, 자본 부족, 인재 부재로 격차가 컸으나 자본과 기술, 인재의 물리적인 간극이 줄어들면서 4차 산업부터는 선진국들과 어깨를 나란히 할 수도 있다. 조그만 반도 국가인 대한민국은 미국의 유일무이한 강력한 헤게모니, 중국의 꿈(中國夢) 실현을 위한 시진핑의 드라이브, 자본과 기술을 겸비한 일본의 부활, EU 28개국과 10개 나라 아세안

영리한 베트남 투자

경제 공동체, 마지막 남은 54개국 13억 인구의 아프리카 대륙 등에서 도전과 기회를 찾아야 한다. 핵실험 등으로 국제 사회 공공의 적이 된 북한을 보면 아직은 요원해 보이지만, 남북한 통일은 또 한 차례 도약의 기회가 될 수 있다.

인류는 혁명화 과정을 통하여 문명을 발전시켜 왔다. 사냥과 채집의 원시생활에서 정착을 가능케 했던 기원전 7000년 전의 농업 혁명, 15세기의 미지의 세계를 향한 항해 혁명, 자본의 축적을 통한 부와 권력을 향한 16세기의 상업 혁명, 18세기 기술의 진보를 가져온 산업 혁명, 20세기의 금융 혁명 그리고 21세기인 지금의 정보 혁명이 혁명화 과정의 대강이다. 오늘날 삼성을 있게 한 호암(湖巖) 이병철 회장은 시류에 흔들리지 않고 단계적인 기업 성장 전략을 채택했다. 생필품→단순 소재→소비재→첨단 산업으로 이어지는 합리적 사업 아이템 선정과 체계적인 사업 확장을 추진했다. 그리고 언제나 '현재의 최고 권력자는 누구인가?' 하는 의문을 품고 살았다고 한다. 그는 당시 최고 권력자를 미국으로 봤으며, IT가 미래의 먹거리라고 생각하고 반도체 사업에 집착했다. 바야흐로 제4차 산업 혁명기다. 시대의 변화와 움직임을 예리하게 통찰해 과감하게 도전하는 사람이 제4차 산업 혁명의 선두 주자다. 오늘날은 큰 물고기가 작은 물고기를 잡아먹는 세상이 아니라 빠른 물고기가 느린 물고기를 잡아먹는 세상이다.

제4장

예금 시장

★ 베트남 사람들의 현금과 금 선호 사상

베트남 사람들의 현금과 금 같은 현금등가물 사랑은 타의 추종을 불허한다. 베트남에서 가장 잘 팔리고 많이 팔리는 물건 중의 하나가 바로 금고란다. 집마다 없는 집이 없으며, 회사 설립 시 제일 먼저 들여 놓아야 할 물건 중의 하나가 바로 강화 철제형 금고다. 이처럼 현금 등을 선호하는 이유는 은행업의 발전이 미진한 결과로 금융 상품이 다양하지 못한 것이 주된 원인이라고 생각하겠지만, 사실 근본적인 원인은 따로 있다. 그 원인은 은행 자체를 믿지 못하는 국민성에 있다. 국민들의 은행 이용률은 30%에 불과하다. 그도 그럴 것이, 베트남의 역사는 가히 전쟁의 역사라 할 수 있을 만큼 전쟁이 끊이지 않았다. 베트남 사람들은 대내외 사변으로 금융 기관 파산을 일상적으로 겪었으며 자기 돈을 날리기 일쑤였다. 베트남 은행들은 몇몇 국책 은행을 제외하곤 일반 개인들이 대주주로 있는 사금융 형태를 띠고 있다. 따라서, 취약한 자기 자본 탓에 재무 안정성이 국제 기준으로 미흡한 상황이 지속되는 것이다. 이처럼 베트남 사람들은 이자 몇 푼 더 받자고 은행에 예금하느니 차라리 자기 집 금고에 보관하는 것이 더 안전하다는 믿음을 가지고 있다. 많이 안정되었다고는 하나 아직도 갑자기 본인 계좌에서 불법적으로 돈이 빠져나가거나 자기 이름으로 몰래 대출이 이뤄지는 금융 사고들이 벌어지고 있다. 금융 시스템 불안정으로 이런 불법 거래들이 사전에 통제되지 않고 문제가 발생해도 해결에 상당한 애로를 겪는 등 선진국에서는 상상도 할 수 없는 일들이 벌어지고 있다. 참고로, 베트남 중앙은행(SBV)의 엄격한 통제하에 많이 개선되었지만, 그래도 믿을 만한 베트남 은행은 Vietcom Bank(비엣콤뱅크/상업은행/대외무역은행), Vietin Bank(비엣띤뱅크/

산업은행), Agri Bank(아그리뱅크/농업은행), BIDV(Bank for Investment and Development of Vietnam/투자개발은행) 등의 4개다. 이들 네 개 은행의 베트남 시장 점유율이 70% 상당이다. 특히, 비엣콤뱅크(VCB)는 대표적인 금융 그룹으로 베트남 최초의 은행이며, 인터넷 뱅킹 시장 점유율이 50%에 달하고, 시가 총액은 16조 원 상당으로 신한은행 시총(20조 원)에 육박한다. 신용 등급 Ba3, 자기자본비율(BIS), 무수익여신비율(NPL), 예대율(LDR) 등 여러 부문에서 베트남 1위의 우량 은행이다. 대주주는 베트남 중앙은행이며, 일본계 미즈호 은행이 15% 지분을 갖고 있다. 그래도 베트남 일반 국민에게는 자본주의도 사회주의도 아닌 현금 선호 사상이 지배한다. 좀 냉정히 말하면 가족을 제외하곤 돈(현금)만 믿는다.

베트남에서는 외국인 및 외국인 투자자들의 경우에는 돈이 있다고 해도 무조건 은행에 예금할 수 있는 것이 아니다. 정기 예금 금리가 은행에 따라서 8~10%에 이르는 상황에서 고금리 예금을 들고자 하는 경우가 많아 이를 제한하는 것이다. 베트남에서 은행 예금은 이자 소득세가 붙지도 않는다. 예를 들면, 한국 같은 저금리(3%) 국가 통화(KRW)를 빌려서 베트남 같은 고금리(10%) 국가 통화(VND)에 예금하면 차익 거래 이익(Arbitrage)만 7%에 이른다. 물론 양국 통화 간의 환율은 감안하지 않았다. 매년 1%가량의 외환 환율 손실을 감안하더라도 약 6%가량 이익이다. 베트남 은행들의 장기 자금 조달 창구인 양도성예금(CD) 발행도 크게 늘어서 금리가 연 10% 이상이 다반사다. 베트남 은행 입장에서는 '바젤Ⅱ' 규범에 따라서 2020년 자본 적정 비율(CAR), 총자본 비율 8%, 티어1 기본 자본 비율 4% 이상을 충족시키기 위해 더 많은 자본이 필요한 상황이다. 바젤Ⅱ는 2008년 11월경에 미국 워싱턴 'G20 정상회의' 금융안정위원회(FSB)에서 결정된 BIS

자기자본비율(은행 감독 기준), 즉 위험가중자산에 대한 적정한 자기자본비율과 각종 리스크에 대비한 자본금을 일컫는다. 2019년 10월, 외국계 은행으로는 최초로 신한은행 베트남 법인이 베트남 중앙은행(SBV)의 조건을 충족했다. 참고로, 바젤I은 1988년 7월, 바젤II는 2007년 1월, 바젤III은 2013년 1월부터 시행되고 있다. 우리나라는 2018년 1월부터 바젤III(총자본 비율 8%, 기본 자본 비율 6% 이상)이 시행되고 있다.

베트남 사람들이 선호하는 현금 중에서 미국 달러를 빼고 이야기하면 말이 안 된다. 미국은 전쟁 등을 이유로 적대국이긴 하지만 그들의 달러 사랑은 무한정이다. 아이러니하게도 달러 선호도가 이럴진대, 베트남 은행에 가면 달러 외화 예금도 가능하나 이자는 제로 금리다. 외국인 투자 기업도 마찬가지로 수입결제 등을 제외하면 모든 거래 통화는 베트남 동화이며 외화는 환전하여 사용토록 강제하고 있다. 베트남 정부가 미국 달러를 베트남 동화로 환전하여 사용할 것을 강권하는 측면으로 볼 수 있다. 과거에는 기업회계 계리를 외화로 하는 경우가 다반사였으나 이제는 모든 지급 수단과 회계 계약 등을 특별한 경우를 제외하고는 반드시 베트남 동화로 계리하도록 하고 있다. 1달러에 23,000동이 넘는 통화 단위에도 불구하고 이를 강제하고 있다. 아마도 화폐 개혁, 즉 리디노미네이션이 시행된다면 베트남이 가장 먼저 해야 하지 않을까 싶다. 가끔 이런 생각도 든다. 베트남 정부가 진정으로 유치하고자 하는 게 제조업 투자일까? 아니면 미국 달러일까? 그게 그거라면 투자에 대해서 문외한이다.

세상에 금 좋아하지 않는 민족은 없겠지만, 베트남도 중국, 인도 등과 더불어 두 번째 가라면 서러워할 국민들이다. 몇 년 전까지만 해도 주택 등 큰 거래는 매매 대금을 금으로 치르기도 하였다. 우리처

영리한 베트남 투자

럼 결혼이나 아기 돌 등의 중요한 축하 선물로는 금을 최고로 여긴
다. 돈 좀 있는 사람들의 장신구를 보면 금붙이 등의 크기가 장난 아
니다. 사람들의 현금과 금 그리고 미국 달러 선호 현상을 보면 돈의
기능, 즉 유동성, 안정성, 편의성, 환금성, 저장성, 효용성 등을 누구보
다 잘 아는 민족이라는 생각이 든다.

★ 영리한 예금 시장 투자

거래와 투자의 근본적인 목적과 기술은 '싸게 사서 비싸게 파는 것'
이다. 베트남 예금 시장도 마찬가지다. 싸게 조달해서 고금리로 일정
하게 굴리다가 비싸게 팔고 나오면 되는 것이다. 예금 시장에서 상품
은 돈이기 때문에 낮은 금리로 조달해서 고금리 투자로 운용하다가
마지막에 갚고 빠져나오는 것이다. 그러면서 종잣돈을 점차 키워서
투자 자금을 크게 하고, 큰 투자처에 투자하면서 전체의 부를 늘려가
는 것이 곧 부자의 지름길이다. 다름 아닌 양국 간의 금리 차를 이용
하는 것으로, 이름하여 '캐리 트레이딩'이다. 한국의 정기 예금 금리
는 이자 소득세를 감안하면 1%가 채 안 된다. 어쩌면 마이너스 금리
로 갈 수도 있다. 예금하면서 보관료까지 내야 하는 세상이 도래하고
있으며, 유럽 일부 국가에서는 실제로 현실화되었다. 반면에, 베트남
정기 예금 금리는 10% 남짓이며, 이자 소득세도 없다. 한국과 비교해
서 9% 가까운 예금 이자 차익이 생기는 셈이다. 물론, 논리적으로 한
국 금융 기관에서 대출받아서 베트남 은행에 예금을 한다면 마진(폭)
은 다소 줄어들 수 있다. 환차손이라는 명제가 깔려 있지만. 경우에
따라서는 환차익까지 이중으로 이익을 거둘 수도 있다. 예금자 보호
한도가 있어서 원금을 보장받는 데 한계가 있다는 것도 사실이다. 베

트남은 금융 기관별로 7천 5백만 동(우리 돈 4백만 원 상당)이다. 우리나라는 5천만 원이다. 그리고 이런 금리 차이를 노린 무분별한 외국인들의 예금에 제한적인 요소가 있는 것도 사실이다. 그러나 해외 투자 법인인 경우는 제한이 없다. 일반 개인일지라도 정상적으로 금융 기관을 통하여 송금된 현금이나 세관에 정상적으로 신고하고 들여온 외화를 베트남 동화로 환전하여 예금한 경우는 제한이 크게 없다. 참고로, 베트남 입출국 시 미화 5천 달러 상당 이하는 신고 의무가 없으나 초과하는 경우에는 반드시 세관에 외화 휴대 반·출입 신고를 해야 한다. 한국은 1만 달러 상당이다. 베트남 금융 기관 예금은 복잡하다고 여기겠지만, 한국에서도 예금하는 절차가 복잡한 건 마찬가지다. 나라와 시대를 불문하고 돈을 쉽게 버는 방법은 사실상 없다. 그만한 노력과 리스크를 지지 않고 돈을 번다는 것은 감나무 밑에서 홍시가 떨어지는 것을 기다리는 것보다 어렵다. 왜냐하면 기다리다 보면 홍시는 언젠간 자기 입속으로 떨어진다. 여기서 인디언들의 기도 이야기를 해 보고자 한다. 인디언들의 기도는 100% 이뤄진단다. 예를 들어, 메마른 땅에 하느님께 비가 오기를 기도하면 100% 들어준다고 한다. 왜냐하면, 인디언들은 비가 올 때까지 신께 기도드리기 때문이다. 예금은 다섯 개 정도의 탄탄한 은행을 골라서 집중적으로 하지 말고 나눠서 하는 게 가장 영리한 방법이다. 최고 금리보다는 최적의 금리를 찾는 것도 중요하다. 포트폴리오에서 은행 예금의 가장 큰 목적은 원금을 온전히 지키는 데 있다.

영리한 베트남 투자

★ 화폐 개혁 또는 리디노미네이션, 실현 가능성과 함께 한국과 베트남 중 어느 나라가 더 필요로 할까?

● '0'의 발견과 구글 그리고 부자

부자 또는 부자의 기질은 타고 태어날까, 아니면 만들어지는 것일까? 10억 원, 100억 원, 1,000억 원, 1조 원(1 뒤에 0이 12개), 얼마를 가지면 부자의 반열에 오를 수 있을까? 우리나라 908개 코스피 시가 총액을 모두 합한 액수인 시가 총액 1조 4,000억 달러 상당의 세계 1위, 세계 최대 인터넷 검색 엔진, 혁신 기업의 대명사, 바로 'GOOGLE(구글, 알파벳)'이다. 네트워크(Network), 콘텐츠(Contents), 플랫폼(Platform), 디바이스(Device)로 유명한 이 회사명의 어원은 인도어 'Googol(구골)'에서 나왔다. 구골은 수학 용어로 10의 100승을 의미하며, 1 뒤에 0(제로)이 무려 100개나 되는 엄청난 큰 숫자다. 우주의 별, 지구상에 내리는 1년 동안의 빗방울, 전 세계 해변의 모래 알갱이 수, 설악산 바위가 선녀의 치맛자락으로 닳아 없어질 정도의 억겁의 시간이라고 할까. 참고로, 우리가 아라비아 숫자라고 하는 1~9는 1500여 년 전 인도에서 발견되어 아라비아를 거쳐 유럽에 전해지면서 인류 문명의 발전에 기여했다. 정확하게 '인도-아라비아 숫자'로 불리는 자연수 중에서 양수와 음수 다음으로 15세기경에 가장 마지막으로 발견된 수가 바로 '0'의 개념이다.

● 화폐 개혁의 근원

난데없는 화폐 개혁과 리디노미네이션이 세간에 화제가 되고 있다. 사실, 뜬금없는 이야기가 아니고 시절이 하 수상(殊常)할 때마다 숱하게 나왔던 주요한 경제 재료였다. 그러나 여러 정황상 지금의 우리에게는 과거의 화폐 개혁설과는 많이 다르게 다가오고 있다. 촛불 혁명으로 잡은 정권이 행하고 있는 적폐 청산, 서민 경제, 공정과 정의, 소득주도성장 등에 이어서 뚜렷한 성과가 나타나지 않고 시간이 많지 않은 상황에서 확실한 무언가가 필요한 시점에 나오는 얘기 아닌가 하고 고개를 갸웃거리게 한다. 여러 유인이 있지만, 직관적으로 말해서 화폐 개혁의 주목적은 다른 것보다는 '지하 경제 양성화'가 가장 큰 목표다. 공개적으로 밝힌 정권 연장을 원하는 정부 입장에서 보면 이만한 재료도 없다. 만약에 실행한다면 김영삼 정부의 전격적인 '금융 실명제' 파급을 훨씬 능가하는 재료가 될 것이다. 과히 금융 제도 혁명이라고 표현하는 게 맞을 것 같다. 검찰과 공정거래위원회 그리고 국세청 세무 조사 등 사정 기관을 통한 소위 말하는 '가진 자들의 재산'은 얼추 파악되었고, 이젠 이를 바탕으로 좀 더 확실한 경제 개혁 조치가 필요하다고 생각하는 것 같다. 개혁의 고삐를 바짝 죄는 수단으로 이를 활용한다는 것이다. 화폐 개혁은 전쟁 전후, 쿠데타나 혁명 정부 등장, 급격한 경제 실정으로 돈의 가치가 형편없어졌을 때 시행하는 긴급한 제도다. 국회의 동의는 제도적으로 필수다. 일반적인 상황에서는 숫자, 즉 거래 단위에 '0'이 많아 거래가 불편하다는 이유를 들고 있는데 다른 나라의 실례를 보면 이는 난센스다. 10개 아세안 국가 중에서 인도네시아(1USD/15,000IDR) 루피화, 베트남(1USD/23,500VND) 동화의 경우 돈 좀 있는 사람들의 액면 재산은 거의 자국 통화를 기준으로 조(兆) 단위다. 그런데도 자국민이 0이 많아 불편하다거나 불만을 제기하는 경우를 아세안 전문가의 시선으로도 보지 못했다. 과연 한국인들은 화폐에 0이 많아서 거래가 불편하고 우리 돈의 값어치가 없다고 여기는 국민이 많다는 게 사실일까? 저자의 판단으로는 직업이 없어서, 장사가 잘 안돼서 그리고 사업이 신통치 않아서 절대적인 소득이 없는 게 현실 아닌가 싶다.

● 리디노미네이션의 의미와 장단점

먼저, 화폐 리디노미네이션(Redenomination)의 정의를 보면, 화폐 단위를 조정하는 것으로, 원화를 예로 들면 1,000원을 1원으로 하는 것이다. 즉, 화폐의 실질 가치는 그대로 두고 액면을 동일한 비율의 낮은 숫자로 변경하는 조치를 말한다. 이론적으로는 소득이나 물가 등 국민 경제의 실질 변수에 영향을 끼치지는 않지만, 체감 지수의 변화가 나타나기 때문에 현실적으로는 물가 변동 등 실질 변수에 상당한 영향을 끼칠 수도 있다. 리디노미네이션의 실시 이유와 장점은 다음과 같다. 국민의 일상 거래상 편의 제고 및 회계 장부의 기장 처리 간편화, 인플레이션 기대 심리 억제, 자국 통화의 대외적 위상 제고, 부패 척결과 지하 경제의 양성화, 세수 증대 효과 등이다. 반면에 부작용도 당연히 따른다. 화폐 단위 변경으로 인한 국민의 불안 심리 확산, 새로운 화폐 제조에 따른 비용, 부동산 투기 활성화, 신구(新舊) 화폐의 교환 및 컴퓨터 시스템 교환 등에 수반되는 비용이 많다는 것이 단점으로 꼽힌다.

● 화폐 개혁 사례

전 세계의 역사적인 화폐 개혁의 주요 사례는 다음과 같다. 1922년, 제정(帝政) 러시아는 당시 4년에 걸쳐서 3번의 리디노미네이션을 단행해 결과적으로 5억 구루블이 1신루블로 낙착되었다. 독일의 경우 1923년 제1차 세계대전 직후 물가가 전쟁 전의 1.3조 배에 이르렀을 당시 독일 마르크화의 0을 12개(1조) 떼어 내고 기존의 구(舊)마르크를 신(新)마르크로 개명하였다. 헝가리는 제2차 세계대전이 끝난 뒤 리디노미네이션을 했을 때 구화폐에서 0을 30개나 떼어냈는데, 이는 지금까지도 세계 최고 기록으로 남아 있다. 프랑스는 1960년대에 자국의 통화 가치를 높이기 위해서 100대 1의 리디노미네이션을 실시한 바 있다. 금세기 들어서는 2005년경에 터키 정부가 화폐 단위를 100만 분의 1로 낮추면서 화폐 명칭도 '리라'에서 '신리라(TYR)'로 변경했다. 1조짜리 지폐로 계란 한 꾸러미도 겨우 살 정도의 짐바브웨는 2006년부터 최근까지 화폐 단위를 1조 분의 1로 떨어뜨리는 리디노미네이션을 단행했으나 궁극적으로는 실패하고, 자국 화폐 제도를 아예 폐지하고 미국 달러 등을 공식적으로 사용하고 있으며, 비트코인 등 가상화폐를 주요 통화로 인정하는 분위기다. 덕분에 폭락세를 거듭하던 1비트코인이 우리 돈으로 천만 원을 넘어서고 있다. 가장 최근에 화폐 개혁을 실시한 나라는 세계 최대 민주주의 국가인 인도다. 인도 정부는 자국 통화인 인도 루피화(INR)로 경이적인 실험에 나서면서 세계적인 관심 국가가 되었다. 인도중앙은행(RBI, Reserve Bank of India)이 지하 경제 양성화 목적으로 2016년 11월 8일 화폐 개혁 조치를 단행하면서 500루피 및 1,000루피(9,000원 및 18,000원 상당) 이상의 고액지폐를 전격적으로 유통 금지하고 신권으로 하루 2,000루피 이하로 교환해 주었다. 1,000루피화는 아예 폐지하고 대신에 2,000루피화가 생겼다. 인도 시중은행의 총 예치금은 100조 루피(1,736조 원 상당)로 고액권의 금융권 예치 규모만 5조 루피(87조 원 상당)에 달했다. 궁극적으로 '화폐 폐지'라는 세상에 없던 정책을 시험 중이며, 주요국들도 인도 정부의 화폐 정책 추이와 그 파장을 유심히 지켜보고 있다. 고액권 유통 금지 조치 이후 인도 증시는 10% 넘게 하락하고, 달러 대(對) 인도 루피화 환율도 20% 가까이 폭등하였다. 과도하게 보유하고 있던 부자들의 지폐가 하루아침에 휴짓조각이 되어버렸다. 예측 불가능한 정치 제도를 가진 나라들의 국민이 가장 염려하는 부분이다.

● 우리나라 화폐 개혁 제도

우리나라의 화폐 개혁 역사도 만만찮다. 1953년 2월 및 1962년 6월 경에 신구 화폐의 환가비율(換價比率)을 각기 100 대 1(100원→1환)과 10 대 1(10환→1원)로 리디노미네이션한 사례가 있다. 원이 환으로 바뀔 때(1953년) 0이 두 개 떨어져 나갔고, 환이 다시 원이 될 때(1962년) 0이 또 1개 떨어져 나갔다. 제1차 리디노미네이션은 6·25 전쟁 막바지이던 1953년 2월 15일 '대통령 긴급명령 제13호'를 공표하여 시행되었다. 제1차 리디노미네이션은 당시 한국 전쟁으로 인해 생산 활동이 위축된 데다가 거액의 군사비 지출 등으로 인플레이션 압력이 커지고, 통화의 대외 가치가 폭락한 데 따른 것이었다. 당시 화폐 액면 금액을 100 대 1로 절상하고, 화폐 단위를 圓(원)에서 圜(환)으로 변경(100원이 1환이 됨)하는 조치를 단행하였다. 여기에 그동안 사용했던 일본 정부 지폐와 주화도 모두 거둬들이고 조선은행권, '원' 표시 한국은행권 유통도 금지했다. 제2차 리디노미네이션은 1962년 6월 10일 '긴급통화 조치법'에 의해 실시되었는데, 구(舊)권인 단위 화폐의 유통과 거래를 금지하고 화폐 액면을 10분의 1로 조정한 새로운 '원' 표시 화폐(10→1원)를 법정 통화(法貨)로 발행한다는 것이었다. 당시 정부는 지하 경제 자금을 양성화하여 경제 개발 계획에 필요한 투자 자금으로 활용하고, 과잉 통화를 흡수하여 인플레이션 요인을 제거하려는 목적으로 이를 시행하였다. 1인당 환전액도 제한하였으며, 일부는 정기 예금으로 강제 예치해야 했다. 그러나 예상치 못한 리디노미네이션 조치에 국민의 동요가 컸고, 당초 목적이었던 지하 자금 회수율도 극히 낮았으며, 불안감만 증폭시켰다는 평가를 받았다.

● 국가 재정과 화폐 개혁의 시사점

무역 전쟁, 국가 채무, 화폐 개혁, 마이너스 성장, 금리 인하, 경상 수지 적자, 외환 시장 불안 등이 경제 화두로 등장하고 있다. 모두가 국가 재정(나라 살림)과 관련된 우리나라 경제의 근간을 흔들 재료들이다. 당연한 말이지만, 재정은 건전성이 생명이다. 국가는 영속성이 기본이고 그 바탕은 국부(國富)다. 재정 건전성은 국내총생산(GDP) 대비 국가 채무 비율로 평가한다. 일반적으로 선진국은 100%, 신흥국은 70% 이내면 재정이 건전하다고 보고 있다. 우리나라는 그동안 40%(2019년 39.5%)를 마지노선으로 설정하고 안정적으로 관리해 오고 있다. 경제학적인 이론은 없으나 EU 협약 등에 근거하여 나온 것으로 판단한다. 그런데 대통령이 2019년 국가재정전략회의에서 "정부가 국가채무 비율을 40% 안팎에서 관리하는 근거가 뭐냐?"라는 한마디에 난리가 났다. 참고로, 2018년 말을 기준으로 중앙 정부와 지방 정부가 갚아야 할 국가 채무는 681조 원, 연금 충당 부채 등은 1,000조 원 상당으로 총 국가 부채는 1,683조 원이다. 2018년을 기준으로 우리나라의 실질 GDP는 1,598조 원이다. 즉, 국민 1인당 약 3,360만 원씩 빚을 지고 있는 셈이다. 3050 클럽, 1인당 국민소득 3만 달러 이상, 인구 5,000만 명에 가입한 국가 대비 빚 증가 속도는 우리나라가 1위다. 우리나라 국가 채무 증가 속도는 2000~2015년 연평균 12%로 OECD 평균인 7.5%보다 2배 가까이 빠르다. 참고로, 국가 채무는 포함할 대상과 채무 성격에 따라 세 가지로 분류한다. 협의 개념은 중앙과 지방 정부의 현시적 채무를, 광의 개념은 협의 개념에다 공기업의 현시적 채무를, 가장 범위가 넓은 최광의 개념은 광의 개념에다 준정부 기관 그리고 모든 기관의 묵시적 채무(우발 채무, 충당금)까지 포함한다. 한국은 세 가지 기준에 따라 국가 채무 비율이 협의 개념으로는 40%, 광의 개념으로는 70%, 최광의 개념으로는 140% 내외다. 34개 OECD 회원국 대비 아직은 여유가 있다고는 하나 과도한 해외 의존도와 남북 분단 현실 등을 감안하면 그렇지도 않다.

● 화폐 개혁의 효과 및 전망

이론적인 정당성을 떠나서, 국가 채무는 후세대에게 빚을 지는 것인 만큼 과다하게 운용돼서는 안 된다. 국민으로부터 권한을 위임받은 5년짜리 정부가 할 일은 '국가 안보를 지키는 일'과 '재정 건전성을 잘 유지하는 것'의 두 가지다. 물론, 국부를 증대시키는 정부가 최고이겠지만, 후세대에 부담을 줘서는 안 된다. 그러나 현실은 정책 당국자에 따라서 나오는 발언들이 서로 다르고 덩달아 국민은 불안하기만 하다. 어느 나라를 막론하고 과거의 사례에 비춰 보면 화폐 개혁은 전격적이었다. 정부에 '정책'이 있다면 국민에게는 '대책'이 있다는 말로 회자되면서 난데없는 금값(온스당 1,400달러)과 외화(1달러에 1,200원에 육박)값이 급등하는 모양새를 나타냈다. 화폐 개혁의 최대 수혜처로 지목된 부동산 가격도 다시 들썩이고 있다. 소위 말해서, 소규모 개방 경제의 취약성을 안고 있는 우리 경제에 대한 외국인 투자자들의 의심스러운 눈초리도 매섭다. 화폐 개혁으로 한국에서 서울의 집 한 채 가격이 10억 원에서 100만 원이 되면 부동산 가격은 추가로 오를까, 아니면 내릴까? 커피 한 잔 값 5,000원을 5.0원으로 표기하면 더 사 먹을까, 혹은 덜 사 먹을까? 극명하게 1달러에 1,200원에서 1.20원으로 대미 달러 환율이 달라지면 달러를 가질까, 원화를 선호할까? 정책은 정부가 시행하지만, 그 판단은 오롯이 국민의 몫이다. 그리고 진리 하나, 돈(경제)에 관한 한 우리 국민의 실력은 정책 당국자들 못지않다. 물론, 정책 당국자들도 그들이 우연한 기회에 공직을 맡기 전까지는 실력 발휘를 맘껏 한다.

화폐 개혁은 그 어떤 경제 정책보다 국민의 관심이 크다. 지금은 생산·소비·투자·소득·고용 등이 일제히 감소하고, 재고와 실업이 증가하면서 기업 이윤 또한 감소 추세이며, 물가·주가·임금·이자율 등도 내림세로 반전하면서 완벽한 경기 하락 국면이다. 전 세계적으로도 'R(Recession, 경기 침체)의 공포(恐怖)'가 일고 있다. 따라서, 경기가 안정되고 국민의 공감대 형성이 전제되어야 한다. 화폐 개혁을 정권 연장의 수단이나 지하 경제 양성화라는 허울을 가지고 가진 자들의 호주머니를 털고자 하면 안 된다고 본다. 본질적으로, 우리 원화가 기축 통화(Key Currency)의 반열은 아니더라도 국력이 커져서 자연스럽게 강한 통화(환율 하락)가 되어 환율이 네 자릿수가 아닌 세 자리나 두 자리 숫자로 줄어들어야 한다. 참고로, 우리 경제가 비약적인 성

영리한 베트남 투자

장을 준비하던 1970년대 초반의 원/달러 환율은 250원대(현재 1,190원대)였으며, 당시 일본 엔화는 300엔대(현재 105엔대)였다. 현 정부의 일등 공신인 촛불 혁명은 화폐(통화) 제도의 근간을 흔들라는 권한까진 주지 않았으며 지금의 시대 상황에 맞지도 않다. 그리고, 지금은 정부 지도자가 뭐든지 다 해 줄 수 있는 세상이 아니며, 대다수 국민은 이를 믿지도 않는다. 대한민국 대통령 임기는 5년, 국회의원은 4년이지만, 국가는 세세연연(歲歲年年) 이어져야 하고, 끝까지 지켜내고자 했던 선조들과 우리 세대뿐만 아니라 미래 세대의 것이다. "부(富)를 거저 얻는다고 생각하면 정치적 문제(政治的 問題)가 발생한다(It generates political difficulty when money seems unearned)." 맨큐(Gregory Mankiw, 1958년~) 하버드 대학교 경제학과 교수의 말이다.

제5장

주식 시장

★ 베트남 주식 시장 현황

베트남 주식 시장은 거래 종목, 시가 총액, 거래 규모, 거래 시스템 등 전반적으로 아직은 이머징 마켓이다. 'MSCI 프런티어 지수'로 분류된다. 그러나 금융, 건설, 부동산, 제조, 일반 소비재 유통, 우량 공기업, 전자, 중화학 공업 등을 중심으로 시장이 확대 추세에 있는 것은 맞다. 정부도 주식 시장과 채권 시장 활성화를 통한 직접 금융을 장려하고 있다. 시장 규모로 보면 2020년 GDP의 70%까지를 목표로 삼고 있다. 호치민 증권 거래소, 하노이 증권 거래소, 상장 대기 거래소 등 3개의 거래소 상장 기업 수 1,600여 개, 시가 총액은 2,050억 달러로 우리 돈으로는 250조 원 상당이고, 일평균 거래량은 8조 동(4억 달러 상당)이다. 주식 시장 활성화를 통하여 대출, 지급 보증 등 과도한 은행 의존도에 따른 금융 기관 부실을 사전에 차단할 목적이며, 부실 여신(NPL) 축소도 기대하고 있다. 베트남 정부도 금융 위기가 국가 부도로 치달은 1997년의 동아시아 외환 위기와 2008년의 글로벌 금융 위기를 잘 기억하고 있다. 시가 총액 기준으로 역내 지역 국가인 태국의 5,000억 달러와 4,000억 달러의 인도네시아에 훨씬 못 미치는 2,050억 달러로 외국인 투자 자금 유치 목적이 가장 크다. GDP 대비 시가 총액이 60% 남짓에 불과하다. 주식 거래 규모는 2018년을 기준으로 1,303조 동이다. 현재 베트남 주식 시장에서 외국인 투자 비율은 20%에도 못 미치는 미미한 수준이다. 외국인 주식 순매수 규모는 2017년 12억 달러, 2018년 19억 달러, 2019년 20억 달러 상당이다. 베트남 증시 주가수익 비율(PER)은 평균 14.6배로 다른 아세안 국가들에 비해서 매력적이다. 호치민과 기술주 중심 하노이 그리고 상장 대기소 증시에서 상장사가 2005년 37개에서 1,600여 개로 대폭 늘어났다. 특이한 점은 베트남 주식 시장의 시가 총액이 우리 돈 250조 원 상당인데 상위 10개 기업이 전체의 65%인 150조 원에 달한다. 현재로선 투자할 만한 기업이 30개 안팎인 셈이다. 우리 국민에게 베트남 증시는 브라질 증시와 더불어 부침이 심한 롤러코스터 시장으로 유명하다. 특히 펀드 형식의 간접 투자가 대부분인데 베트남 펀드 설정액만 10억 달러, 우리 돈으로는 1조 원이 넘는다. 2019년 미국-중국 간의 무역 전쟁 수혜주로 부각되면서 베트남 지수(VNI)는 연간 20% 이상 올랐다. 모건스탠리인터내셔널(MSCI) 신흥국 지수 편입 여부에 따라서 추가 상승에 무게가 실린다. 현재는 MSCI 프런티어 지수에 속해 있다.

베트남 주식 시장은 크게 세 가지다. 가장 볼륨이 큰 HOSE(호치민 증권 거래소), 기술주 중심 HNX(하노이 증권 거래소), 제3시장인 UPCOM(상장 대기 거래소) 그리고 장외 시장 OTC(비상장 거래)다. 호치민 증권 거래소는 하노이 증권 거래소와 비교해서 시가 총액, 종목 수 등 규모가 훨씬 크다. 대부분의 대형주는 호치민 증권 거래소에 상장되어 있다. 상장 종목 수 400여 개, 시가 총액 1,500억 달러(180조 원 상당), 상장 조건은 20% 분산, 최소 300명의 주주, ROE+5%, 2년 연속 흑자, 자본금 1,200억 동(60억 원 상당), 거래는 10주 단위 등이다. 하노이 증권 거래소는 베트남 주식 시장을 대표하는 또 하나의 거래소로 기술주 위주로 거래되며, 상장 종목 수 390여 개, 시가 총액 100억 달러, 상장 조건은 15% 분산, 최소 100명의 주주, ROE+5%, 1년 흑자, 자본금 15억 원, 거래는 100주 단위다. 상장 대기 거래소는 호치민이나 하노이에 상장하기 전에 합법적으로 거래가 되고 있는지 관리하는 곳이다. 상장 종목 수 800여 개, 시가 총액 450억 달러(50조 원 상당)이다. 기업은 먼저 UPCOM에 상장 후 최소 3개월이 지난 뒤

에 HOSE나 HNX로 상장된다. 상장 대기 종목 수가 많다. OTC(비상
장 거래) 시장은 주식, 채권, 상품 선물, 파생 금융 상품과 같은 투자
자산을 거래소를 거치지 않고 매입·매도 양 당사자가 직접 거래하는
것이다. 기업이 IPO(주식 공개 상장, 기업이 최초로 외부 투자자에게 주식을
공개하는 것) 후 경매가가 정해지고 경매가 이상을 낸 투자자들에게
주식이 돌아간다. OTC에서는 시가 총액이 없고 거래 단위도 제한이
없어서 원하는 만큼의 주식을 사고팔 수 있다.

베트남의 대표적인 상장 기업으로는 매출액 35억 달러의 페트로베
트남가스, 국영석유공사 산하 베트남 최대 석유 유통 기업인 페트로
리멕스, 건설 및 부동산 개발 업체 닷싼그룹, 동나이항만, 빈증광물,
자동차 부품 및 대리석 전문 매출 2억 달러의 푸따이, 베트남 최대
철강 생산 업체 호아팟그룹, 베트남 최대 보험회사 바오비엣홀딩스 등
이 있다. 이 외에도 유명 여성 기업인인 마이 끼엔 우리엔이 이끄는
매출액 20억 달러, 시가 총액 13조 원, 브랜드 가치 23억 달러 상당의
비나밀크와 브랜드 가치 5억 달러의 베트남 최대 맥주 회사 사베코,
식음료 전문 기업 마산그룹 등이 있다. 대표적인 금융 그룹으로는 베
트남 최초의 은행으로 인터넷 뱅킹 시장 점유율 50%, 시가 총액 16
조 원 상당의 신한은행 시총에 육박하는 비엣콤뱅크(VCB)가 유망하
다. 신용 등급 Ba3, 자기자본비율(BIS) 무수익여신비율(NPL) 예대율
(LDR) 등 베트남 1위 우량 은행이다. 대주주는 베트남 중앙은행이며,
일본계 미즈호 은행이 15% 지분을 갖고 있다. 베트남판 빌 게이츠로
불리는 쯔엉 자 빈의 IT 그룹 FPT, 사회간접자본(SOC) 수혜 업체인
VIC 그룹 그리고 부동산 개발 및 자동차 생산 업체인 시가 총액 최대
인 빈 그룹(Vin Group) 등도 손꼽힌다. 주요 통신사로는 Mobiphone,
Vinaphone, Viettel(브랜드 가치 22억 달러), Vietnammobile 등이 있

다. 베트남 정부 출자 지분 100%의 국영 공기업들만 전체 기업의 1%인 700여 개에 달한다. 이들은 정부 지분 가치 550억 달러, GDP의 25%를 차지하고, 총자산은 1,400억 달러에 달하며, 전체 매출 규모는 800억 달러에 이른다. 2020년까지 137개 국영 기업이 IPO를 기다리고 있다. 베트남 국영 통신사 VNPT는 2019년경에 민영화와 더불어 주식 공개를 준비하고 있다. 강력한 제조업 경쟁력을 기반으로 부동산 시장도 각광을 받으면서 매력적인 투자처로 거듭나고 있다.

리테일, 헬스케어, 자동차, 스마트폰, 교육, 테마파크와 함께 부동산 시장에서 빼놓을 수 없는 기업이 빈 그룹(Vin Group)이다. 빈 그룹은 베트남 최대의 재벌로 증시에서 시가 총액 1위 기업이다. 포브스 선정 '세계에서 가장 부유한 200인'에 베트남인 최초로 팜 느엇 브엉 빈 그룹 창업자가 올랐다. 재산이 75억 달러(약 8조 5,000억 원)에 달하는 그는 세계 198위의 부자로 꼽혔다. 베트남 최초의 빌리어네어(Billionaire)이면서, 세계 50위 안에 드는 테마파크 개발자이기도 하다. 브엉 회장은 우크라이나에서 인스턴트 국수 공장으로 사업을 시작했다. 그는 베트남 전쟁이 한창이던 1968년에 하노이에서 군인인 아버지와 노점상을 하는 어머니 사이에서 태어났다. 수학에 재능이 있었던 그는 베트남 정부와 과학 기술 인재를 적극적으로 육성하던 옛 소련의 정책 덕분에 유학할 기회를 얻었다. 소련 국비 장학생으로 선발된 그는 모스크바 지질탐사대학에서 수학했다. 러시아에서 공부를 마친 뒤 1991년경에 소련의 체제 붕괴로 사회가 혼란해지자 인근의 우방국인 우크라이나로 갔다. 거기서 가족과 친지들로부터 자금을 빌려서 조그만 베트남 식당을 열었다. 이 식당의 베트남 국수가 인기를 얻자 인스턴트 국수 제조 업체인 테크노컴을 설립했다. 값싸고 조리가 편리한 인스턴트 국수는 우크라이나에서 큰 사랑을 받았다. 인스턴트 국수의 '대박'으로 테크노컴의 연 매출은 당시 1억 달러에 이르렀다. 그는 국수 공장의 성공을 발판으로 고국인 베트남 부동산 시장에 눈길을 돌렸다. 2012년경에는 테크노컴을 1억 5,000만 달러에 글로벌 식품 업체인 네슬레에 팔고 베트남으로 돌아왔다. 베트남 부동산 시장에 투자하기로 한 그는 베트남 최고급 주택 단지인 빈홈즈리버사이드, 중산층을 겨냥한 신도시 프로젝트 빈시티 그리고 테마파크 빈펄 리조트를 지었고 이는 연이어 성공했다. 부동산 개발업 분야에서 성공한 빈 그룹은 슈퍼마켓, 편의점, 쇼핑센터 등을 운영하며 유통업계의 큰손이 됐다. 2016년엔 전자 상거래 플랫폼 '아다로이'를 출시해 1년 만에 6,000만 명의 이용자를 확보하기도 했다. 빈 그룹이 운영하는 국제 병원(빈멕), 학교(빈스쿨) 등도 베트남을 대표하는 최고의 시설로 꼽힌다. 최근에는 자동차(빈패스트), 제약(빈팜), 스마트폰(브이스마트), 전자 상거래(빈아이디) 등의 사업에도 진출했다. 특히, 2014년에 설립하여 북부 하이퐁에 1, 2공장을 가진 스마트폰(브이스마트) 부분은 베트남에 진출한 삼성전자 직원들을 스카우트하면서까지 단기간에 시장 확대에 불을 댕겼다. 이제는 스마트폰뿐만 아니라 스마트 TV, 냉장고, 에어컨까지 제작하는 단계에 접어들었다. 이들은 삼성전자 부품 협력 업체들까지 접촉하면서 세계 1위 삼성전자를 긴장하게 하고 있다. 그러나 빈 그룹도 2020년 들어서 무리한 투자로 자금 사정이 어려워지면서 리테일 부문 매각 작업이 이뤄지고 있다.

베트남 증시 상장 요건은 자본금 1,200억 동(60억 원 상당) 이상, 직전 2년간 연속 흑자 기록, 자기자본이익률(ROE) 5% 이상, 소액 주주 300명 이상 등이다. 베트남 주식 시장, 풍부한 글로벌 유동성, 위험 자산 회피 심리 완화, 이머징 마켓 자금 유입, GDP 고성장, 기업 실적 개선, 공기업 민영화 및 기업공개(IPO) 증가, 선물 옵션 스왑 등 파생

상품시장 활성화, 베트남 동화 환율 안정, MSCI EM 편입, 국가 신용
등급 투자 적격 상향 전망 등을 바탕으로 상당히 낙관적이다.

〈베트남 주식 시장, 주가지수 변동표(VNI)/2000년~2019년 12월〉

VNI(베트남주가지수)	
Date	Index
2000-06-28	100.00
2001-12-31	235.40
2002-12-31	180.73
2003-12-31	139.64
2004-12-31	260.60
2005-12-31	307.50
2006-12-31	751.77
2007-03-30	1,170.67
2007-12-31	927.02
2008-12-31	315.62
2009-12-31	494.77
2010-12-31	484.66
2011-02-28	529.20
2011-08-12	383.92
2011-12-31	351.55
2012-01-09	315.00
2012-04-30	472.46
2012-12-31	413.73
2013-06-30	481.13
2013-12-31	492.63
2014-12-31	545.63
2015-12-31	579.03
2016-12-31	664.45
2017-12-31	984.24
2018-12-31	892.54
2019-12-31	960.99
2020-01-22	978.96

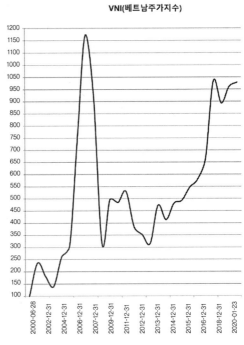

VNI(베트남주가지수)

★ 영리한 주식 시장 투자

베트남 중시는 아직은 이머징 마켓으로 변동성이 큰 상황이다. 뚜렷한 방향성도 없다. 급속도로 성장하는 제조업 투자만큼은 못 되어 금융은 발전 속도가 상대적으로 더뎌 시장 규모가 작은 편이다. 하지만, 전망은 밝은 편이다. 몇 가지 이유를 들면 다음과 같다. 미국과 중국 간의 무역 전쟁 수혜국으로 자리 잡으면서 베트남 제조업 투자는 좀 더 이어질 전망이다. 신흥국(이머징) 마켓 중에서는 투자 환경이 가장 좋은 나라다. 인구 1억 명의 인구 구조상, 젊은 나라로 성장 잠재력 또한 크다. 연간 GDP 성장률 6% 이상의 고성장 국면이 좀 더 이어질 전망이다. 실물 경제를 못 따라가는 금융 경제 측면에서 좀 더 완화적인 금융 정책을 시행한다면 주식 시장 성장 가능성은 그만큼 커질 수 있다. 마지막으로, 현재 투기등급인 국가 신용 등급 상향 전망이 꾸준히 나오고 있다. 국가 신용 등급 상향과 더불어 본격적인 미국과 유럽 등 선진국의 자본들이 들어온다면 주식 시장은 한 단계 업그레이드가 기대된다. 물론 당연히 투자 리스크도 존재한다. 정치적인 리스크, 경제적인 구조 조정 문제, 전 방위로 퍼져있는 부패 문제, 정권 교체기에 들어선 정부, 가파른 근로 임금 인상과 복지 수요, 아세안 10개국의 경쟁적인 투자 유치전 등이 그것이다.

호치민 증권 시장(VNI)은 지수 1,000선을 앞두고 엎치락뒤치락하고 있다. 코스피 지수가 2,000선을 넘나들듯이… 베트남 정부 입장에서는 어차피 제조업 자체로는 한계가 있으며, 금융을 기반으로 경제를 한 단계 레벨 업시켜야 한다는 사실을 잘 알고 있다. 제조업도 금융이 뒷받침되지 않으면 발전에 한계가 있다. 3D 프린팅, 인공지능(AI), 스마트 공장(Smart Factory) 등 IT를 기반으로 하여 빠르게 진화해 가고 있다. 모두 돈(투자)이 드는 요소들이다. 가장 빠른 조달 수단이 주식 시장이며, 직접적으로 효과가 나타나는 곳도 주식 시장이다. 하지만, 베트남에선 모든 것이 느리다. 오토바이 행렬도 소리만 요란하고 바삐 움직이는 듯이 보이지만, 사실 최고 시속은 50㎞ 미만이다. 그냥 더워서, 또는 마땅히 할 일도 없이 돌아다니는 경우도 허다하다. 베트남에서 주식 투자도 시간을 갖고 해야 한다. 금융, 전자, 건설, 부동산, 식품, 의류, 유통, 물류, 공기업(SOC) 등 업종별로 대표주를 골라서 시간을 갖고 투자하는 것이다. 투자(投資)는 변동성(變動性)이 아니고 시간(時間)에 하는 것이다. 만물은 시간이 키워낸다는 것이 진리다. 저자는 30여 년 동안 한국 시장에서도 메인 투자는 딱 세 가지로 범위를 좁혔다. 서울 중심지 부동산, 삼성전자 주식 그리고 금이었다. 투자 원칙에서 포트폴리오, 종목이 많다고 해서 리스크가 분산된 게 아니고, 핵심적인 몇 가지 투자 상품별로 집중적으로 투자하는 것도 포트폴리오다. 투자 종목은 업종별 대표주로, 업력이 있으면서 지배 구조가 투명하고, CEO의 확고한 경영 방침과 유능한 경영진으로 구성된 조직 그리고 권력층과 과도하게 연결되지 않은 기업으로 한정해야 한다. 어렵더라도 이런 기업을 찾아서 투자해야 한다.

★ 한국 자본 시장과 미국 주식 시장의 역사 그리고 주식 투자 성공 비결 10가지

"팔면 아쉽고, 사면 후회되고, 쥐고 있으면 불안하고, 가만히 있으면 초조해지리라." 마크 스쿠젠(Mark Skousen)의 『주식 투자 레슨』에서 나오는 말이다.

2016년 3월 3일은 우리나라 자본(주식) 시장이 개설된 지 60년째였고 오늘날 결정적으로 세계 최강대국의 지위를 가능케 했던 국제 금융 시장의 중심인 미국은 주식 시장이 개설된 지 120년(1896~2016년)이 되는 역사적인 해였다. 인류가 발명한 제도 중에서 가장 잘한 것 중의 하나가 자본주의라고 한다. 그리고 자본주의 제도의 근간은 기업이며, 그 대표적인 형태가 바로 주식회사다. 주식회사는 주식 발행을 통해서 자본을 마련하고, 이를 통하여 기업을 성장, 유지, 발전시켜 왔다. 자본주의를 가장 잘 실천해 왔고, 이를 바탕으로 유일무이한 세계 최강대국의 지위를 유지하는 미국, 그 토대인 미국의 국제 금융 시장 지위 그리고 뉴욕 증시의 현주소를 다뤄 보고자 한다.

다우존스 지수(Daw Johns Average Index)가 120년의 역사를 맞았다. 1896년에 세계 최초로 출범하여 이듬해인 1897년의 지수 발표 이후 첫날 40.95로 시작, 개장 75년만인 1972년에는 지수 1,000선, 그로부터 23년만인 1995년에는 5,000, 다시 4년 후인 1999년에는 10,000 포인트를 넘어서고, 2007년 10월 14,100, 2013년 15,000, 역사적인 독립기념일인 2014년 7월 4일에는 17,068.26으로 기록을 갈아치우더니, 2016년 7월 14일 18,500선, 2017년 1월 25일에는 대망의 20,000선, 2018년 26,000선 그리고 2019년 12월에는 28,000선을 넘어서며 사상 최고치 행진을 갱신하고 있다. 과열을 얘기하는 사람이 별로 없어서 '꿈의 지수 3만선'이 바로 눈앞이다. 다우존스 지수(DJI)는 1896년 12개 종목으로 시작, 1928년 30개로 확대, 가장 최근까지 남아있던 주식은 GE가 유일하였으나 2018년 6월에 퇴출당하여, 1928년에 합류한 엑손 모빌이 가장 오래되었다. 평균 기업수명은 30년에 불과하다. 2018년 12월 26일 다우존스 30 산업평균 지수는 122년 역사상 처음으로 하루 만에 1,000포인트 이상 폭등하는 기록도 세웠다. 이날 뉴욕 증권 거래소(NYSE)에서 다우 지수는 전 거래일 대비 1,086.25포인트(4.98%) 급등한 22,878.45로 장을 마쳤다. 연 나흘 동안 날개 없는 추락세를 보이던 미국 증시가 백악관의 제롬 파월 연방준비제도(Fed) 의장과 스티븐 므누신 재무장관 거취 논란 진화 등에 힘입어 급등했다. 더불어서 스탠더드 앤드 푸어스(S&P) 500 지수는 전 거래일 대비 116.60포인트(4.96%) 상승한 2,467.70, 나스닥 지수도 361.44포인트 (5.84%) 오른 6,554.35로 마감했다. 다우 지수 등 3대 지수의 상승률은 2009년 3월 이후 9년 9개월 만에 최고치를 나타냈다.

기술주 중심의 나스닥(National Association of Securities Dealers Automated Quotation)은 1971년 2월 8일에 출범하여 시가 총액 20조 달러, 기술주 중심 88%로 벤처 캐피탈의 창구다. 전 세계 시가 총액 1위 기업인 애플은 1976년 창업 당시 3억 달러에서 2019년 12월 시가 총액 1조 2천억 달러(한화 1,410조 원 상당)를 돌파, 삼성전자의 4배가 넘는다. 애플 한 종목만 해도 우리나라 코스피 시가 총액인 1,408조 원을 뛰어넘는 규모다. 마이크로소프트, 아마존 페이스북, 알파벳, 컴캐스트, 인텔, 시스코시스템즈, 암젠 등 등록 기업 3,800여 개가 등록되어 있다. 1994년 7월 1,000선, 1998년 2,000선, 2000년 4,000선, 2015년 5,000선, 2017년 6,000선, 2018년 8,000선 그리고 2019년 12월 8,660선에 거래 중이다. 다우 지수와 마찬가지로 사상 최고치 행진이며, '꿈의 지수 1만선'이 바로 눈앞이다. 특히, 전 세계 대표 주식인 애플 주가는 시가 총액 기준 1980년 상장 당시 대비 7만% 이상 상승했다. 연도별로는 2000년 1월 200억 달러, 2007년 12월 1,700억 달러, 2012년 9월 6,300억 달러, 2015년 2월 7,500억 달러 그리고 2018년 8월 2일 주당 207.39달러로 마감하며 대망의 1조 달러를 돌파했다. 차별화된 아이디어, 멀리 내다보는 경영 그리고 실패의 중요성을 바탕으로 클라우드, AI, 헬스케어, 온라인 광고, 스마트폰, 전자책 분야의 세계 최대 기업으로 성장한 아마존이다. 2018년 9월 7일 한해만 80% 가까이 상승하며 주당 2,050달러를 넘어서 시총 1조 달러에 등극했다. 1994년에 제프 베저스가 미국 시애틀의 한 허름한 창고에서 설립한 아마존은 애플에 이어서 두 번째 시가 총액 1조 달러 기업이 됐다. 베저스는 1,800억 달러, 우리 돈으로는 202조 원에 이르는 세계 최고의 갑부이기도 하다. 20여 년 동안 세계 최고의 갑부였던 MS의 빌 게이츠(954억 달러)와 '오마하의 현인'인 버크셔 해스웨이 워런 버핏(866억 달러)의 재산을 합친 규모다.

미국 증시에서 가장 대표성을 띤다는 대형주 500종목으로 구성된 S&P 500 지수도 2019년 7월경에 3,000선을 넘어서 연일 사상 최고치를 경신하고 있다. 2009년 3월에는 666까지 폭락했었다. 애플, 아마존 등 IT 기업들의 호실적을 바탕으로 3,460여 일 동안 이어진 역대 최장수 강세장 기록이다. 1990년 10월부터 2000년 3월까지의 3,450일 기록을 뛰어넘었다. 2019년 12월을 기준으로 3,150선에 거래 중이며, 다우 지수와 나스닥과 마찬가지로 사상 최고치 행진이다. 이후로는 '꿈의 지수 5천선'에 도전하고 있다.

대한민국 자본 시장도 1956년 3월 3일 대한 증권 거래소(현재 한국 거래소, KRX)로 출발하여, 환갑의 나이인 60주년을 훌쩍 넘어섰다. 우리나라 최초의 증권 회사는 1949년 11월 22일 대한증권으로 출범한 지금의 교보증권 전신이다. 이후 1953년에는 동양증권, 고려증권 설립으로 이어졌다. 60여 년 사이 상장기업은 1956년 12개에서 2019년 2,338개로 늘어났고, 일평균 거래량도 14만 주에서 3억 7천만 주로 급증하였으며, 연간 거래 대금도 4억 원에서 2019년에는 2,500조 원으로 커졌다. 2019년 12월 초를 기준으로 상장 기업 798개의 시가 총액 코스피 1,415조 원, 코스닥 등록 업체 1,389개 사 시총 230조 원,

코넥스 151개 사 시가 총액 5조 원으로, 모두 합해서 2,338개 사 1,650조 원 상당이다. 주식 상장사는 1988년 500개, 1995년 700개 그리고 1996년 7월 1일에 코스닥 시장이 열린 뒤로 1,000개로 늘어났다. 코스피에서 금융 업종을 제외한 기업들의 매출액은 1,000조 원, 영업 이익은 100조 원이다. 코스닥은 매출액 100조 원에 영업 이익은 5조 원이다. 1981년에 일본의 노무라증권이 서울에 사무소를 내면서 우리나라 자본 시장도 국제화되기 시작했다. 금융 시장 개방으로 주식 시장에서 외국인 투자 자금만 해도 500조 원으로 시가 총액의 30%를 넘고 있으며, 채권 시장에도 120조 원 가까이 들어와 있다. 외국인 국내 주식 보유 비중 흐름은 2013년 35.2%인 417조 원, 2014년 34% 405조 원, 2015년 29% 421조 원, 2016년 31% 482조 원, 2017년 32% 503조 원, 2018년에는 31%인 455조 원에 이른다. 전체 비중의 30% 이상을 유지하고 있다.

코스피는 1980년 지수 100을 기준으로, 1989년에는 1,000선을 넘어섰다가, 1998년에는 외환 위기로 280선까지 폭락하더니, 2007년에는 2,000선을 처음으로 돌파하였고, 2018년 1월 29일에는 2,598.19로 사상 최고치 기록 후 현재 2,100선까지 밀렸다. 1년여 동안 마이너스 수익률로 지지부진한 양상을 나타내면서 코스피는 이른바 '박스피 지수(1,800~2,200)'라는 오명을 뒤집어쓰고 있다. 블룸버그(Bloomberg) 집계에 따르면, 전 세계 시가 총액은 80조 달러(9경 6,000조 원 상당)다. 하지만 전 세계 시가 총액 기준으로 보면 우리 증시는 10위에 불과하다. 미국(30조 달러), 중국(6조 달러), 일본(5조 달러), 영국(4조 달러) 순이다. 2019년 12월 기준으로는 우리나라 시가 총액은 1조 3,000억 달러로 14위이며 전 세계 시가 총액은 80조 달러다. 시가 총액 상위 500대 안에 드는 우리나라 기업은 삼성전자(28위), 현대자동차(360위), SK

하이닉스(445위) 정도다. 미국 198개, 중국 46개, 일본은 32개다. 시가 총액 세계 1위는 2019년 12월 IPO에 성공한 아람코(사우디 타다울 증시 상장)로 1조 7,000억 달러(2,020조 원 상당)가 넘고, 애플은 1조 3,000억 달러로 2위다. 우리나라 코스피 시가 총액을 합친 금액보다 많다. 전 세계 시가 총액 1조 달러가 넘는 기업은 아람코, 애플, MS, 알리바바 등이다. 2019년 11월 기준 10대 그룹별 시가 총액은 다음과 같다. 삼성 436조 원, SK 119.5조 원, LG 85.4조 원, 현대차 71.8조 원, 포스코 29.3조 원, 롯데 28.2조 원, 현대중공업 18.4조 원, GS 12.3조 원, 한화 12.1조 원, 신세계 10.4조 원 규모다.

주식 시장 관련 딜레마도 있다. MSCI(모건스탠리 선진국 지수)에 28년째 편입에 실패하고 있다. 한국 원화 역외 시장 개설과 외국인 투자 등록 제도 폐지가 걸림돌이다. 1992년 MSCI 신흥국 시장 지수 편입 후, 2007년 FTSE 선진국 지수 편입, 2008년 S&P와 다우 지수 선진국 지수 편입에도 불구하고 MSCI 선진국 지수 편입은 아직도 문턱을 넘지 못하고 있다. 투자 은행 규모도 아직은 미미하다. 2018년 자기 자본 기준 국내 5대 증권사는 미래에셋대우 8.2조 원, NH투자증권 5.0조 원, 삼성증권 4.6조 원, KB증권 4.4조 원, 한국투자증권 4.4조 원, 5대 증권사 합계 26.7조 원으로 전체 56조 원의 48%다. 반면에 골드만삭스는 98조 원, 모건스탠리 89조 원, 노무라증권 28조 원, 중신증권은 26조 원 등이다.

우리나라 주식 투자 인구는 약 502만 명으로 5억 원 이상 고액 투자자 5만 명이 전체의 82% 주식을 보유하고 있다. 1억 원 이상 보유자는 35만 명, 평균 투자 연령은 49세이며, 남성이 60%를 차지한다. 주식 활동 계좌 2,000만 개, 세계 10위권 시가 총액을 나타내고 있다. 투자자 거래 대금 비중을 보면, 개인 투자자 67%, 기관 투자가

19%, 외국인 투자자가 14%다.

우리나라 자본 시장의 발전 과정을 살펴보자. 일제 시대였던 1920년경에 경성주식현물취인시장이 개설되고, 1931년 조선취인소로 변경되어 일제 패망 시까지 유지되었다. 1945년 해방과 더불어 탄생한 최초의 증권 회사는 1949년 설립된 교보증권의 전신인 대한증권이다. 이후 1952년에 고려, 영남, 국제, 동양증권 등이 생겨나며 1953년에는 대한증권업협회가 발족했다. 1970년 5개 은행과 27개 증권 회사 공동출자로 한국투자신탁을 설립했다. 1974년 5월 29일, 남덕우 당시 재무부장관의 '기업공개와 건전한 기업풍토 조성을 위한 대통령 특별 지시', 이른바 '5·29 강제 상장 조치'도 우리나라 자본 시장 역사에서 한 획을 그었다. 주식 대중화의 꽃을 피운 계기가 된 이 조치는 삼성, 현대, 선경(SK), 럭키금성(LG), 롯데칠성음료, 한국화약(한화), 대림산업 등 글로벌 기업의 배경이 되었다. 이 조치를 전후해서 상장 기업이 1972년 66개에서 1978년 356개로 폭증했다. 특히 1975년 5월에는 매출 133억 원, 순이익 6억 원, 공모 금액 30억 원을 달성했으며, 삼성전자공업의 기업 공개도 바로 이때였다. 1992년 1월 3일부터는 외국인 주식 투자가 허용되면서 지분율 4.9%에서 2017년 기준 30%[코스피 37%, 코스닥 11%]가 넘고 있다. 투자 금액은 600조 원, 기관 35,000곳, 개인 11,000여 명, 미국 국적이 33%다. 1997년에는 외환 위기를 맞아 이듬해인 1998년에는 코스피 지수가 700선대에서 200선대로, 시가총액 134조 원에서 64조 원으로 폭락했다. 당시 정부는 주식 시장 위기 타개책으로 외국인 주식 투자 한도 50%로 확대, 주식 양도 차익 비과세, 중간 배당 제도 등을 도입했다. 1999년에 선물거래소가 창립되고, 2003년에는 증권 거래소, 코스닥, 선물 거래소 세 개의 기관이 합병하여 한국거래소(KRX)로 출범했다. 그 둥지는 정치권의 우여곡

절 끝에 지금은 대한민국 국제 금융의 중심지인 서울 여의도를 떠나 부산 문현금융단지로 이전해 있다. 유가증권시장 상장 기준은 직전 연도 이익 30억 원 이상, 3년 누계 60억 원 이상, 매출액 최근 3년 평균 700억 원 이상, 직전 연도 1,000억 원 이상이다. 비상장기업 투자 전문 회사(BDC), 주식 시장에 상장한 후 비상장 벤처·스타트업에 투자하는 투자 목적 회사가 있다. 투자 대상 기업에 총자산 70% 이상 투자를 의무화하고, 여유 자금 30%는 국·공채 등의 안전 자산으로 운용한다. 운용 주체는 증권 회사 또는 자산 운용사다.

2008년의 글로벌 금융 위기와 2011년에 불거진 글로벌 신용 위기 등에 따른 경기 침체가 지금까지 지속되면서 역(負) 자산효과(Negative Wealth Effects: 부동산, 주식 등 보유 자산 가치가 떨어지면서 소비 심리가 악화되는 현상)가 우려되는 상황이 지속되고 있다. 그러나 위기 속에서도 뉴욕 증시에서 다우 지수는 28,000선을 넘나들고, 코스피 지수도 2,000선을 단단한 지지선으로 하여 추가 상승에 대한 기대감은 여전하다. 미국과 중국, 즉 G2 간의 무역 전쟁, 주요국들의 부채 문제, 미국의 금리 인하, 영국의 브렉시트, 중국의 성장 둔화, 주요국들의 마이너스 금리 정책, 각종 테러와 북한의 핵실험 등 지정학적 리스크 등에 발목이 잡혀서 지금은 2,200선을 오르내리고 있다.

참고로, 코스피 지수의 경우 역사적으로 주식 시장이 장기 박스권에 머물렀던 사례를 찾아보면 다음과 같다. 1979년~1984년(연평균 코스피 등락률 -1.7%), 1989년~2003년(-0.7%)에는 장기 박스권에 갇혀 있었고, 2008년부터 2019년 현재까지도 쉽게 고점을 높이지 못하는 장기 박스권(-0.6%)에 머물러 있다. 주식 시장이 박스권에서 벗어나기 위해서는 기본적으로 '성장'이 있어야 하는데 글로벌 공급 과잉이 가장 큰 걸림돌이다. 주식 거래 관련 증권 거래세(상장: 0.3%, 비상장:

영리한 베트남 투자

0.5%)와 양도소득세(개인: 소액 주주 비과세, 법인: 10~25% 누진과세, 비거주자 과세), 배당 소득세(개인: 14%, 법인: 10~25% 누진과세, 비거주자: 제한 세율 과세)도 문제다. 거래세와 양도소득세의 이중과세로 세수 부담이 크다. 한편, 역사적으로 한국 증시가 추세적인 상승세를 나타냈던 시기는 크게 세 차례 있었다. 1972년부터 1978년까지 코스피는 연평균 17.9%, 1985년~1988년에는 58.8%, 2004년~2007년에는 23.6%의 상승률을 기록했다. 이 시기에는 강력한 '대외 성장'이라는 공통점이 있었다. 1970년대 중반에는 중동 건설 붐이 있었고, 1980년대 후반에는 저금리, 저유가, 저원화 가치라는 소위 '3저 호황'으로 수출이 급증하던 시기였다. 2000년대 중반 강세장은 중국 고성장의 수혜를 누리면서 코스피가 급등할 수 있었다. 한편, 코스닥 지수 등락은 이보다 더해서 2000년 3월에는 2,840선까지 오르다 IT 버블이 붕괴되면서 나스닥 폭락과 함께 같은 해인 2000년 말에는 520선까지 추락하였으며, 이후로는 1,000선을 한 번도 회복하지 못하고 현재도 600선에 머물고 있다.

한편, 산업적인 측면에서는 금융과 제조업 중에서 어떤 산업에 더 큰 비중을 둬야 하는지에 대해서 논란이 많지만, 금융과 제조업은 불가분의 관계다. 금융을 비롯한 대표적인 서비스업(의료 및 법률 등)이 제조업을 능가하면 서비스업 그 자체로는 가치 창출에 한계가 있어서 문제가 되기도 한다. 미국이나 영국처럼 과도한 금융 서비스업 발달이 2008년의 글로벌 금융 위기로 나타나고, 제조업 발전 속도를 따라가지 못하는 신흥국 금융업은 제조업 발전에 되레 걸림돌이 되기도 한다. 그리고 역사적으로 제조업 강국이 강대국 지위를 갖고 있었음을 미국, 일본, 독일, 영국, 중국 등의 사례에서도 볼 수 있다. 우리나라도 금융보다는 제조업이 훨씬 강한 나라라 일편 안심이 되긴 하지만, 규모나 역량 그리고 정책의 우선순위에서 너무 뒤떨어진 금융 산업은 생각할 여지가 많다. 가상현실(VR)과 인공지능(AI)으로 대표되는 미래가 금융에도 속속 도입되고 있다. 빅데이터, 클라우드, 로보어드바이저, 블록체인 등 핀테크가 현실이 되고 있다.

주요국의 부동산과 주식 시가 총액을 비교해 보면 2018년 기준으로, 미국의 부동산과 주식 시장이 각각 30조 달러, EU도 각각 20조 달러로 균형적이나, 일본은 부동산이 10조 달러, 주식이 6조 달러, 중국은 65조 달러 및 6조 달러로 심한 불균형을 나타내고 있다. 국가별 배당 수익률도 큰 차이가 난다. 호주가 5%대로 가장 높고, 러시아와 대만이 4%대, 영국, 프랑스, 이탈리아, 남아공, 터키, 사우디아라비아 등이 3%대, 미국, 캐나다, 독일, 중국, 인도네시아가 2%대, 한국, 일본, 인도가 1%대로 가장 낮다.

창업은 어렵고, 취직도 힘들거니와 그나마 다니던 직장의 은퇴 시기도 점점 빨라지고 있다. 마이너스 금리로 안정적인 예금 금리 수익은 기대하기 어려우며, 각종 세금을 비롯해서 밖으로 나가는 돈은 늘기만 해서 재산 불리기가 훨씬 어려워지고 있다. 돈벌이 수단, 즉 투자는 크게 주식, 예금, 보험, 채권, 외환, 부동산, 금을 포함한 원자재 상품 그리고 이들 기초 자산을 바탕으로 형성된 파생상품시장으로 나눌 수 있다. 국제 금융의 중심 국가인 미국의 경우 1970년대 연평균 소비자물가 상승률 6.5%, 금 19.4%, 주택 가격은 9.6% 상승하였으나 주식은 3.1% 상승에 그쳤다. 그러나 1982년부터 2000년까지 주식은 무려 15배가 올랐다. 한편, 1912년부터 현재까지 100여 년 동안 주식은 연평균 6.6% 성장을 이뤘다고 한다. 기술 개발의 한계, 과잉 설비와 공급, 여러 가지 환경문제 등으로 향후에는 이런 성장을 기대하기는 쉽지 않아 보이지만, 그래도 인플레이션 헤지와 대표적인 투

영리한 베트남 투자

자 수단이며 그나마 수익률이 가장 낮다는 것이 주식 시장이다.

미래의 패권을 예측하는 데는 두 가지 바로미터가 있다. 세계의 패권이 어디로 흘러가는지를 알려면 황금을 누가 가장 손에 많이 쥐고 있는지를 보면 되고, 세상이 어디로 흘러가는지는 주식 시장의 향방을 보면 된다. 황금은 스페인에서 중국 그리고 영국을 거쳐서 지금은 미국이 쥐고 있다. 인도도 만만치 않게 금을 사랑하는 민족이다. 이제 주식은 국가의 경계를 넘어서서 촉이 좋은 사람들의 몫으로 남았다. 빌 게이츠, 워런 버핏, 마윈 등 이런 사람들이 새로운 시장을 읽고 자본주의의 꽃인 주식 시장을 적극적으로 활용한 결과다. 다음은 '성공적인 주식 투자, 그 비결 10가지'를 정리해 본다.

1. 투자 원칙을 지켜라

투자뿐만 아니라 비즈니스 관련하여 만고의 진리 중 하나는 '가치 투자와 분산 투자'다. 이는 고대 랍비들의 구전과 해설서인 『탈무드』에도 나오는 내용으로, 물건값이 싸졌을 때(저평가) 사두고, 가진 재산의 1/3은 땅에, 1/3은 현물에 그리고 나머진 현금으로 손에 쥐고 있어야 한다고 했다. 현존하는 최고의 투자자이자 포브스 선정 '2016년 세계의 억만장자' 3위[1위는 750억 달러의 MS의 빌 게이츠, 2위 670억 달러인 자라 패션의 오르테가, 우리나라 기업인은 96억 달러로 112위 이건희 삼성 그룹 회장]에 랭크된 개인 재산만 608억 달러(73조 원 상당), 오마하의 현인으로 불리는 워런 버핏(Warren E. Buffett, 1930년~)의 '제1 투자 원칙'은 '돈을 잃지 않는 것'이다. 그리고 "제2 투자 원칙은 제1 원칙을 잊지 않는 것이다."라고 했다. 한편, 주식 시장에는 두 가지 기본 법칙이 있다. 첫째, 리스크를 감수하지 않고서는 수익을 얻을 수 없다. 둘째, 장기적으로 꾸준한 초과 수익을 얻기란 불가능에 가깝다. 프랑스의 수학자 루이 바슐리에는 1900년에 발표한 논문인 「투기 이론」에서 "투기자의 수학적 기대치는 0이다."라고 밝혔다. 나라에는 법이 있고, 회사에도 정관을 비롯한 각종 규정이 있듯이, 투자도 매매 원칙이 있어야 한다. 투자 목적, 규모, 포트폴리오, 매매 계획, 손절매 기준 등 일정한 원칙에 따라서 투자하지 않으면 충동적인 매매를 하기 쉽고, 이는 실패로 이어질 가능성이 크다. 당연하지만 위 요소 중에서 실행하기 가장 어려운 것은 손절매다. "손절매만 잘해도 주식 투자의 90%는 성공한 것이나 다름없다."라는 말도 있다. 손절매의 예를 들면, 주식을 산 후 주가가 하루 3% 이상 떨어지면 가차 없이 판다거나, 생명선인 5일 이동 평균선 밑으로 주가가 내려가면 주식의 절반을 판다든지, 수급선인 60일 이동 평균선보다 주가가 하락하면 보유주식을 모두 판다거나, 경기선인 120일선을 이탈하면 투자를 보류하는 것이다. 손절매 방식은 투자자 성향, 시장 여건 등에 따라서 다를수 있으나 리스크를 관리하는 첫 번째 법칙이다. 즉, 손절매 등 투자원칙을 지키고, 자신과 절대 타협하지 않는 자세가 필요하다.

2. 매매 후에 미련을 갖지 마라

부동산과 마찬가지로 주식 투자자들이 가장 아쉬워할 때는 팔고난 주식이 오를 때다. 사실 팔고 난 주식이 오르든, 내리든 자신과는 상관없다. 그래도 투자자들은 팔고 난 주식의 주가를 자주 들여다본다. 손절매나 차익 실현을 못하는 것도, '팔고 나서 더 오르면 어쩌나?' 하는 마음 때문이다. 흔히 많은 사람이 투자를 '제로섬 게임'으로 생각하는 경향이 있다. 주가지수(개별 주식 포함) 선물·옵션을 비롯한 파생상품들의 경우 대개 그렇긴 하지만 현물 주식은 엄격히 말해서 제로섬 게임이 아니다. 기업의 가치가 올라가면 주가도 그만큼 올라간다. 주식은 윈-윈이 가능한 몇 되지 않는 투자 상품이다. 팔고 난 주식이 더 올라도 배 아파할 이유가 없다. 주가가 오른다는 얘기는 바꿔 말하면, 회사 내용이 좋아졌거나 전반적인 경기가 나아진다는 증거다. 또한, 팔고 난 주식은 언제든지 되살 수도 있고, 또 학습돼 있어 재투자가 훨씬 수월할 수도 있다. 제시 베리모어의 '피라미딩 기법'에 따르면, "사람들은 본능적으로 리스크 회피 경향이 있으며, 원금 회복이 빠르고 더 잘 달릴 수 있는 주식은 빨리 이익을 실현하고, 손실 보는 종목은 오히려 오래 보유하는 경향을 가지고 있다."라고 한다. 대가의 기법을 잘 생각해 볼 문제다.

3. 투자 종목 선택에 집중하라

재테크 수단으로 '주식으로 10억 벌기' 등 많은 투자자가 크게 한 방을 꿈꾼다. 예금 금리가 2%에도 못 미치는 은행 상품은 눈에 안 차고, 오를 대로 오른 주택 가격으로 요즘 같은 시기엔 원금만 지켜져도 감지덕지인 부동산 투자도 망설이나, 유독 주식만은 최소한 10%, 두 배, 많게는 10배의 수익률을 목표로 한다. 테마주, 작전주 등 소위 '설'에 현혹되어 불나방이 되어 뛰어들기도 한다. 이 세상에 비밀이란 없고, 가치 있는 정보라면 내 귀에 들어온 순간 정보라고 할 것도 없다. 따라서, 종목 선택 기준은 '절대로 망하지 않을 기업'이 되어야 한다. 즉, '이익이 꾸준하고, 부채 비율이 낮으며, 자산이 많은 종목'을 고른다. 전문가가 아니라면 많이 볼 것도 없으며, 코스피 200[1994년 6월 15일 선물·옵션 시장 도입에 따라서 상장사 600개 중 200개로 만들었으며,

당시 시가 총액은 한전(16.3조 원) 포항종합제철(6.1조 원) 삼성전자(4.2조 원) LG전자(2.1조 원) 삼성중공업(2.0조 원) SK텔레콤(1.8조 원) 등 89.7조 원에 달했다. 현재는 1,000조 원을 넘어서고, 지금까지 남은 기업은 129개다! 종목에 선정된 기업 중에서 자기가 관심 있고, 자신 있는 10가지 종목이면 충분하다. 그리고 업종 대표주, 예를 들면, 삼성전자(전자), 현대자동차(자동차), 포스코(철강), LG화학(화학), 현대중공업(조선), SK이노베이션(정유), 삼성물산(건설), 두산중공업(기계), 신한은행(금융) 등이 있다. 참고로, 2018년 10월을 기준으로 주요국 증시에서 시가 총액 1위 기업의 면모는 한국 코스피는 삼성전자(20.10%), 미국 다우 지수는 보잉(9.90%), 중국 상하이 종합 지수는 중국공상은행(5.50%), 홍콩 항셍은 HSBC홀딩스(9.80%), 일본 니께이는 패스트리테일링(유니클로, 9.70%)이다. 해외로 눈을 돌려 투자의 귀재 워런 버핏이 '좋아하는 주식 10가지'는, 순서대로 웰스 파고, 코카콜라, IBM, 아멕스, P&G, 월마트, 엑손모빌, US Bancorp, Directv, 골드만삭스 정도다. 이들 기업의 특징은 간단하다. 역사가 있으며, 꾸준히 사랑받고, 성장성이 있으면서, 연속 이익 실현하고, 미래에도 살아남을 가능성이 큰 종목들이다. 당연한 얘기지만, 성장은 생산성과 기술력에서 찾아야 한다. 1977년부터 1990년까지 누적 수익률 2,700%, 연평균 29.2%(S&P 500은 15.8%)를 기록한 '마젤란 펀드'로 유명한 전설적인 펀드 매니저 피터 린치도 눈여겨볼 만하다. 그는 "투자 아이디어는 생활 속에 있다."라고 봤으며, 던킨도너츠, 갭 등을 골라냈다. 또한, 투자 종목을 고르는 데는 일본 노무라증권의 '어떤 계기가 주어지고 그 상황이 극한으로 몰렸을 때 투자하는 계기 극점 투자 이론'을 참고할 만하다. 이는 충분한 학습과 경험을 바탕으로 대부분의 사람이 비관적일 때 다르게 볼 수 있는 눈, 즉 과감한 실행이 큰 수확으로 나타나는 것이다. 이것이 바로 계기 극점 투자 이론이다. 편

영리한 베트남 투자

향적 순응성(Biased Procyclicality), 즉 오를 때 더 오르고 내릴 때 덜 내리는 종목을 찾는 눈도 길러야 한다. 볼 만한 게 없는 요즘이지만 한때 TV에서 '네 가지'라는 개그가 인기였다. "요즘 여자들은 왜 '시골 촌놈, 인기 없는 남자, 키 작은 남자, 뚱뚱한 남자, (하나 더) 대머리'를 싫어하는가?"라고 외치는 개그였다. 한편, 세상에는 네 종류의 주식도 있다. '싸고 좋은 주식, 비싸고 좋은 주식, 싸고 별로인 주식, 비싸고 별로인 주식'이 그것이다. 많은 고민과 탐구하에 보석 같은 주식을 잘 골라야 한다. 물론 투자 종목 선택과 함께 적절한 포트폴리오 구성도 필수다.

4. 매매 시기를 고려하라

삶을 다른 말로 '운명'이라고 하며, 이는 '때(時)'를 의미한다. 주식 투자도 들고 나는 시기를 고려해야 하며, 추세에 순응하여 매매한다. "Trend is my friend!"라는 말도 있다. 추세를 거슬러 매매할 경우, 회복할 수 없는 손실을 볼 수도 있다. 시장의 추세에 대한 확신이 없으면 매매하지 않고 쉬는 것도 하나의 훌륭한 투자다. 가장 확실한 투자는 현금이라는 말도 있다. 현금을 쥐고 기회가 왔을 때를 기다린다는 의미다. 사실, 모든 트레이딩은 '안 하기'가 '하기'보다 훨씬 어렵다. 주식 고수도 1년에 한두 번 정도의 큰 추세와 예닐곱 번의 작은 추세에 승부를 건다고 한다. 『마시멜로 이야기』에서 이야기하는 바와 같이, 인내심은 주식 투자에서도 성공의 필수 요소다. 주식 시장은 인내심 없는 사람의 돈을 인내심 있는 사람에게 이동시키는 도구다. 한순간의 대박보다는 한 우물을 파는 것이 승률이 높다. 1980년부터 현재까지 40여 년 동안 코스피 시장에 매월 10만 원씩 투자했다면 현재 원금의 7배인 3억 원이 돼 있을 것이다. 투자 기회가 왔다는 확신이 서면 과감하게 투자하고, 확신이 없다면 차라리 쉬는 게 좋다. 그리고 투자에 있어서 매매 타이밍이란 있을 수 없다. 피리어드, 즉 시간을 길게 놓고 봐야 한다. 타이밍, 그건 운명이다. 투자는 운에만 맡길 순 없는 문제 아닌가. 그리고 투자에는 '처분 효과 오류 함정'이란 게 있다. 이른바 상투를 잡았을 때 고수들은 손절매를 단행한다. 그러나 많은 투자자는 물타기를 해서 매입 단가를 낮추고 주가가 더욱 낮아지는 경우도 생긴다. 또 다른 경우에는 운 좋게 주가가 일정 부분 올라서 원금을 회복하는 수준까지 오르면 더 기다리지 못하고 잃었던 원금을 회복하고 싶은 처분 효과 함정에 빠지게 된다. 사실 좀 더 기다리면 더 큰 이익을 취할 수 있음에도 못 참는 것이다. 2008년의 글로벌 금융 위기 당시 싱가포르 국부 펀드 테마섹이 메릴린치에 59억 달러를 투자해서 6조 원이란 손실을 본 것이 그 사례다. 우리 한국투자공사[KIC]도 같은 주식에 투자하였으나 지금껏 기다리고 있다. 성패가 궁금하다. 물건값이란 더 떨어질 수 없을 정도가 되면 다시 오르고, 더 오를 수 없을 정도가 되면 다시 떨어지기 마련이다. 비쌀 때는 흙처럼 밖으로 내보내고, 쌀 때는 옥처럼 사들여야 한다. 이렇게 통화를 유통시켜야 큰돈을 벌 수 있다. 그리고 돈 버는 요체는 물건이 완벽하고, 아름다워야 하며, 가격의 변화 법칙을 잘 파악하고, 화폐가 쉬지 않고 유통되어야 한다는 것이다. 일반적으로 주식 시장에서 상승장은 다음 10가지를 전제로 한다. 풍부한 유동성, 저금리 기조, 뉴욕 증시 호조, 부동산 시장 안정, 적절한 국제 유가 가격, 글로벌 환율 안정, 기업 실적 호조, 연기금 및 외국인 주식 투자 확대, 주요국 정치 안정, 국가신용평가등급 상향 기대감 등이 주가 상승의 바탕이다.

영리한 베트남 투자

5. 원금은 반드시 보존하라

펀드 등 간접 투자를 포함하여 범위를 좀 더 넓게 보면 우리나라 주식 투자 인구는 천만 명에 가깝고, 투자 수익률은 5%가 채 넘지 않는다고 한다. 그나마 원금을 잃지 않는 투자자는 20%에 불과하다. 상식 같지만, 주식은 여유 자금으로 투자해야 한다. 심리적으로나 경제적으로 손실을 감내할 수 있을 정도로만 투자한다. 주식 투자 격언에 "주식 시장에서 곰과 소는 투자해도 되는데 돼지는 안 된다."라는 말이 있다. 강세장이거나 약세장에서는 돈 벌 기회가 있지만, 탐욕스러운 사람은 안 된다는 의미다. 그리고 적절한 수익이 나면 이익금은 별도 계좌로 챙기고, 투자 원금은 일정 규모 이상을 넘기지 않는다. 투자(Investment)와 투기(Speculation)를 가르는 요소는 '남이 하면 투기, 내가 하면 투자'가 아니고, '내가 감당할 수 있으면 투자이고, 불감당이면 투기 거래'다. 저자 자신이 30여 년 금융 시장을 봐 오면서, 또한 12년 동안 국제 금융 시장에서 외환 딜링을 하면서 배운 실질적인 교훈이다.

6. 매매 비용을 따져라

부동산을 거래할 때는 대출 이자, 세금, 각종 부대 비용과 함께 입지까지 따지면서 주식은 오로지 수익에만 관심이 있다. 간접 투자인 펀드 상품에 가입하는 경우에도 비용 분석은 외면하고 오로지 수익률에만 관심이다. 주식 투자를 하면서 잃게 되는 기회비용뿐만 아니라 매매 수수료 등 철저한 비용 분석도 수익률을 높이는 방법이다. 모쪼록 적은 돈이 모여서 큰돈이 되는 법이다. 그리고 잦은 손 바뀜은 브로커리지에 중점적인 증권 회사와 정부의 증권 거래세 소득만 불려주기에 십상이다. 참고로, 주식 거래에 붙는 세금은 세 가지로 다음과 같다. ① 증권 거래세, 누구나 주식을 매도할 때 3%가 매겨진다. ② 배당 소득세, 모든 주주는 배당금 수령 시 15.4%의 세금을 내야 한다. ③ 양도소득세, 대주주(코스피 기준 주주 1인이 가진 기업 전체 주식의 1% 이상이거나 시가 총액 25억 원 이상과 코스닥 기준 2%와 20억 원 이상, 2020년 4월부터는 시가 총액 10억 원 이상, 2021년 4월부터는 시가 총액 3억 원 이상)가 대상이다.

7. 팩트에 집중하라

투자에 성공할 수 있는 팩트(사실적인 요소)에 집중하여 투자하는 것으로, 펀드 매니저의 주관이나 심리가 아닌 계량적인 퀀트 투자라 할 수 있다. 2018년 미국 월스트리트에서 유행하는 투자 기법으로 운용 자산 규모만 3조 달러에 육박하며 크게 다섯 가지다. 저평가된 종목에 투자하는 밸류(Value), 강한 추세를 보이는 종목에 투자하는 모멘텀(Momentum), 재무적으로 우량 종목에 투자하는 퀄리티(Quality), 변동성이 최소화된 포트폴리오 투자인 변동성(Volatility), 시가 총액이 작은 종목에 투자하는 사이즈(Size)에 집중하는 투자 방식이다. 대표적인 상품으로 ETF(상장지수펀드)와 EMP(상장지수펀드자문포트폴리오)가 있다.

8. 군중심리에 휩쓸리지 말아라

많은 사람이 모이는 곳이 가장 좋은 투자처이긴 하지만, 주식 투자는 대중들과 반대로 해야 큰 수익을 올리는 경우도 많다. 사실 전망이라는 건 신(神)의 영역이라 무의미하긴 하지만, 많은 투자자가 전문가의 전망에 귀를 기울인다. 노벨 경제학상을 받은 폴 새뮤얼슨은 주식 투자로 부자가 되기는 힘들다면서 이렇게 덧붙였다. "과거와 현재의 가격으로 미래의 가격을 예측할 수 없다는 것은 경쟁이 제대로 작동하고 있다는 점에서 경제 법칙의 실패가 아니라 승리라고 할 수 있다." 주식 투자가 어려운 것은 그만큼 주식 시장이 역동적이고 순수하기 때문인지도 모른다. 그러나 대부분의 전망은 대중들에 견해에 묻어가는 부분이 많고, 또 밝게 보는 것이 인지상정이다. '다수와 같이 가다가 틀리면 정상인이지만, 혼자 가다 틀리면 바보가 되기 때문이다.' "무언가를 예상할 때 유일하게 확실한 것은 그 예상이 틀릴 것이라는 것이다. 아무것도 기대하지 않는 사람은 축복받은 사람이다. 왜냐하면, 모든 것을 즐길 수 있으니까…" 워런 버핏의 스승으로 불리는 『현명한 투자자』의 저자인 벤저민 그레이엄(Benjamin Graham, 1894년~1976년)의 말이다. 자신만의 확고한 투자 철학, 경험, 공부만이 성공 투자의 지름길이다.

9. 실수를 되풀이하지 마라

투자는 장기 레이스다. 제레미 시겔(Jeremy Siegel, 『Stocks for the Long Run』 저자) 펜실베이니아대 와튼스쿨 교수는 "주식은 장기적으로 최고의 투자 수단이며, GDP 성장률 이상의 수익을 분명히 얻을 수 있다."라고 하였다. 그리고 신이 아닌 다음에야 모든 게임에서 다 이길 수는 없다. 야구에서 최고의 타자도 3할이면 족하고, 투자도 크게 잃지 않는 가운데 10번 중 두세 번의 승률이면 성공이다. 다만, 몇 번의 투자 실패에서도 자신의 잘못에서 또 하나 배우면 된다. 대부분의 사람은 과거 자신의 실수를 되풀이하고 때로는 합리화하기도 한다. 즉, 시장 탓, 남 탓을 하며 때로는 『이솝 우화』에 나오는 '신 포도 (Sour Grapes)' 이야기처럼 말하기도 한다.

10. 투자를 즐겨라

인생의 목표는 행복이다. 투자의 목적도 잘 먹고 잘 살기 위해서다. 잘 산다는 건 즐거운 인생이라고 할 수 있다. 하는 일이 좋아야 즐겁고, 즐거워야 오랫동안 열정적으로 할 수 있으며, 열정적이어야 성과가 나온다. 2500여 년 전의 공자(孔子)는 "知之者 不如好之者 好之者 不如樂之者(아는 사람은 좋아하는 사람만 못하고, 좋아하는 사람은 즐기는 사람만 못하다)."(論語, 雍也篇)라고 했다. 또한, "知者不惑 仁者不憂 勇者不懼(아는 사람은 미혹되지 않고, 어진 사람은 근심하지 않고, 용감한 사람은 두려워하지 않는다)."(論語, 子罕篇)라고 했다. 투자는 중국 고전에서도 조언을 구할 수 있다. 그리고 주식은 사고파는 대상이 아니라 틈날 때마다 사 모으는 것이다. 1997년의 IMF 외환 위기 당시 저자가 삼성동에서 근무할 때 한 할머니가 삼성전자 주식(@ 30,000원) 1억 원어치(3,333주)를 손자에게 상속 목적으로 구입한다는 말이 무슨 말인지 살아오면서 깨달은 뒤로 저자는 지금도 꾸준히 삼성전자 주식을 사모으고 있다. 그 할머니나 손자가 지금껏 주식을 가지고 있다면 배당금을 제외하고도 70억 원이 되어 있을 것이다. 참고로, 삼성전자 주가 흐름을 보면 다음과 같다. 1975년 6월 11일 액면가 5,000원으로 상장, 이건희 회장의 신경영 선언 해인 1992년 6월 3,500원, 1998년 3만 원대, 2000년 30만 원, 2004년 50만 원, 2011년 100만 원, 2013년 150만 원, 2016년 180만 원, 2017년 11월 2일에는 2,876,000원으로 사상 최고치를 기록했다. 2018년 5월에는 50:1(@ 5,000원→@ 100원)로 액면 분할 후 2019년 10월 말에는 5만 원 선을 넘어서고 있다. 그리고 2019년 12월에는 55,000원으로 액면 분할 전 가격으로 보면 275만 원 상당이며, 사상 최고치에 육박하고 있다. 자녀에게도 주식 투자를 하지 말라고 하면 안 된다. 주식도 여러 투자 방법 중의 하나다. 대통령마다 공약으로 임기 동안의 주가를 들먹였다. 지금 정부도 코스피 3,000선을 언급하였다. 주식 시장에서 성공하기 위해서는 실력도 있어야 하고, 냉정한 판단도 해야 하며, 운도 따라줘야 한다. 하지만, 자기 내부에 도사리고 있는 허영심을 절제하지 못하면 어떤 성공도 붙잡을 수 없다.

〈역대 정부의 취임 초 대비(對比) 임기 말 코스피 지수 상승률〉

대통령(임기)	코스피 지수 상승률(%)	비고
노무현 정부 (2002년~2007년)	183.7	중국 경제 호황
이명박 정부 (2007년~2012년)	19.7	2008년 글로벌 금융 위기
김대중 정부 (1997년~2002년)	14.1	외환 위기 극복
박근혜 정부 (2012년~2017년)	3.9	박스피(1,800~2,200)
김영삼 정부 (1992년~1997년)	-19.6	IMF 외환 위기
문재인 정부 (2017년 5월 10일~)	2270.12(코스피 지수)	취임 당일 주가지수

제6장

채권 시장 및 M&A 시장

★ 베트남 채권 시장 현황

채권 시장은 국채, 지방채, 금융채, 회사채 등이 주로 거래되는 금융 시장이다. 국채와 지방채는 정부채이며, 금융채는 금융 기관이 발행하고, 회사채는 순수한 회사채와 더불어 전환사채(CB), 신주인수권부사채(BW) 등이다. 사채(私債)는 공적인 금융 기관이 아닌 사적인 개인(법인) 간의 채권 채무 관계에서 발생한 채권을 일컫는다. 채권 시장은 크게 발행 시장과 유통 시장으로 나뉜다. 발행 시장(Primary Market)은 채권 발행 주체가 최초로 채권을 발행하고 발행자가 이를 매수함으로써 자본의 수요자인 발행 주체, 즉 정부, 지방자치단체, 금융 기관, 기업에 의하여 신규로 발행된 채권이 일반 투자자 또는 기관 투자자에게 매각됨으로써 자본이 투자자로부터 발행 주체에게 이전되는 일체의 과정을 포함하는 시장을 말한다. 유통 시장(Secondary Market)은 이미 발행된 채권이 투자자들 사이에서 매매되는 2차적 시장을 말하며, 거래소 시장(Brockerage Market)과 장외 시장(OTC)이 있다.

글로벌 채권 시장의 최근 화두는 나라를 불문하고 전방위 정책 금리 인하와 유동성 강화다. 제로 금리를 넘어서 마이너스 금리로까지 현실화되고 있다. 은행에 돈을 예금으로 맡기면서 사용료(보관료)까지 내야 하는 세상이다. 풍부한 유동성을 바탕으로 글로벌 자금 공급이 늘어나면서 정책 금리는 인하 양상이나 개별 시장에서 금리는 오히려 오르는 부조화 현상도 나타나고 있다. 특히 한국계 채권물이 심하다. 미국과 한국의 기준 금리는 미국이 1.75%, 한국이 1.25%이나 국고채 5년물과 10년물 기준으로 한국이 미국 국채보다 수익률이 더 높게 나타나고 있다. 이른바 장단기 금리 역전 현상이다. 문재인 정부의 확대 재정 정책으로 수급에 불균형이 생겼으며, 경기 상황과 기업들이 어려워지면서 채권 시장에서 투자할 만한 회사채가 없는 것도 크게 영향을 미쳤다. 회사채 발행 시장에서 우량 기업들도 완판은커녕 절반에도 못 미친다. 국내 금융 시장에서 위험 자산 선호 심리로 채권 시장보다 주식 시장을 선호하는 심리도 크게 작용하고 있다.

베트남 채권 시장도 별반 다르지 않다. 베트남 채권 시장은 국제신용평가기관들의 국가 신용 등급이 투기 등급에 머물러 국채, 지방채, 금융채, 회사채 모두 발행 시장과 유통 시장 할 것 없이 활성화되지 못하고 있다. 최근에는 역설적으로 부실 채권(NPL) 시장이 조금씩 살아나는 분위기다. 채권 시장 규모는 560억 달러 상당으로 GDP의 25%를 차지한다. 국채가 전체 채권 시장의 90% 가까이 되며, 회사채는 50억 달러 규모다. 채권 수익률은 전체 채권 시장에서 90% 이상을 차지하는 국채가 5% 내외, 회사채 금리는 10% 안팎으로 일반 은행의 저축 금리보다 두 배가량 높다. 기간물은 1~3년물 단기 채권 위주로 거래되나 년 단위로 1, 2, 3, 5, 7, 10, 15, 20, 25년물까지 다양하다. GDP 대비 주식 시장 시가 총액 70%, 채권 시장 규모는 25% 안팎 그리고 파생상품시장도 확대일로다. 베트남 채권 시장을 주도하는 것은 여전히 국채이나 회사채 시장이 급증하는 추세다. 베트남 기업들의 주요 자금 조달 창구가 주식, 채권, 대출, 외국인 투자, M&A 등인데 가장 손쉬운 방법 중의 하나가 채권 발행이다. 시중 유동성은 정부 정책에 따라서 좌우되는 양상이며 신용 증가율 및 M2 증가율 모두 20% 이내에서 관리하고 있다.

2008년 글로벌 금융 위기의 해결책으로 대두되었던 4조 달러 규모의 양적 완화(QE) 회수 정책이 종료되고 미국의 고금리 정책도 막을 내리면서 채권 시장도 안정을 되찾고 있다. 참고로, 채권은 금리 하락이 채권 수익률 상승 구조로 역의 상관관계다. 즉, 금리가 내리면 채권에서 이익이 나는 상품 구조다. 해외 직접 투자(FDI)가 꾸준히 늘어나면서 시장 유동성도 풍부한 상황이다. 경상 수지도 2017년 64억 달러, 2018년 130억 달러, 2019년 180억 달러(예상) 흑자 기조가 이어지면서 유동성 강화에 무게가 실리고 있다. 대외적으로는 베트남도 글로벌 금리 인상 기조에서 벗어나 금리 하향 안정으로 채권 시장도 살아나고 있다. 2019년 초만 해도 25억 달러 규모의 회사채가 발행되었으며, 이 중에서 부동산 및 건설 관련 채권이 7억 달러에 이른다. 2020년 바젤II 시행에 따른 자기자본확충에 비상이 걸린 은행 대출 제한으로 채권 시장으로 자금 조달 창구가 몰리는 상황이 나타나고 있다. 발행 금리도 10~15%로 비교적 높은 편이다. 국가 전체로도 그렇지만 신용도 낮은 무담보 회사 채권이나 과열된 부동산 개발 회사들의 채권은 투자에 신중을 기해야 한다.

베트남 기업들의 주요 자금 조달 창구가 주식 시장, 채권 시장, 금융 기관 대출, 외국인 투자, M&A 등인데 가장 손쉬운 방법 중의 하나가 채권 발행이다. 10% 안팎의 고금리 통화인 베트남 동화(VND)에 대한 캐리 수요(저금리 통화를 빌려서 고금리 통화에 투자)도 늘어날 것으로 보인다. 금융 당국인 베트남 중앙은행(SBV)의 연간 1% 내외의 안정적인 환율 관리도 매력을 더하고 있다. 국가 신용 등급 상향 전망에 따른 금리 인하 가능성은 채권 수익률을 높일 요소로 기대된다. 따라서, 이런 재료들을 감안하면 다른 시장 못지않게 베트남 채권 시장의 성장 가능성은 그만큼 높다고 하겠다. 한국 채권 시장을 기준으로 채권 투자의 흐름은 다음과 같다.

〈채권 투자 흐름도(한국 기준)〉

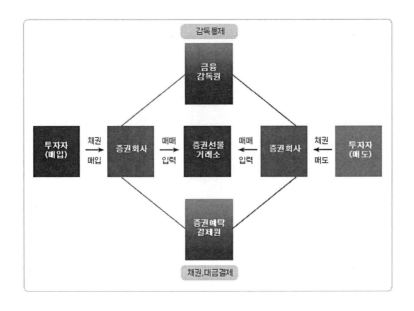

★ 영리한 채권 시장 투자

채권 시장은 상품의 특성상 주식 시장보다는 투자 호흡이 대체로 길다. 따라서, 주식을 대표적인 위험 자산으로 분류하면서 채권을 그 대체 상품으로 인식한다. 원금 보장성이나 변동성 면에서도 주식보단 리스크가 작은 게 사실이다. 그래서 장기 투자자는 채권 시장을 선호하는데, 실은 꼭 그런 것만도 아니라는 것을 역사가 증명한다. 몇 차례의 금융 위기 상황에서 국가가 지급을 보장하는 국채가 휴짓조각으로 변하는 모라토리엄 상황도 봤다. 남부 유럽과 남미 몇몇 국가의 국채는 정치적인 이유로 '선택적 디폴트' 상황을 만들어 채권을 무용지물로 만든 경우도 허다했다. 채권을 기반으로 만들어진 파생상품이 잘못되어 원본에 손상을 입히는 이른바 '꼬리가 몸통을 흔드는 왝도덕(The Tails Wags the Dog) 현상'을 무수히 경험했다. 채권은 금리 변동에 따라서 이익을 보는 구조이나 절대 금리가 낮은 상황에서 일방적인 금리 하락기에는 투자하기에 좀 애매한 것이 사실이다. 금리 하락이 지속된다면 채권을 사서 보유하고 있으면 되겠으나, 지금의 금리 하락은 유동성이 풍부해서라기보다는 마땅한 투자처가 없는 상황에서 경기가 나빠지면서 나타나는 'R의 공포'가 엄습하는 모습이다. 급하게 떨어진 만큼 반대의 상황이 되면 급격히 오를 수도 있다. 크게 떨어지면 크게 튀어 오른다는 '바운스 효과'다. 채권 시장의 리스크를 말하는 것이다.

이런 것들을 감안하면 국채 금리 5%대 회사채 금리 10% 안팎으로 절대 금리가 낮지 않은 베트남 채권 시장은 매력이 있다. 국가 신용 등급도 지금은 투기 등급인 만큼, 특별한 경우가 아니라면 투자 적격 등급으로의 상향은 시간문제로 보인다. 베트남 금융 시장도 시간을 거듭하면서 주식과 채권의 성격을 동시에 지닌 전환사채(CB), 신주인수권부사채(BW) 등의 메자닌(1층과 2층 사이의 테라스 형태 중간층을 말함) 상품도 많아서 투자의 다양성도 갖춰 가고 있다. 처음에는 국채 위주로 거래하고, 회사채 시장으로 보폭을 넓혀 갈 필요가 있다. 터무니없는 고금리(높은 수익률)를 제시하거나, 기업 투명성이 약한 경우, 취약한 재무 구조, 불분명한 자금 용도, 과도한 부동산 투자 등의 회사채는 유의해야 한다. 그리고 혹시라도 어려운 시장 상황이 온다면 바로 그때가 투자하기에 적격이라는 금융 시장의 불문율도 잊지 말자. 어차피 투자는 시장이 아니고 시간과의 싸움이다. 세상의 바보는 시장을 이기려 드는 경우이고, 시장의 실패는 시장을 좌지우지할 수 있다는 교만에서 비롯된다. 역사적으로, 1776년경에 『국부론(The

Wealth of Nations)』에서 A. 스미스가 정의한, "가격은 시장이 결정하고, 자본주의는 자유시장경쟁을 존중하면서, 개개인의 부가 증대함에 따라 국가의 부도 덩달아 늘어난다."라는 논리는 지금도 크게 달라지지 않았다. 채권 투자는 주식과 채권의 적절한 포트폴리오 차원에서도 반드시 필요하다.

★ 미국과 한국 기준 금리 역전 의미와 이것이 국제 금융 시장에 미치는 영향

2019년 10월, 국제 금융 시장이 예상한 대로 미국 연준(FED) 공개시장위원회(FOMC)와 한국은행(BOK) 금융통화위원회가 각각 기준 금리를 내리면서 시장과 컨센서스를 맞췄다. 향후 추가 인하 가능성까지 언급하면서 시장은 민감하게 반응하고 있다. 기준 금리 인하로 미국이 1.75%, 한국이 1.25%가 되었다. 그러나 장기물인 국고채 5년물과 10년물을 기준으로 한국이 미국 국채보다 수익률이 더 높게 나타나고 있다. 이른바 장단기 금리 역전 현상이다. 이유는 앞에서 언급한 대로다. 역사적으로 한국의 금리가 미국보다 대체로 높았다. 그러던 것이 2017년 말 즈음에는 한국 1.25% 대 미국 1.50%로 역전되더니 이것이 추세로 굳어졌다. 참고로, 한국과 미국의 기준 금리가 같았던 시기는 2017년 6월(1.25%), 1999년 6월(4.75%), 2005년 6월(3.25%) 등 세 차례다. 그리고 미국 달러 금리가 한국 원화 금리보다 높았던 금리 역전 시기는 1999년 6월~2001년 3월, 2005년 6월~2007년 8월, 2017년 12월~2019년 12월 현재 등 역시 세 차례다. 일반적으로 해외 투자 자금은 저금리 통화 국가에서 고금리 통화 국가로 옮겨가는 게 일반적이다. 이를 캐리 트레이드(Carry Trade)라고 한다. 하지만, 세 차례 한-미 간의 금리 역전 기간 동안 코스피 지수는 각각 5%, 11%, 2%씩 상승하였다. 이처럼 금융 시장은 경제적인 논리를 벗어나는 경우도 종종 있다.

한국과 미국의 동시 금리 인하는 여러 가지 이유가 있겠지만, 가장 큰 이유는 미국 경제를 포함한 글로벌 경기 침체에 있다. 또 하나로는 2020년 한국은 국회의원 총선거, 미국은 대통령 선거를 앞두고 있다는 것을 꼽을 수 있다. 미국은 소비, 소비자신뢰지수, 고용, 설비 투자, 수출 등이 악화되는 데도 뉴욕 증시에서 다우, 나스닥, S&P 500 등이 연일 사상 최고치를 돌파하는 등 향후 미국 경기 상승 모멘텀을 맞고 있다. 반면에 한국은 대내외 악재에 전방위적으로 경제 악화 일로다. 주요국 중앙은행이 금리 정책에 있어서 가장 중시하는 지표인 물가 하락, 즉 리세션 우려도 한몫했다. 소위, 전 세계를 엄습하고 있는 'R의 공포'다. 그리고 가장 근본적인 이유는 금리가 경제 상황에 따라서 오를 수도, 내릴 수도 있음을 상기시킴과 동시에 사전적으로 금리 인상이 필요한 시점에 대비한 정책으로도 보인다. 미 연준은 2019년 세 차례를 포함해서 2020년 말까지 연방기금금리 1.0%를 타깃으로 하고 있다. 2009년 3월 양적 완화(QE1) 개시 이후, 2011년 11월(QE2)과 2014년 1월(QE3) 등 총 세 차례의 QE 이후 2014년 10월경에는 QE 종료 선언과 더불어 본격적인 통화 긴축 기조를 유지하고 있었다. 하지만, 글로벌 경기 침체 현상이 나타나자 또다시 유동성 공급 강화로의 정책 스탠스 변화도 감지된다.

이런 미국과 비교해서, 우리나라는 2016년 6월 이후 기준 금리 1.25%에서 이러지도, 저러지도 못하다가 2018년 11월경에 1.75%로 한 차례 올리더니 이내 금리 인하로 돌아섰다. 이는 금리 정책이 굼 뜬 것도 이유지만, 통화 정책이 정치권(청와대)에 휘둘렸기 때문이다.

영리한 베트남 투자

1,500조 원에 이르는 과도한 가계 부채를 감안하면 금리를 올려야 하지만, 경기 반등에 대한 불확실성을 감안하면 금리 동결이 대세인 상황에서 정책 선택지가 많지 않았다. 거기다 대통령 탄핵 등 정국 혼란 속에서 자신감 있고 선제적인 금리 정책에 실기한 측면도 다분히 있어 보인다.

한편, 미 연준의 금리 인하는 예고됐던 재료이고, 과거에는 역전됐던 시기도 있었으며, 상황에 따라서는 금통위도 금리 인하에 나설 수 있다는 시그널을 시장에 보내고 있는 상황으로 우리 금융 시장에 미친 영향은 아직은 미미하다. 하지만, 외국인 투자자들의 주식, 외환, 채권, 부동산, FDI 자금 등의 움직임을 예의 주시할 필요는 있다. 참고로, 한-미 양국의 정책 금리 결정은 한국은 한국은행 금융통화위원회에서 그리고 미국은 미 연준(FRB) 공개시장위원회(FOMC)에서 1년에 각각 8차례 회의가 열려서 결정된다.

사실, 현재도 2008년의 글로벌 금융 위기는 끝난 게 아니고 그 여파로 글로벌 경기 침체의 늪을 완전하게 벗어나지 못하고 있는 상황이다. 중국, 러시아, 브라질, 인도, 인도네시아, 남아공 등의 신흥국들은 GDP 성장 둔화, 외국인 투자 자금 유출, 증시와 환율 급등락, 국가 간의 이해 충돌로 또 다른 위기를 맞고 있는 게 현실이다. 채권 시장에서 뚜렷한 위기 시그널도 나타나고 있다. 장단기 금리 차이가 줄어들거나 역전 현상이 자주 일어나고 있다. 이른바, 'R의 공포', 글로벌 리세션 우려 속에서 장기 침체를 두려워하고 있다.

★ 한국, 미국, 일본, 유럽, 중국 등 주요국 정책 금리 변동 추이

〈한국은행 금융통화위원회 기준 금리(Basic Rate)〉

* 2020년 금통위 일정: 1/17, 2/27, 4/9, 5/28, 7/16, 8/27, 10/14, 11/26.

1997년 12월	1998년 12월	1999년 12월	2000년 12월	2001년 12월	2002년 12월
13.50	15.00	5.00	5.50	5.00	4.25
2003년 12월	2004년 12월	2005년 10월	2005년 12월	2006년 2월	2006년 6월
4.00	3.25	3.50	3.75	4.00	4.25
2006년 8월	2007년 7월	2007년 8월	2008년 8월	2008년 10월	2008년 10월
4.50	4.75	5.00	5.25	5.00	4.25
2008년 11월	2008년 12월	2009년 1월	2009년 2월	2010년 7월	2010년 11월
4.00	3.00	2.50	2.00	2.25	2.50
2011년 1월	2011년 3월	2011년 6월	2012년 7월	2012년 10월	2013년 5월
2.75	3.00	3.25	3.00	2.75	2.50
2014년 8월	2014년 10월	2015년 3월	2015년 6월	2016년 6월	2017년 11월
2.25	2.00	1.75	1.50	1.25	1.50
2018년 11월	2019년 7월	2019년 10월			
1.75	1.50	1.25			

영리한 베트남 투자

〈미국 연방기금금리(Federal Funds Rate)〉

* 2020년 FOMC 일정: 1/28, 3/17, 4/28, 6/9, 7/28, 9/15, 11/4, 12/15.

1990년 12월	1991년 12월	1992년 12월	1994년 12월	1995년 12월	1996년 12월
7.00	4.00	3.00	5.50	5.50	5.25
1997년 12월	1998년 12월	1999년 12월	2000년 12월	2001년 12월	2002년 12월
5.50	4.75	5.50	6.50	1.75	1.25
2003년 12월	2004년 6월	2004년 8월	2004년 9월	2004년 11월	2004년 12월
1.00	1.25	1.50	1.75	2.00	2.25
2005년 2월	2005년 3월	2005년 5월	2005년 6월	2005년 8월	2005년 9월
2.50	2.75	3.00	3.25	3.50	3.75
2005년 11월	2005년 12월	2006년 1월	2006년 3월	2006년 5월	2006년 6월
4.00	4.25	4.50	4.75	5.00	5.25
2007년 9월	2007년 10월	2007년 12월	2008년 1월	2008년 1월	2008년 3월
4.75	4.50	4.25	3.50	3.00	2.25
2008년 4월	2008년 10월	2008년 10월	2008년 12월	2015년 12월	2016년 12월
2.00	1.50	1.00	0.25	0.50	0.75
2017년 3월	2017년 6월	2017년 12월	2018년 3월	2018년 6월	2018년 9월
1.00	1.25	1.50	1.75	2.00	2.25
2018년 12월	2019년 7월	2019년 9월	2019년 10월		
2.50	2.25	2.00	1.75		

〈일본 무담보콜금리(Overnight Call Rate)〉

1990년 8월	1991년 12월	1992년 7월	1993년 9월	1995년 9월	2001년 12월
6.00	4.50	3.25	1.75	0.50	0.00

2006년 7월	2007년 2월	2008년 10월	2008년 12월	2016년 1월	
0.25	0.50	0.30	0.10	-0.10	

〈싱가포르 은행 간 금리(SIBOR 12M)〉

2001년 12월	2002년 12월	2003년 12월	2004년 12월	2005년 12월	2006년 3월
1.88	1.38	1.15	2.56	4.54	5.01

2006년 6월	2006년 9월	2006년 12월	2007년 1월	2009년 12월	2018년 8월
5.48	5.37	5.36	5.31	0.25	1.95

〈홍콩 은행 간 금리(HIBOR 12M)〉

2001년 12월	2002년 12월	2003년 12월	2004년 12월	2005년 12월	2006년 3월
2.067	1.498	0.152	0.346	4.232	4.440

2006년 6월	2006년 9월	2006년 12월	2007년 1월	2008년 10월	2008년 12월
4.563	4.211	3.904	3.904	1.500	0.500

2015년 12월	2018년 9월				
0.750	2.500				

영리한 베트남 투자

● 기타 주요 국가별 정책 금리(%)

유로 기준 금리(2016년 3월): 0.00, 영국 공정 금리(2018년 8월): 0.75, 스위스(2019년 9월): -0.75, 스웨덴(2015년 12월): -0.50, 러시아(2018년 8월): 7.50, 헝가리(2016년 3월): -0.05, 체코(2018년 9월): 1.50, 터키(2018년 9월): 24.00, 캐나다(2018년 10월): 1.75, 브라질(2019년 9월): 5.50, 멕시코(2018년 8월): 7.75, 아르헨티나(2018년 8월): 60.00, 호주(2016년 5월): 1.75, 뉴질랜드(2019년 8월): 1.00, 중국(2015년 6월): 4.85(기준 금리인 1년물 대출 금리, 예금 금리는 2.00), 3.00(1년물 정기 예금 금리), 대만(2010년 9월): 1.50, 인도(2019년 8월): 5.40, 파키스탄(2018년 8월): 7.50, 인도네시아(2019년 9월): 5.25, 태국(2019년 8월): 1.50, 필리핀(2018년 9월): 4.50, 말레이시아(2008년 11월): 3.25, 북한(2011년 2월): 5.40.

● 베트남 정책 금리(2019년 12월 기준, %)

기준 금리 6.00, 리파이넌스 6.00, 디스카운트 4.25, 은행 간 대출 7.00, 정기 예금 1~12개월 6.00~9.00, 달러 예금 개인·법인 0.00, 농어촌·수출 등 특수 분야 대출 금리 상한 6.00, 지준율 0.80%

★ 베트남 중앙은행의 금리 정책

베트남 중앙은행(The State Bank of Vietnam)도 글로벌 금리 인하에 동조하는 모습이다. 글로벌 경기 침체에도 불구하고 몰려드는 해외 직접 투자 자금(FDI)으로 유동성이 풍부해지면서 금리를 내릴 요인들이 많아졌다. 소비자물가지수(CPI)도 1% 내외로 대체로 안정세를 보이는 등 금리 정책에 한결 수월한 상황이다. 이에 따라 베트남은 안정적인 금리 정책을 통하여 탄탄한 경제 구축에 총력을 기울이고 있다. 중앙은행의 대표적인 정책 수단인 금리 인하를 매번, 그것도 다른 나라에서는 유례를 찾아보기도 힘든 만큼의 큰 폭인 1% 포인트씩 과거에 전격적으로 내렸었다. 베트남 중앙은행은 수출입환어음 재할인 등에 주로 이용되는 리파이넌스 금리와 단기 콜 자금인 은행 간 오버나이트 금리, 재할인 금리, 베트남 동화 정기 예금 금리, 정부 정책, 농업, 수출, 중소기업 대상 일부 산업에 대해선 최고 대출 금리를 제한하는 것 등을 통하여 정부의 금리 정책에 변화를 주고 있다.

미국과 중국 간의 무역 전쟁, 브렉시트 등 유로존 위기, 미국의 환율 및 관세 등 통상 압박 등으로 베트남이 긴장하고 있다. 우리나라와 마찬가지로 수출로 먹고사는 베트남 경제도 외부의 어려움에 가장 취약함을 드러내고 있다. 베트남 주식, 채권, 외환, 원자재 상품, 부동산 시장 등은 크게 동요가 없는 상황이나 전반적으로 안심할 단계는 아니다. 과도한 부채, 열악한 사회 간접자본, 금융 기관 건전성, 공기업 부실 등은 골칫거리다. 일반적으로 중앙은행은 물가와 성장 사이에서 적절한 균형 정책을 취하게 되는데 베트남 중앙은행도 최근 물가 안정을 바탕으로 지나치게 높은 금리에 손을 대기 시작했다. 일련의 금리 인하 조치로 증가일로에 있는 기업 파산을 줄이고, 베트남의 골칫거리라 할 수 있는 주택 미분양 해소에도 상당한 도움을 줄 것으로 기대된다. 또한, 금리 인하는 자국 통화의 약세 요인이 되면서 동시에 환율 상승효과도 기대돼 수출에는 우호적인 환경이다. 그러나 기업 파산이 고금리 구조보다는 매출 감소 영향이 더 크고, 주택도 전반적인 소득 약화에 그 원인이 있으며, 환율 상승이 그동안 줄기차

영리한 베트남 투자

게 이어져 왔으나 베트남에서 딱히 수출 호재인 것만도 아니다.

향후 금리 전망은 베트남 중앙은행의 정책대로 금리 한 자릿수, 즉 10% 이하 유지가 예상된다. 향후 몇 차례 더 금리 인하를 예상해 볼 수도 있으나, 저금리로 금융 기관 예금이 줄면서 가뜩이나 금융 구조 조정 등으로 어려움을 겪고 있는 은행들의 유동성 문제가 불거질 수 있고, 수익성이 악화될 수 있으며, 고질적인 인플레이션이 되살아날 수도 있다. 2020년부터 전격적으로 시행 예정인 은행권 자기자본 확충을 골자로 하는 바젤Ⅱ도 도입해야 하는 만큼, 금리 정책의 묘수가 필요하다. 베트남 정부의 강력한 금리 인하 정책에도 불구하고 금융 기관들의 장기 예금의 경우에는 고금리 관행이 여전하다. 대출도 기준 금리만 낮아졌을 뿐, 자금이 기업으로 본격적으로 흘러들지 않으면서 기업들의 어려움도 여전한 것으로 보고 있다.

★ 베트남 M&A 시장

베트남 M&A 시장은 주로 기업법 및 투자법에 근거한다. 베트남도 금융 시장 개방의 역사가 1988년을 기점으로 30년을 넘어서면서 인수·합병 시장이 떠오르고 있다. M&A 시장의 규모는 연간 100억 달러를 넘나든다. 호치민 및 하노이 양대 주식 시장 시가 총액이 1,400억 달러이니 M&A도 상당한 시장 규모라 할 수 있다. 2019년 7월 '베트남 M&A 포럼(MAF)'에 따르면, 2018년의 M&A 규모는 76억 달러에 이른다. 이 중에서 한국 기업의 베트남 기업 지분 인수 규모는 22억 달러로 1위다. 한국이 베트남에서 제1위 투자국의 반열에 오른 핵심이다. 금융, 기술, 부동산, 소비재 등으로 업종도 다양하다. 주요 인수·합병 사례는 한화자산운용의 베트남 주식 시장 시가 총액 1위 기업인 빈 그룹 지분 4억 달러 인수, SK 그룹의 베트남 민간 기업인 마산그룹의 지분 9.5%인 4억 7천만 달러가 있다. 2019년은 SK 그룹의 빈 그룹 지분 6.15% 10억 달러와 KEB하나은행의 베트남 국영상업은행 BIDV 지분 15%인 8억 8,500만 달러 등이 있다. 2010년대 초부터 신한베트남은행의 비엣콤뱅크 지분 인수를 시작으로 금융권 지분 인수를 통한 몸집 불리기도 줄을 잇고 있다. 전형적인 라이선스 비즈니스인 베트남에서 금융 기관 진출은 법인이나 지점으로 인가받는 데 어려움을 겪자 지분 참여를 통해 수익 확보에 나선 영향이 크다. 베트남 정부도 금융 기관 구조 조정 차원에서 자국 은행 매각의 한 방법으로 외국계 금융권의 지분 참여를 바라고 있다. M&A 시장 참여는 한국에 이어서 싱가포르, 홍콩, 태국, 일본 등이 뒤를 잇고 있다. 투기 등급인 국가 신용도 문제 등으로 제조업 투자와 마찬가지로 유럽이나 미국계 자본은 많아 보이지 않는다. 2019년 상반기도 인수·합병 규모가 55억 달러에 이르며, 연간으로는 100억 달러를 훌쩍 넘어설 전망이다. M&A 산업별 비중도 소비재, 리테일, 제조업, 부동산, 금융, 소재, 헬스, 엔터테인먼트, 제약, 건설 등 다양하다.

베트남에서의 M&A 절차는 크게 사전준비단계(시장조사, 사업성 검토, 자금 조달 방법 수립)-협상[의사록, 의향서(LOI), 양해각서(MOU), 위임장 작성]-실사[실사(Due Diligence), 법률 실사, 지적재산권 심사]-계약(지분 및 자산 인수, 합작 계약서, 라이선스 계약서 작성)-행정 절차[인수 대금 지급, 투자 등록증(IRC), 기업 등록증(ERC)]-후속 절차[변경 사항 공고, 토지 사용권 증서(LURC) 변경, 인감 변경, 라이선스 변경] 순으로 이어진다. M&A 시 제약 조건은 법령 미비, 행정 절차 복잡, 정보 부재, 이중장부, 복잡한 지배 구조, 회계 부실, 우발 채무 가능성 등이다. 참고로, 베트남에서 일반 법인 신설 투자 절차는 다음과 같다. 한국 투자자와 공단이 가

계약(MOU)-투자 등록증(IRC) 발급-기업 등록증(ERC) 발급-법인 설립-신규 설립된 베트남 법인과 공단 사이에 정식 계약 체결-법인 인감 등록-토지 사용권 증서(LURC) 신청·발급 등이다. 베트남 법인 설립 이전에 현지 은행의 역외 계좌 개설 절차는 다음과 같다. 사업자 등록증 사본, 법인 등기부 등본, 정관 사본, 법인인감증명서, 현지 예금 업무를 위임받은 자의 여권 및 신분증 사본, 법인 대표의 신분증 사본 등의 공증 서류로 역외 계좌를 개설한다.

배당 관련 세금 제도는 다음과 같다. 법인이 배당을 하는 경우 개인 주주(거주자 및 비거주자 동일)에 대하여는 배당액의 5%, 주주가 법인(외국 법인 및 내국 법인 동일)인 경우에는 이중과세 방지를 위해서 비과세다. 법인의 개인 주주(거주자 및 비거주자 동일)가 베트남 소재 부동산 법인의 지분 매각 시 양도 가액의 0.1%를 양도세로 납부하여야 한다. 베트남 개인 거주자가 유한책임회사의 법인출자금 양도 시에는 양도 차익의 20%가 과세된다. 비거주자는 양수자가 양도자를 대신하여 지급한다.

베트남 M&A 시장은 지금까지의 제조업 중심의 해외 직접 투자 유치에서 인수·합병 시장으로 급속도로 패턴이 바뀔 전망이다. 베트남에서 제조업 부문은 성숙기에 들어섰으며 외투 기업에 대한 개방의 역사도 30년이 넘어서면서 오너십과 경영진의 세대교체도 본격적으로 도래하는 시기다. 덩달아서 기업 자체의 매매도 활성화될 것이다. 가장 기대되는 것은 투기 등급 수준의 국가 신용 등급으로 인해 미국이나 유럽 자금이 아직 본격적으로 베트남에 진출하지 않았다는 사실이다. 따라서 국가 신용 등급 투자 적격이 되면 국제 금융 시장 바운더리 내에서 탄탄한 제조업을 바탕으로 한 금융도 정상화되면서 이들 나라가 M&A 시장을 이끌 것으로 보인다. 인수·합병 시장은 근본적으로 국제 금융이 주도하기 때문이다.

★ 영리한 M&A 시장 투자

베트남 해외 투자도 개방의 역사가 30년을 넘어서면서 세대교체 주기가 돌아왔다. 아버지 대에서 자식으로 경영권이 넘어가고, 전문 경영인 제도도 속속 도입되고 있으며, 무엇보다 산업의 패러다임이 바뀌고 있다. 따라서, 가장 활발한 시장이 바로 기업 인수·합병 시장이다. 베트남은 외국인 투자가 활발하면서 세대별 또는 동종 업종뿐만 아니라 국가 간에도 기업의 M&A가 일반적이다. 특히, 미국과 중국 간의 무역 전쟁 회피 목적으로 중국 기업들의 본격적인 베트남 진출로 인해 공포감을 느낄 정도의 분위기에 인수·합병 시장이 달아오르고 있다. 패널티성 고율 관세 회피를 위한 우회 수출이 목적인데, 베트남 정부도 이를 가려내는 데 안간힘을 쏟고 있다. 사실 국적을 불문하고 중국 기업들과의 글로벌 경쟁에서는 이기기가 쉽지 않다. 따라서, 베트남 정부는 무분별한 중국 기업의 베트남 진출을 경계하는 모습이 역력하다. 그러나 대만, 홍콩, 싱가포르나 영국, 미국계 화교 자본이 우회해서 들어오는 경우도 많아서 이를 가려내는 데는 한계가 있다. 자본과 기술 거기다 마케팅 능력까지 두루 갖춘 중국 기업들의 타겟팅은 막힘이 없다. 향후 법인 신설보다는 M&A를 통한 기업 지배가 늘어날 것으로 보여 베트남 인수·합병 시장도 더욱 활기를 띨 전망이다. 한국 재벌 기업들의 베트남 시가 총액 상위 기업들의 지분 인수와 금융 기관들의 지분 인수 경쟁이 이를 뒷받침하고 있다. 기업 분석 능력과 회계 투명성 등이 M&A 시장에서 기본인 것은 간과하지 말아야 한다. 자기 자금 없이 차입금으로 인수한 뒤 회계 분식, 허위 정보, 부정 거래를 통해 나오는 매물 등 무자본 M&A 거래는 특히 유의해야 한다. 그리고 무엇보다 좋은 물건을 싸게 사서

비싸게 팔아야 하는 거래의 속성을 인수·합병 시장에서도 적용해야
한다.

〈3대 신용평가사의 신용등급〉

	S & P(21등급)	Moody's(21등급)	Fitch(24등급)
투자적격	AAA AA+ AA AA- A+ A A- BBB+ BBB BBB-	Aaa Aa1 Aa2 Aa3 A1 A2 A3 Baa1 Baa2 Baa3	AAA AA+ AA AA- A+ A A- BBB+ BBB BBB-
투자부적격	BB+ BB BB- B+ B B- CCC+ CCC CCC- CC D	Ba1 Ba2 Ba3 B1 B2 B3 Caa1 Caa2 Caa3 Ca C	BB+ BB BB- B+ B B- CCC+ CCC CCC- CC C DDD DD D

제7장

외환 시장

★ 베트남 외환 시장 현황

베트남 중앙은행(SBV)은 고정 환율 제도인 '페그제'를 통하여 외환 시장에서 연 1% 남짓의 베트남 동화(VND) 절하(환율 상승)를 통한 비교적 안정적인 외환 정책을 구사하고 있다. SBV는 '신축적이고 선제적인 통화 정책'을 모토로 '인플레이션 통제, 거시 경제 안정, 신용 기관 유동성 확보, 합리적인 금리와 환율 관리'를 목표로 한다. 베트남 정부는 2015년부터는 달러화와 동화 간의 기준 환율 고시 제도를 통하여 교역 규모가 큰 8개국 통화들의 '바스켓 관리 변동 환율 제도'를 운용하고 있다. 1997년의 IMF 외환 위기 이전에 우리나라 외환 시장이 운용했던 '복수 통화 바스켓 제도'와 같은 것이다. 베트남과 경제 교류가 많은 8개국 통화 대비 동화의 가치를 산정하여 기준 환율을 고시하고 은행 간 거래 환율은 외환 시장의 수급을 반영하여 ±3% 이내에서 결정하는 구조다. 주요 8개국 통화는 미국 달러화, 유로화, 중국 위안화, 일본 엔화, 싱가포르 달러화, 한국 원화, 타이완 달러화, 태국 바트화 등이다.

농업국에서 제조업 국가로 탈바꿈하는 과정에서 국영 기업 및 은행들의 부실, 부족한 인프라와 낮은 기술력, 과도한 인건비 상승과 세금 부담 증가, 국제투명성기구(TI)의 '2018년 부패 지수'에서 187개국 중 119위 하위 랭킹 선정 등은 베트남 정부가 해결해야 할 과제다. 우선 법인세율을 보면, 홍콩, 싱가포르, 대만 17%, 베트남 22%, 한국, 중국 25%, 일본 25.5%, 독일, 호주 30%, 미국, 인도 35% 수준이다. 이전가격(移轉價格, Transfer Price Tax)도 문제인데, 이는 국제 조세의 일종으로 외국의 특수 관계자(인적 관계, 25% 이상 지분 보유, 보증, 차입, 모회사, 매출액 60% 이상 편중 업체 등)와 비정상 가격 거래로 과세소득

영리한 베트남 투자

왜곡 시 정상 가격에 근거하여 과세하는 것이다. 2016년 9월 공표, 10월 3일 개정, 11월 30일 베트남 총리가 승인하였다. 베트남 공정거래법상 과징금과 경쟁제한법도 외국인 투자 기업에 불리하다.

베트남 외환 시장은 주식이나 채권, 원자재 상품, 부동산, 시장과 대비하여 베트남에서 안정적으로 운영하는 대표적인 정책이다. 1997년의 동아시아 외환 위기와 2008년 글로벌 금융 위기를 제대로 겪지 않았던 베트남 정부치고는 외환 시장을 효율적으로 관리하는 셈이다. 제도나 법도 선진국들을 참고하여 잘 갖추고 있으며, 법 적용도 엄격하게 선제적으로 대처하고 있는 것이다. 물론, 당시에는 베트남이 외국과의 교류나 교역 규모가 크지 않아서 다소 여유가 있었던 것도 사실이다. 외환 정책, 특히 환율이 경제 정책에 있어서 얼마나 중요한지 정확하게 인식하는 베트남 정부다. 그러나 모든 것이 완벽한 것은 아니다. 1달러에 23,000동이 넘는 다섯 자리나 되는 화폐 단위가 문제다. 아세안 10개국 중에선 인도네시아와 함께 다섯 자리로까지 표기해야 하는 통화 단위가 국격 문제로까지 인식되고 있다. 더불어서 화폐 개혁 문제가 대두되면 빠지지 않는 나라가 바로 베트남 동화다. 경제 규모가 비약적으로 커지고 글로벌 스탠다드에 보조를 맞추는 베트남 정부 입장에서는 신경을 안 쓸 수가 없는 부분이기도 하다. 화폐 개혁 얘기는 한국에서도 부지불식간에 나오곤 하는 뜨거운 감자다. 그리고 그 경제적인 파장은 이루 말할 수 없을 정도다. 베트남 동화가 자체적인 경쟁력 통화로 부각되면서 네 자리나 세 자리로 줄어들면 좋겠지만, 현실적으로는 희망 사항에 불과하다. 외투 기업 입장에서는 베트남 동화가 강세(환율 하락)인 것이 이득이다.

● 환리스크 헤지(Hedge) 방안

투자 시 선물환 거래, 옵션 거래, 스왑 거래 등을 통한 환리스크 헤지 전략을 취하거나, 해외 분산 투자(외환, 주식, 채권, 원자재, 부동산, 외국인 직접 투자 등 해당)가 방법이다. 하지만 과도한 헤지가 되지 않도록 적절한 헤지 비율 및 헤지 방법 등을 고려하여야 한다. 선물환 과매도 헤지 문제 및 KIKO 사례 등을 참조해야 한다. 한국은 10년이 넘도록 키코 문제가 해결되지 않는 가운데 금융감독원이 은행의 배상(최고 41%)을 종용하고 있어 논란이 되고 있다. 법적 절차는 끝났음에도 불구하고 거래 당사자들이 끊임없이 이의를 제기하고 있어서다.

〈베트남 외환 시장 동화 환율 변동표(USD/VND)/1992년~2019년 12월〉

* SBV 고시 ±1.0% 이내 은행 자율 고시

USD/VND Exchange Rate	
Date	Index
1992-12-31	11,179
1993-12-31	10,640
1994-12-31	10,978
1995-12-31	11,037
1996-12-31	11,032
1997-12-31	12,292
1998-12-31	13,877
1999-12-31	14,030
2000-12-31	14,516
2001-12-31	15,085
2002-12-31	15,401
2003-12-31	15,108
2004-12-31	15,454
2005-12-31	15,663
2006-06-30	15,747
2006-12-31	15,829
2007-06-30	15,897
2007-12-31	15,944
2008-06-30	16,046
2008-12-31	16,218
2009-06-30	16,480
2009-12-31	16,794
2010-06-30	17,226
2010-12-31	18,932
2011-03-31	20,703
2011-06-30	20,618
2011-12-31	20,828
2012-12-31	20,828
2013-06-30	20,828
2013-12-31	21,036
2014-12-31	21,246
2015-12-31	21,925
2016-12-31	22,370
2017-12-31	22,425
2018-12-31	22,825
2019-12-31	23,155
2020-01-22	23,228

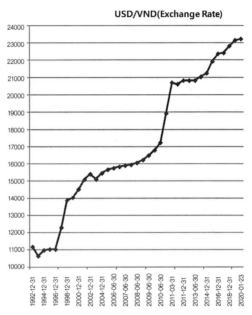

USD/VND(Exchange Rate)

★ 영리한 외환 시장 투자

베트남 법정 통화는 동화(VND)이며, 느슨한 형태의 고정 환율 제도인 복수 통화 바스켓 제도를 운영하고 있다. 환율은 베트남 중앙은행이 철저히 관리하는 구조다. 실물 시장 대비 외환 시장 규모가 작고, 일방적인 달러 선호 사상이 팽배하여 투자 수단으로는 매력이 작다. 외국환 관리 제도도 비교적 엄격하다. 여러모로 외환으로 재미를 보기가 쉽지 않은 상황이나, 장기적인 관점에서 보면 일방적인 환율 상승에서 벗어나 동화가 강세로 전환하면 적잖은 투자 차익도 기대된다. 달러 금리가 제로인 반면에 동화 금리가 워낙 높다 보니 외화를 동화로 환전하여 현지 통화 예금이 유리하다. 물론, 동화 약세가 가팔라지지 않는다는 전제하에 예금 금리가 동화 절하율(환율 상승률)보다는 높다는 가정하에서다. 분산 투자 측면에서 동화를 외화 예금으로 들면서 달러 매수 헤지를 일부 하는 것도 좋으며, 달러화의 대체 상품이라 할 금을 일부 보유하는 것도 한 방법이다. 일방적인 미국 달러화 대신에 일본 엔화나 중국 위안화 유로화 등으로 포지션 조정도 추천한다. 통화도 주식이나 채권처럼 적절히 분산 투자의 한 요소로 인식할 필요가 있다. 돈도 하나의 투자 상품이며, 유동성 지표의 바로미터다.

★ 환율 결정 요소 10가지와 30여 년 동안의 환율 동향 및 최근 환율 전망 그리고 환리스크 헤지 전략

지금은 미디어 매체들이 다양화되면서 텔레비전을 보는 시간이 많이 줄었지만, 예로부터 어느 나라를 막론하고 최고의 오락거리 중의 하나가 TV 시청이었다. 네이버 지식 검색창을 빌리자면, 최초의 실용적인 텔레비전을 만든 사람은 스코틀랜드의 존 로지 베어드로서 1923년에 주사선이 8개인 텔레비전 특허를 얻었고, 1926년에는 송수신기를 선보였으며, 사상 처음으로 영국 BBC에서 사용되었다. 미국에서는 1927년에 벨이 전화선을 이용하여 워싱턴에서 뉴욕으로 미국 최초의 텔레비전 방송을 하였다. 1928년에 베어드는 단파를 이용하여 런던에서 뉴욕으로 첫 대서양 횡단 방송을 성공시켰다. 프랑스에서는 1935년 에펠탑, 미국에서는 1936년 RCA가 뉴욕의 엠파이어스테이트 빌딩에 송신소를 설치하였다. 1953년경에는 미국에 컬러 TV가 보급되기 시작하였다. 우리나라는 1956년에 미국 RCA 사가 출자하여 설립한 HLKZ-TV 방송사가 최초로 흑백텔레비전 방송을 시작하였으며, 1966년에는 금성사(현재의 LG전자)에서 최초로 국산 텔레비전을 선보였다. 그리고 1980년부터 KBS와 MBC에서 컬러 TV 방송을 시작하였다.

본론으로 들어가서, TV 메인 뉴스의 첫 타이틀은 뭘까? 한때 '땡전 뉴스'라는 말이 있었다. 밤 9시 정각에 시보에 이어 모(某) 대통령 관련 뉴스가 첫머리를 장식하던 권위주의 시절을 말한다. 하지만 지금은 주가, 금리와 함께 뉴스의 첫머리를 장식하는 소재는 환율이다. 최근 환율 급등, 미국 달러화 강세의 결정적인 요인은 다음과 같다. 대외적으로는 미국과 중국 간의 무역 전쟁, 글로벌 환율 전쟁, 이란을 둘러싼 중동 지역 긴장 고조와 그에 따른 국제 유가 불안, 대내적으로는 정부 정책 혼란, 급격한 경기 하락, 여전한 북한 핵 문제, 화폐 개혁과 리디노미네이션 논란, 경기 악화에 따른 금리 인하 가능성 등이다. 이런 재료를 바탕으로 안전 자산 선호 심리가 강해지면서 글로벌 달러 강세에 따른 환율 급등 현상이 나타나고 있다. 원·달러 환율은 올해 초 1,110원대에서 1,200원 선 가까이 그리고 원·엔 환율은 1,000원에서 1,100원에 육박하고 있다. 소위 말하는 '소규모 개방경제의 취약성'이 이번에도 그대로 투영되면서 국제 금융 시장에서 한국 원화가 뭇매를 맞고 있는 것이다. 연 1% 남짓 일정한 약세(환율 상승)를 나타내는 베트남 동화(VND) 환율도 꾸준히 상승하면서 23,500선을 위협하고 있다. 한마디로 '환율 전쟁'이다.

환율은 이제 수출입 업체 등 무역 관련 종사자들만의 관심사가 아니라 국가 경제의 최우선 정책 요소가 되었다. 한편으로, 국가 간의 이해득실이 첨예하게 대립하는 중요한 경제 지표의 한 축이기도 하고, 최근에는 국가 간의 헤게모니를 잡기 위한 통화 전쟁(Currency Wars)의 한 팩트이기도 하다. 특히, 우리는 1997년에 외환 보유고가 거덜 나며 뼈아픈 고통을 겪었던 IMF 외환 위기와 2008년의 전 세계적인 글로벌 금융 위기를 통해서 환율 급등에 따른 가슴 아픈 기억을 간직하고 있다. 미국과 중국 간의 G2 파워 게임 양상이 글로벌 무역 전쟁으로 치달으면서 기축 통화(Key Currency)인 미국 달러화 강세가 두드러지고, 이머징 국가 통화들은 약세를 면치 못하면서 글로벌 금융 시장의 위기가 감돌고 있다. 환율 결정은 크게 '외환 수급-시장 심리-정부 정책'의 세 가지로 요약될 수 있으나, 사실 수많은 요인에 의해서 영향을 받는다. 이를 대략 10가지 정도로 정리하면 다음과 같다.

1. 금리

일반적으로 저금리 통화를 빌려서 고금리 통화에 투자하는 '캐리 트레이딩' 경향으로 고금리 통화가 강세다. 지금은 미국 연방기금금리 (FFR)가 1.75%로 우리나라 기준 금리 1.25%보다 50bp 높다. 따라서,

달러 강세 요인이 된다. 참고로, 베트남 기준 금리는 6.00%로 상대적으로 고금리 통화이나, 소규모 경제에 자유 변동 환율 제도가 아닌 페그 시스템(고정 금리, 복수 통화 바스켓 제도)으로 예외적이다.

2. 경제 성장률(GDP)

가장 중요한 경제 지표로써 GDP 성장률 호조는 해당국 통화의 당연한 강세 요인이다. 세계 경제는 미국을 비롯한 선진국 경제는 회복세가 뚜렷하나 이머징 마켓은 그렇지 못하다. 국제통화기금(IMF) 전망자료에 따르면, 2018년 세계 GDP 성장률은 3.9%에서 2019년 3.5% 정도로 예상되고, 22조 달러 규모의 미국 GDP는 2018년 2.9%, 올해는 3.0% 성장인 반면에, 우리나라는 2017년 3.0%에서 2018년 2.7%, 2019년 2.0% 성장에 그쳐 줄곧 내리막길이다. 베트남은 2017년부터 2019년까지 차례대로 6.5%-6.8%-6.8% 순으로 지속적인 성장이 전망된다. 미-중 간의 무역 전쟁, 소비 심리 악화, 주요국 재정 수지 적자 문제, 정부 규제, 원자재 가격 급등, 글로벌 리세션 문제 등으로 2008년 글로벌 금융 위기 이후 10여 년 정도 이어졌던 세계 경기 호황세가 꺾이는 모습이 역력하다. 특히 그중에서도 한국은 약세가 두드러진다.

3. 국제 수지(BOP)

국제 수지는 국가 간의 교역 상황 및 자금 흐름을 파악할 수 있는 경제 지표로써 크게 경상 수지와 자본 수지로 나뉜다. 수출과 수입 차액을 나타내는 상품 수지, 여행, 운수, 통신, 보험, 특허권 사용료 관련 서비스 수지, 배당과 급료 등 소득 수지, 경상 이전 수지가 포함된 경상 수지는 환율 결정의 가장 중요한 변수다. 경상 수지가 곧 외환 수요와 공급의 바로미터다. 우리나라는 수출입 교역 규모 1조 달러가 넘는 세계 7위 수출 대국으로 1998년 이래로 20년 동안 내리 이어져 온 경상 수지 흑자 기조가 유지되고 있다. 그러나 대표적으로 반도체 수출이 급감하면서 2018년 764억 달러의 흑자 폭이 올해는 상당액 줄어들 전망이다. 경상 수지 감소는 환율의 상승 요인이다.

4. 남북 간 긴장 상황 및 북한 핵 문제 등 컨트리 리스크

컨트리 리스크는 자국 통화 약세, 즉 환율 상승 요인이며, 특히 북한 핵 문제는 지난 몇 년에 걸쳐서 한·미·일·북한·중국·러시아 등 6자 회담에서 해결의 실마리를 찾았으나 끝내 파국을 맞았다. 두 차례 북-미 회담도 마찬가지다. 북한은 국제 사회의 만류에도 불구하고 여러 차례 핵실험을 감행하면서 우리나라가 대량살상무기확산방지조약(PSI)에 전격 참여함으로써 북한과의 대결을 피할 수 없게 되었다. 2017년 5월경에 문재인 정부가 들어선 이후로 몇 차례 남-북 및 북-미 정상회담을 통한 화해 분위기가 나타나는가 싶더니 하노이 회담 결렬로 다시 교착 상태에 빠졌다. 북한 문제는 외환 시장에서 환율 상승 악재로 작용할 전망이나 전면전이 아니라면 그동안의 학습 효과 등으로 그 영향력은 제한적이다.

5. 국제 유가 등 원자재 가격

국제 유가, 구리, 금 등 원자재 가격 상승은 경상 수지 악화의 원인이고 외환 시장에서 환율을 끌어 올리나 정부가 물가 불안을 이유로 인위적인 환율 하락 정책을 펴기도 한다. 글로벌 달러 약세 및 수급 불균형으로 2007년도 배럴(168ℓ/1BBL)당 51달러에서 2008년 7월 3일 경에는 148달러까지 사상 최고치로 급등하였으나, 전 세계 경기 침체로 30달러 대로 급반락한 뒤로는 현재는 50달러대에서 움직이고 있다. 당분간 국가 간 무역 전쟁, 자원 전쟁, 중동 분쟁 등으로 유가 강세는 좀 더 이어질 전망이다. 국제 유가 연평균 가격은 40~70달러대에서 거래될 것으로 보이며, 구리, 아연 등 비철 금속은 안정세로 원자재 가격이 환율에 미칠 영향은 제한적이다.

6. 주식 시장

글로벌 증시는 뉴욕 증시에서 다우, 나스닥, S&P 500 지수 등이 사상 최고치를 경신하고 있으며, 일본도 엔화 약세를 바탕으로 상승세이나, 우리나라 증시는 온통 악재 투성이로 코스피 지수 2,000선, 코스닥 600선이 위협받고 있다. 외국인 주식은 순매수 기조를 유지하고 있으나 예전만 못하고, 주식 관련 배당금 달러 역송금 수요는 환율 상승 요인으로 작용하며 주주총회를 전후한 3~5월에 집중된다. 외국인 주식 순매수 및 증시 호조는 환율 하락 요인이다.

7. 채권 시장

2019년 바젤Ⅲ 시행과 더불어 금융 기관 간에 헤게모니 쟁탈전이 가속화될 전망으로 치열한 금리 경쟁이 예상된다. 따라서, 채권 시장도 헤지펀드를 비롯한 미국, 중국, 유럽, 중동 등 해외 자금의 국내 유입 감소 등으로 크게 움직일 전망이다. 금리 변동에 따른 스왑 시장 급등락으로 외환 스왑 및 선물 시장이 현물 시장을 움직이는, 즉 꼬리가 몸통을 흔드는 '왝더독(The Tail Wags the Dog)' 현상이 나타날 수도 있다. 외국인 채권 매수는 달러 공급 증가로 환율 하락의 재료다. 미국과 중국 간의 무역 전쟁 와중에 중국 정부의 미 국채 투매로 미 국채 가격 하락으로 이어질 수 있으나, 투매에 따른 후폭풍과 대체 투자가 불확실한 상황에서 그 영향은 제한적일 전망이다.

8. 인플레이션, 디플레이션, 리플레이션, 리세션, 스태그네이션 또는 스태그플레이션

세계 경제는 과도한 유동성 공급에 따른 거품 현상으로 한동안 인플레이션에 시달려 왔다. 2008년 상반기에는 경기 침체 속에서 물가는 오르는 스태그플레이션이 문제였으나, 2009년에는 마이너스 성장으로 디플레이션이 우려되는 상황이었고, 2011년 이후로는 미국, 일본, EU 등의 막대한 통화 공급[양적 완화(QE)]으로 글로벌 버블 문제로 인한 물가 상승 압력이 상당했다. 지금은 미 연준이 금리 인상과 공격적인 유동성 회수로 많이 안정된 상태다. 이제는 미국의 금리 인하 기조 속에 엔화 및 유로화 강세, 우리나라와의 금리 격차 완화로 원화 강세 요인이며 환율 하락에 우호적인 환경이다.

9. 정부의 환율 정책

정부의 환율 정책과 관련하여 재미있는 이론 중 하나는 네덜란드병(Dutch Disease, 1950년대 네덜란드 북해에서 대규모 천연가스 유전이 발굴되

영리한 베트남 투자

면서 에너지 분야의 수익이 급증하여 물가 상승 및 네덜란드화 강세 등으로 제조업 기반이 약화된 현상)이다. 이른바, 천연가스 석유 등 천연자원에 의거하여 급성장한 국가가 이후 물가 및 환율 상승으로 제조업 경쟁력을 잃고 경제가 위기에 처하는 현상을 말한다. 즉, 자원 부국의 저주다. 정부도 장단기 외화 차입금에 은행세(거시 건전성 부담금, Bank Levy) 부과, 선물환 한도 규제, 외국인 채권 이자 소득세 과세 등 각종 외환 규제를 강화하고 있다. IMF도 우리나라에 대해서 실질실효환율(REER) 대비 10% 추가 원화 절상을 요구하고 있으며, 'G20 SEOUL SUMMIT 2010'에서 '시장 결정적 환율 제도 및 환율 유연성 확대' 합의에도 불구하고 주요국들이 자국 통화 약세 정책, 이른바, 다른 나라의 희생을 기반으로 이익을 얻는 '근린궁핍화정책(beggar-thy-neighbor policy)'으로 '제로섬 게임'을 펼치고 있다. 각국이 기업 채산성 유지, 수출 진작, 고용 촉진, 국내 경기 방어 차원에서 달러 매수와 시장 불안 심리를 잠재우기 위한 달러 매도 등 외환 시장 매입·매도 개입(스무딩 오퍼레이션) 병행이 예상된다. 적절한 환율, 즉 실질실효환율(REER)에 근접한 균형 환율에도 불구하고 주요국들은 자국 통화 약세 정책, 즉 통화전쟁을 지속할 것으로 전망된다. 이는 환율 상승 및 하락 급등락 제한 요인이다. 한편, 자국 통화 약세, 즉 환율 상승을 통한 수출 진작은 수출 대기업들에게는 유리하게 작용하나, 수입에 의존하는 중소기업과 물가 상승에 영향을 받는 일반 국민에게는 실질소득감소 효과가 발생한다. 참고로, 한 연구소의 리포트에 따르면 환율이 10원 떨어지면 외화부채가 많은 유틸리티, 철강, 정유, 항공사 등은 각각 5.9%, 4.2%, 1.6%, 1.4% 정도로 업종별 이익이 늘어나고, 반대로 IT 및 자동차 업종은 -2.2%, -0.6%로 이익이 감소하는 효과가 나타난다. 그리고 환율과 관련하여 중요한 대외변수 중의 하나를 더 꼽자면, 2019년 5월 미국 재무부의 의회 앞 제출 환율 보고서에서의 환율 조작국 지정 여부다. 한국은 기존 관찰 대상국에 들어가 있으며, 베트남도 이번에는 조작국에 들어갈 가능성이 보도되고 있다.

○ 환율 조작국(매년 4월과 10월 美 재무부의 議會 앞 리포트, 2019년 10월 기준)

: ① 대미 무역 흑자 200억 달러 이상[중국(3,750억 달러), 일본(690억 달러), 독일(640억 달러), 한국(230억 달러), 인도(230억 달러), 스위스(140억 달러)], ② GDP 대비 경상 수지 흑자 3% 초과[스위스(9.8%), 독일(8.1%), 한국(5.1%), 일본(4.0%)], ③ 지속적인 일방향 외환 시장 개입 GDP 대비 2% 초과[스위스(6.6%), 인도(2.2%), 한국(0.6%)] 등 3가지 중에서 2가지 이상이면 지정, 45% 벌칙성 관세 부과, 2018년 4월 현재 중국, 일본, 독일, 한국, 인도, 스위스 등 6개국이 '관찰 대상국'으로 지정되었다.

○ 주요국 외환 시장 개입 내용 공개

: OECD 국가 중 한국, 중국, 인도는 외환 시장 개입 비공개. 한국의 정부 2018년 5월 결정 내용을 보면, 2018년 하반기 및 2019년 상반기 개입 내용을 2019년 3월 및 9월 순매입 금액 공개 결정, 이후는 분기별로 순매입 금액 공개 예정. ECB 등 유로존 국가들과 홍콩, 터키, 멕시코는 일별 공개, 영국, 일본, 캐나다, 호주 등은 주간 또는 월별 공개, 미국은 분기별 공개, 싱가포르, 말레이시아, 베트남은 반기별, 스위스는 연간 공개함.

영리한 베트남 투자

10. 기타

막강한 군사력과 국제 금융 시장에서의 결제 시스템을 완벽히 통제하면서 달러화의 기축 통화(Key Currency) 지위가 여전한 미국이다. 하지만 장기적으로는 확실한 G2로 자리매김하고 있는 중국의 헤게모니 강화 및 위안화 영향력 확대, 전 세계적인 과도한 달러 표시 외환 보유고 그리고 미국의 경상 수지와 재정 수지 적자 및 부채 한도(Debts Ceiling) 증액 논란 등은 글로벌 달러 약세의 주요 변수로 작용할 전망이다. 남북 간 긴장 상태, 북한 핵 문제, 국제 유가 등 주요 원자재 가격 움직임, 글로벌 유동성 문제, 유럽발 재정 수지 적자 문제, 중국 긴축 등 환율에 미칠 변수가 역내외로 다양하다.

환율 결정은 이 외에도 인간의 심리 등 무수한 재료에 의해서 결정되는 확률 게임과도 같다. 급변동 시기마다 냉정함을 잃지 말고, 꾸준한 기록을 통해서 과거의 패턴을 아는 것도 중요하다. 2019년 외환 시장을 둘러싼 환율 하락(원화 강세)과 환율 상승(원화 약세) 재료가 다양하나 펀더멘털상 환율 하락 재료가 아직은 우세하고, 원화 강세에 우호적이며, 전반적으로 환율 변동 폭은 크지 않으나 순간 재료에 따른 일중 변동 폭은 더욱 커질 전망이다. 따라서, 단기 급등한 원·달러(1,200원) 및 원·엔(1,100원) 환율은 그동안 망설였던 달러나 엔화 매도 헤지에 적기라 판단된다. 아울러서, 급하게 사야(결제) 할 외화가 아니라면 매수 시점을 늦추는 전략을 추천한다. 소위 말하는 리딩 앤 레깅(Leading&Legging) 전략이다. 장기적인 달러 매도 헤지가 필요한 수출 업체는 선물환(Futures) 매도나 풋옵션(Put Option) 매입을 통한 파생상품을 통한 환 헤지 전략도 필요해 보인다. 저자가 1997년 IMF 외환 위기와 2008년 글로벌 금융 위기를 오롯이 은행의 외환 딜러로서 지낸 경험과 30여 년 동안의 경험을 가진 국제 금융 시장 전문가적인 시각에서 보면 지금은 달러를 사기보다는 팔아야 할 때다. 큰돈을 벌 기회는 일반 대중과 반대의 스탠스일 때였다. 재미있는 통계 하나를 더 이야기해 보고자 한다. 1990년부터 2019년 5월까지 현재 30여 년 동안 원·달러 평균 환율은 1048.90원, 원·엔의 평균 환율은 966.75원으로 현재 거래되고 있는 환율에서 크게 벗어나지 않았음을 알 수 있다. 2019년 2월 1일 1,111.60원 연저점, 2019년 5월 16일 1,192.00원 연고점으로, 연평균 1,133원을 나타내고 있으며, 연간 1,100~1,200원 사이 주거래, 연평균 1,160원 정도가 전망된다.

금융 위기 역사를 보면, 1929년 대공황, 1945년 제2차 세계대전, 1973년 제1차 오일 쇼크, 1987년 블랙 먼데이, 1997년 아시아 외환 위기, 2000년 IT 버블 붕괴, 2003년 신용 위기, 2008년 글로벌 금융 위기, 2011년 미국발 재정 수지 적자 문제, 2019년 복합 위기 등 위기 사이클이 점점 짧아지는 양상이다. 그러나 세계 경제는 언제나 위기를 극복해 왔으며, 오히려 패러다임의 변화와 함께 부의 축적 기회가 되기도 하였다. 우스갯소리로 이 세상에서 예측할 수 없는 세 가지를 꼽는다. 즉, 개구리가 뛰는 방향과 럭비공이 튀는 방향 그리고 환율의 움직임이다. 금융 시장에서 예측은 사실 신(神)의 영역이다. 하지만, 과거의 오랜 경험과 현재의 정확한 상황 판단 그리고 국제 금융 시장에 대한 확실한 이해와 지식이 수반된다면 전혀 모를 영역도 아니다.

수천, 수만 가지에 의해서 영향을 받지만, 환율은 크게 세 가지에 의해서 결정된다. 외환 수급, 시장 심리 그리고 정부 정책이다. 이 세 가지 흐름을 따라잡아야 그 방향과 폭과 깊이를 알 수 있다. 특히, 세 가지 중에서 단기적으로는 정부 정책이 효과를 볼 수 있으나 모든

영리한 베트남 투자

가격 결정 구조가 그렇듯이 어디까지나 수요와 공급이 우선이다. 시장 실패에 따른 정부 개입이 성공한 예가 별로 없는 데다 환율은 한 나라의 정책만으로 결정되는 구조도 아니고, 그 후유증 역시 상당하다.

결론적으로, 과거에도, 현재도, 미래에도 가장 중요한 것은 두말할 필요도 없이 적절한 환리스크 관리다. "아무것도 하지 않는 것도 투기다(To do nothing is to speculate)!" 유명한 경제학자 존 케인스(John M. Keynes)의 '미인 투표 이론'에 의하면, 자신의 눈에 가장 아름답게 보이는 미인이 아니라 다른 참여자가 가장 마음에 들어 할 가능성이 높은 얼굴이 미인으로 뽑힌다. 거듭하지만, 30여 년 동안 국제 금융 시장을 공부하고 12년간 은행 외환 딜러로서 경력을 가진 저자의 정의도 다음과 같다. 원·달러 환율이 1달러에 1,000원이 적정한지, 1,200원이 적정한지는 경제학자들이나 정부 관료들이 판단할 몫이나, 더욱 중요한 것은 다양한 시장 참가자들의 결정이다. 다시 말해서 시장에서 실제로 거래되거나 적절한 방법으로 헤지했을 때의 환율이다. 에드워드 카(E. H. Carr)가 말했듯이 '역사란 과거와 현재와의 끊임없는 대화'이며, 앞선 일들을 돌이켜 보는 것은 상당한 의미가 있고, 세상 모든 이치가 그렇듯이 환율도 시장이 결정하고 다양한 재료들이 적절히 반영되는 '물과 같은 건전한 흐름이 최고[상선약수(上善若水)]'다. 참고로 주요 통화별 30년 동안의 환율 변동표를 다음에 붙인다.

⟨주요국 환율 변동 추이표(서울외국환중개, 1990년~2019년 12월 말 현재)⟩

기준년도	USD/KRW	USD/CNY	USD/JPY	CNY/KRW	JPY/KRW	USD/VND
1990년	707.76	4.7832	144.79	147.97	488.82	10,100
1991년	733.35	5.3234	134.71	137.76	544.39	10,500
1992년	780.65	5.5146	126.65	141.56	616.38	11,179
1993년	802.67	5.7620	111.20	139.30	721.83	10,640
1994년	788.50	8.6187	99.70	91.49	790.87	10,978
1995년	775.70	8.3514	103.35	92.88	750.56	11,037
1996년	844.90	8.3142	115.90	101.62	728.99	11,032
1997년	951.11	8.2898	120.98	114.73	786.17	12,292
1998년	1,398.88	8.2790	130.75	168.97	1,069.89	13,877
1999년	1,189.50	8.2783	113.80	143.69	1,045.25	14,030
2000년	1,130.60	8.2785	107.79	136.57	1,048.89	14,516
2001년	1,290.80	8.2771	121.53	155.95	1,062.12	15,085
2002년	1,251.20	8.2770	121.19	151.17	999.44	15,401
2003년	1,191.90	8.2770	116.67	144.00	1,021.60	15,108
2004년	1,144.70	8.2768	108.13	138.30	1,058.63	15,454
2005년	1,024.28	8.1922	110.23	125.03	929.22	15,663
2006년	956.11	7.9771	116.35	119.86	821.97	15,829
2007년	117.78	7.6515	0.00	15.39	0.00	15,944
2008년	1,102.59	6.9483	103.35	158.68	1,076.63	16,218
2009년	1,276.83	6.8311	93.63	186.91	1,363.53	16,794
2010년	1,156.26	6.7687	87.73	170.82	1,320.56	18,932
2011년	1,390.93	6.4635	79.75	171.46	1,390.93	20,828
2012년	1,126.88	6.3096	0.00	178.60	1,413.14	20,828
2013년	1,095.04	6.1486	97.62	178.10	1,123.41	21,036
2014년	1,053.22	6.1606	104.25	170.96	996.60	21,246
2015년	1,131.50	6.2830	121.08	180.09	934.51	21,925
2016년	1,160.50	6.3150	108.80	183.77	1,066.64	22,370
2017년	1,130.84	6.6350	112.14	170.44	1,008.42	22,717
2018년	1,100.30	6.6350	109.85	165.83	1,001.64	23,023
2019년	1,165.65	6.9580	109.02	167.53	1,069.21	23,228
평균(30년)	1,067.96	7.4199	108.10	149.98	974.15	16,821

⟨달러, 위안, 엔화, 동화 연평균 환율(자료 : 서울외국환중개 1990년~2019년 12월 말 현재)⟩

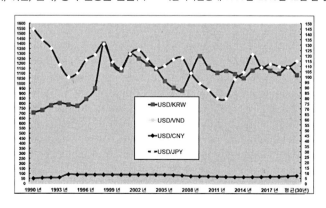

영리한 베트남 투자

O J-Curve 효과(J-Curve effect)

: 어떤 한 나라 통화의 평가 절하가 해당 국가의 무역 수지에 미치는 영향은 일정한 시차를 두고 나타나는데, 이 영향에 따른 무역 수지의 변화가 J자 모양과 비슷하여 'J-커브 효과'라 부른다. J-커브 효과는 환율의 변동과 무역 수지와의 관계를 나타내는 것으로 무역 수지 개선을 위해 환율 상승(원화 절하)을 유도하더라도 그 초기에는 무역 수지가 오히려 악화되다가 상당 기간이 지난 다음에야 개선되는 현상을 말한다.

이러한 현상이 발생하는 것은 기본적으로 환율 변동에 따른 수출입 가격의 변동과 이에 따른 수출입 물량 조정 간에 시차(Time Lag)가 존재하기 때문이다. 즉, 환율 상승 초기에는 수출입 물량은 큰 변동이 없는 반면에 수출품 가격은 하락하고 수입품 가격은 상승함으로써 무역 수지가 악화되며 어느 정도 기간이 지난 뒤에야 수출입 상품의 가격 경쟁력 변화에 맞추어 물량 조정이 일어남으로써 무역 수지가 개선된다는 것이다.

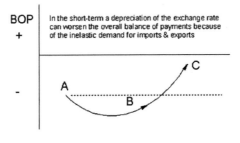

The J Curve effect

BOP +

In the short-term a depreciation of the exchange rate can worsen the overall balance of payments because of the inelastic demand for imports & exports

-

A   B   C

★ 환리스크 관리와 환리스크 관리 시스템

리스크 관리는 국가나 기업 일반 가계조차도 필수다. 특히, 기업 경영에 있어서는 여러 가지 리스크가 존재하며, 계속 기업의 전제 조건은 리스크 관리이고, 외국인 투자 기업의 핵심 업무 중의 하나가 환리스크 관리다. 이는 시스템적으로 접근할 필요가 있으며, 다음 도식을 잘 활용할 필요가 있다. 관련되는 용어의 의미를 살펴보면 다음과 같다. 환리스크는, 외국 통화로 표시된 자산이나 부채 또는 손익의 현금 흐름을 보유하고 있을 때, 미래의 환율 변동으로 인하여 이들 가치가 변동하게 될 위험을 말한다. 환 노출은, 환율 변동이 기업 가치에 얼마만큼 변화를 주게 될지 사전에 측정하여 계량화한 것으로서, 외화 표시 자산과 부채 및 현금 흐름을 보유하고 있는 상태를 의미한다. 환리스크 관리의 목적은, 금융 상품을 이용하여 위험을 적극적으로 관리하고 '헤지(Hedge)'라는 행위를 통하여 환율 변동에 따른 '미래에 대한 불확실성을 제거하여 기업 가치를 높이는 데' 목적이 있다. 환리스크 관리 방법은 크게 내부적인 방법과 외부적인 방법 두 가지로 나눌 수 있다. 내부적(對內的) 관리 기법은 환리스크에 노출된 자산 또는 부채의 크기를 줄이거나 더 이상 증가하는 것을 방지하기 위하여 기업 내부적으로 환리스크를 헤지하는 방법이다. 그 종류로는 매칭(Matching), 리딩(Leading) 및 래깅(Lagging), 네팅(Netting), 가격 정책(Pricing Policy), 자산/부채 관리(ALM) 등이 있다. 다음은 외부적(對外的) 관리 기법으로, 환리스크를 회피하기 위하여 금융 파생상품을 이용하여 환리스크 헤지 거래를 체결하는 방법이다. 종류는 선물환, 통화 선물, 통화 옵션, 통화 스왑, 단기 금융 시장 이용, 환 변동 보험 가입 등이다. 베트남 금융 시장에서도 파생상품에 관한 관심이 커지면서 환리스크 관리 개념이 속속 도입되고 있다. 그러나 외환 거래 자체가 많지 않다 보니 아직은 비용 측면에서 불리한 점이 많고, 상품 설계도 대체로 미흡한 상황이다. 선진국 금융 기관들이 많이 진출하면서 선진 금융 기법 또한 도입되고 있어서 앞으로 환 헤지도 늘어날 것으로 전망된다.

O 환율 상승을 통한 정책 효과

: 주요국 정부들이 수출을 통한 경제 성장과 일자리 창출 그리고 경상 수지 흑자를 위해 가장 선호하는 정책이 바로 외환 정책이다. 엄격히 말하면 '환율 정책'이다. 베트남 정부도 예외가 아니어서 매년 1% 남짓 베트남 동화(USD/VND) 환율의 절하(환율 상승)를 용인하고 있다. 미국도 중국과의 무역 전쟁에서 가장 용이하게 활용하는 것이 중국 위안화(USD/CNY) 절상 압력과 고율의 수입 관세 부과다. 동아시아의 여러 나라가 겪은 1997년의 외환 위기와 2008년 글로벌 금융 위기 극복의 1등 공신도 사실은 환율이었다. 다음 그림을 보면 왜 각국 정부가 환율 하락 정책을 쓰는지 알 수 있으며, 장단점까지 파악할 수 있다. 환율 상승(자국 통화 약세 정책)은 수출 증가 및 수입 감소로 이어져 경상 수지 개선 효과가 있으며, 수출 증가는 생산 증대와 고용 효과를 유발하면서 경제 성장의 직접적인 호재가 된다. 물론, 악재도 있는데 물가 상승이나 외채 상환 부담은 증가한다는 것이다. 근래에 들어서서 글로벌 경제 주체들이 가장 우려하는 'R의 공포'라 하여 인플레이션보다 리플레이션이 우려되면서 환율 상승 정책은 주요국들이 더욱더 포기하기 힘든 요소가 될 것이다. 무역 전쟁과 환율 전쟁이 쉽게 끝나지 않는 이유 중의 하나이기도 하다. 다음 표를 통하여 주요국들의 자국 통화 약세 정책에 대한 고집 이유를 알 수 있다.

환율 효과[자국 통화 약세 효과]

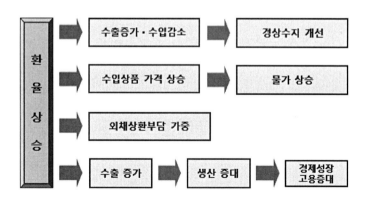

제8장

원자재
상품시장

★ 베트남 원자재 상품시장 현황

베트남이 산유국이라는 사실을 아는 사람은 많지 않다. 베트남은 산유국이면서 정제유는 수입해서 쓰는 나라이기도 하다. 자금 부족으로 중화학 공업 투자가 제대로 이뤄지지 않아서 생산 설비가 따라주지 못한 결과다. 아직은 2차 산업인 제조업 위주의 산업과 농수산물 위주의 1차 산업의 비중이 높다 보니 생긴 문제이기도 하다. 지금은 수도 하노이를 중심으로 중북부 지역에 중화학 공업과 자동차, IT 정보통신산업 위주로 산업 재편 과정에 있다. 그동안 저임금 노동력을 기반으로 한 중소 제조업 위주에서 고부가 가치 첨단 산업으로 패러다임이 바뀌고 있는 것이다. 1986년 '도이머이'로 일컬어지는 개방·개혁 정책으로 국가 기반을 다진 정부 정책 기조가 고도화 과정에 있다고 하겠다. 대부분의 소재·부품·장비를 투자 본국으로부터들여와 조립을 거쳐서 수출하던 단계를 넘어서서 이제는 일정한 제품에 대해서는 베트남 제품을 사용하도록 일정 수준 강제까지 하고있다. 이른바, 소·부·장(소재·부품·장비)에 정책을 집중하고 있다. 고율의 '수입 관세'와 함께 인정 과세의 형태인 '이전가격 제도'라는 정책을 통하여 시행하고 있다. 그러나 철, 비철금속, 화학 제품, 석유, 금등 원자재 상품시장은 여전히 미흡한 상황이다. 일부 품목은 베트남산이 중국산보다 가격은 비싸고 품질은 떨어지는 경우도 허다하다. 한마디로 원자재 상품시장은 중국뿐만 아니라 이웃한 아세안 국가인 말레이시아, 태국, 인도네시아 등에도 많이 밀리는 것이 현실이다. 베트남이 제조업 중심에서 하이테크 산업으로 발전하는 데 있어서 소재·부품·장비 산업의 발전은 선택이 아니라 필수다. 베트남은 지리적인 특성으로 3,200㎞가 넘는 해안선 그 자체가 자원으로써 원유 매장량은 가늠조차 되지 않는다. 중국, 필리핀 등과 분쟁 중인 난사군도, 시사군도 등의 암초도 베트남의 국력 강화 여부에 따라서는 커다란 자산이 될 수도 있다. 미국과 중국 간 무역 전쟁이 자원 전쟁으로 치닫는 양상인 탓에 자원과 기술을 가진 나라가 강대국의 반열에 오를 수 있으며 생존까지 담보할 수 있는 조건으로 대두되고 있다. 베트남은 전략적인 위치, 풍부한 자원, 자원 개발 기술력 등으로 원자재 상품시장 분야에서도 매력적인 나라로 다가오고 있다.

★ 영리한 원자재 상품시장 투자

원자재 상품시장 투자를 위해서는 먼저 '자산의 본질'에 대한 이해가 필요하다. 흔히, 우리가 자산(資産)이라는 것은 '재산(財産)의 가치(價値)를 지닌 유형(有形)·무형(無形)의 재화(財貨)나 서비스 그리고 각종 권리(權利) 등'을 말한다. 화폐, 주식, 채권, 부동산, 기계·기구, 지적재산권 등과 함께 원자재 상품(금, 은, 동, 철 소재, 비철금속, 원유, 농수산물, 광산물 등)이 주요 자산이다. 모든 자산은 화폐로 환산이 가능해야 하며, 교환 및 저장 기능이 필수다. 인류 최초의 거래는 물물교환이었으며 그런 측면에서 과거의 거래 형태를 그대로 띠고 있는 것이 원자재 상품시장이다. 특히, 금의 경우 가치 저장 수단이나 교환 수단에 있어서 나라를 불문하고 가장 널리 인정된다. 이론적으로는 금본위제(金本位制, Gold Standard)로, 화폐도 금을 바탕으로 하고 있음은 주지의 사실이다. 은행(銀行, Bank)의 어원도 은본위제(銀本位制)가 그 기원으로 화폐나 금융 기관 모두 이들 원자재 상품을 떠나서는 설명이 불가능하다. 따라서, 원자재 상품시장의 가치는 결코 가벼이 여길 일이 아니다. 오히려 돈은 세상 어디서든지 만들어낼 수 있고, 내 호주머니는 아니지만, 지금도 꾸준히 늘어나고 있다. 그러나 실물은 그렇지 못하다. 한정된 자원이기도 하지만, 돈의 가치가 유동적인 반면에 원자재 상품은 실물 자체가 가치를 갖고 있으며, 어느 나라에서나 쓰임새가 있다. 반면에 돈은 몇몇 통화를 제외하면 국경을 넘어서면 무용지물이다. 그리고 돈 관련 문제의 심각성으로 정부가 통제를 강화하고 있으며, 어느 시점에서는 화폐는 회계상의 거래로만 남을 가능성이 크다. 현금보다 카드나 모바일폰 가상화폐 그리고 각종 페이 기능을 가진 시스템에 대한 의존도가 나날이 커지고 있다. 이제는 국가 간의 전쟁도 자원 전쟁이 대세다. 일본 정부의 우리나라에 대한 반도체 핵심 소재 수출 규제가 대표적이다. 인구 대국이면서 자원 부국인 중국은 시나브로 희토류를 무기로 삼고 있다.

원자재 상품은 부의 대물림 수단, 즉 절세 목적으로도 유용하다. 따라서, 원자재 상품 수요는 지속해서 늘어날 것으로 보이며, 국제 금융 시장에서 거래 볼륨도 더욱 커질 전망이다. 대표적인 위험 자산이 주식인 반면에 금과 채권은 안전 자산으로 분류된다. 포트폴리오를 감안하더라도 일정 부분의 자산 보유는 금, 은 등 실물인 원자재 상품으로 하는 게 맞다. 가격이 유동적인 것은 화폐나 원자재 상품 다 마찬가지지만, 화폐 가치보다는 실물 가치가 더욱 빛을 발할 것이라는 사실은 희소성에서도 답을 찾을 수 있다. 인간이 돈 만들기가 쉬울까, 금 만들기가 쉬울까? 물론 원유, 철광석, 농수산물 같은 것은 어렵겠지만, 그렇다고 해서 방법이 전혀 없는 것도 아니다. 세상에서 가장 똑똑한 친구들이 모여 있는 곳이 국제 금융 시장이다. 실물 보관의 어려움은 펀드, 인덱스, 선물, 옵션, 스왑 등 파생상품으로 해결하고, 이미 실제로도 국제 금융 시장에서 활발히 거래되고 있다. 시장은 수요가 있으면 얼마든지 만들어내고, 때로는 먼저 상품을 만들어서 시장에서 수요자를 찾아 나선다. 장단기 투자 측면에서, U$ 50,000 미국 달러를 가지겠는가, 아니면 금 1kg을 보유하겠는가? 선택은 여러분의 몫이다.

★ 국제 금 시장, 금(金)값 주도권,
미국과 영국에서 중국, 인도 등의 아시아로 이동 중

금(金) 좋아하는 민족을 꼽자면 베트남은 두 번째 가라면 서러워할 정도다. 금의 최대 소비처는 아시아 '쌍두마차'인 중국과 인도다. 인구 세계 1위 국가답게 세계 금 수요량의 절반을 넘어선다. 미국과 영국은 5.8%에 그친다. 따라서, 금값도 런던이나 뉴욕 시장이 아닌 상하이나 뭄바이에서 정해야 한다는 말이 나온다. 국제 금융 시장에서는 한때 '금값 나침반' 오점인 '가격 결정 은행' 바클레이즈 은행의 담합으로 천문학적인 금액의 벌금을 부과하였으며, 도이치뱅크 등도 조사로 몸살을 앓았다. 따라서, 아시아 시장의 영향력을 키우려면 금 가격을 공동 산출해야 한다고 주장해 왔다.

'투자(投資)' 하면, 일반적으로 현금, 예금, 주식, 채권, 외환, 원자재 상품(금, 은, 동, 비철금속, 석유 등) 부동산 등을 떠올릴 텐데, 이 중에서 나이, 성별, 인종, 종교, 국적을 불문하고 모두가 좋아하는 게 금이다. 저자는 국제 금융 시장에서 외환 딜러를 하면서부터 지금껏 30여 년 동안 눈여겨봐 왔으며 블로그를 만들어 투자 관련해서도 줄기차게 얘기하고 있는 게 바로 글로벌 달러 환율, 삼성전자 주식, 서울 중심지 부동산 그리고 바로 이 금에 관한 것들이다.

금은 무게 단위로 보면 한 돈은 3.75g이고, 1Oz는 28.35g(7.56돈)이며, 국제 금융 시장에서 1,500달러에 거래 중이다. 골드바 1kg≒36Oz

늑U$ 55,000수준이다. 주요 금 시장은 다른 금융 상품과 마찬가지로 뉴욕(CME)과 런던(LME), 상하이, 싱가포르 등이다. 한국금 거래소(KGX)에서도 금융 상품과 실물로 1g부터 1kg까지 다양한 상품이 거래되고 있다. 금값 결정 요소는 미국 달러화 가치가 관건으로 WSJ에 따르면 상관관계(계수)가 -0.8로 역(逆)상관이며, 미국 달러 가치가 1 내리면 금값은 0.8 오른다고 할 수 있다. 또한, 금은 대표적인 안전 자산으로 금에 대한 수요와 공급이 주요 가격 변수이나, 테러, 전쟁, 자연재해 등 국제적인 위기 고조 시 금값은 상승세를 나타내고, 자산 포트폴리오, 세금 회피 수단, 인플레이션 방어 등 다양한 목적의 금 보유가 세계적인 유행이다. 이런 추세를 반영하면, 금값은 글로벌 달러 약세, 북한 핵 문제, 광범위한 자연재해 등으로 상승세를 좀 더 이어갈 전망이다.

아시아 금융 도시들 역시 세계 금 시장 주도권 쟁탈전에 나섰다. 서울, 상하이, 싱가포르, 홍콩 등이 잇달아 국제금 거래소를 설립했다. 이는 런던과 뉴욕이 주도적으로 결정해 온 글로벌 금 가격에 적지 않은 영향을 줄 전망이다. 금은 지난 1세기 동안 실물 거래는 동양이, 가격은 서양이 주도하는 기이한 시스템을 유지해 왔다. 2015년 9월 상하이에서 국제 금 거래소가 문을 열자 중국의 『경제관찰보』는 "중국은 세계 최대의 금 생산국이자 소비국"이라며 "앞으로 금 가격 결정권이 서양에서 동쪽으로 넘어오는 것은 시간문제"라고 지적했다.

● 아시아, 세계 금 수요의 3분의 2차지

한국거래소는 2014년 3월에 금 거래소를 설립했다. 이어 상하이가 2014년 9월 상하이 자유무역지대 내에 국제 금 거래소를 개장했고,

10월에는 싱가포르가 그 뒤를 이었다. 뉴욕에서 상품 거래소를 운영하는 CME 그룹도 연말쯤 홍콩에 금 선물 시장을 열었다. 이처럼 아시아 주요 도시가 금 거래소를 잇달아 설립한 것은 이들 지역에서 금이 중요한 투자 수단으로 부상했기 때문이다. 국제 금 거래소 증가는 금 산업을 활성화하는 데도 기여할 것으로 기대된다.

전문가들은 아시아의 금 거래소 전망을 밝게 보고 있다. 아시아에서 금 거래가 워낙 활발하기 때문이다. 미국이나 유럽에서는 금을 주로 인플레이션 헤지 수단으로 사용한다. 반면에 아시아에서 금은 곧 부(富)의 저장 수단이다. 보석이나 금화 등은 물론이고 골드바에 대한 수요도 많다. 특히 중국과 인도가 세계 금 소비의 쌍두마차다. 세계 금위원회에 따르면 1년간 중국과 인도의 금 수요량은 각각 1,020t, 800t으로 세계 1, 2위다. 이 두 나라의 금 수요량은 전 세계 수요량인 3,500t의 절반이 넘는 53%다. 여기에 태국(105t), 인도네시아(63t), 일본(25t), 홍콩(45t), 한국(15t), 베트남(10t) 등 아시아 각국의 수요를 합치면 세계 수요량의 3분의 2를 넘는다. 반면에 세계 금 가격을 결정하고 금 시장을 주도하는 미국(175t)과 영국(25t)은 세계 금 수요의 5.5%에 머물렀다. 쉬뤄더 상하이 황금 거래소 이사장은 "상하이 금 거래소의 금 출고량은 이미 세계 생산의 60%나 된다."라고 말했다.

● 런던 금 가격 신뢰도 추락

아시아가 세계 금 시장의 주도권을 가져오겠다고 벼르는 데는 런던 금 가격의 신뢰도 추락이 한몫했다. 현재 세계 금 가격은 현물은 런던에서, 선물 상품은 뉴욕에서 사실상 결정한다. 매일 런던에서 두 차례 발표되는 금 가격이 각국 중앙은행은 물론이고 광산업자 및 귀

금속 업체 거래의 기준이 된다. 세계 증시에 상장된 금 상장지수펀드(ETF)를 비롯한 금 관련 파생상품도 '런던 금 가격(London Gold Fix)'에 따라서 움직인다. 이 금 가격은 5개 은행이 경매 방식을 통해 결정한다. 그런데 2016년 5월, 영국 금융 당국은 파생상품 계약에 대한 지급을 회피하기 위해 금 가격을 조작한 혐의로 5개 은행 중 하나인 바클레이즈에 2,600만 파운드(약 440억 원)의 벌금을 부과했다. 독일의 금융 감독 기구인 바핀(BAFIN)도 5개 은행 중 하나인 도이치뱅크에 금 가격 결정 과정에 대한 자료를 요청하고 조사에 들어갔다. 미국 금융 당국도 금 가격 결정 은행들이 담합을 통해 가격을 조작했다며 소송을 제기했다. '리보 금리 조작 사건'에 이어 터진 금 가격 조작 의혹으로 런던 금융 시장에 대한 불만이 고조됐다. 런던 금 가격 결정이 투명하지 않고 조작 가능성이 있다는 지적은 그동안 여러 차례 제기됐다. 웨스턴오스트레일리아대학의 앤드루 카민스키와 리처드 힌니 교수의 연구 결과가 대표적이다. 이들은 2007년부터 2012년까지 6년간 런던 금 가격 데이터를 바탕으로 금 파생상품 거래자들이 현물 가격의 방향성을 어떻게 예측했는지 등을 조사했다. 그 결과 금 기준 가격이 발표되기 10분 전만 해도 50% 수준이었던 가격 방향성 일치율이 5분 전에는 80%로 치솟았다. 또 금 현물 가격이 기준 가격 발표 직전에 떨어졌다가 발표 직후 거래량 급증과 함께 오르는 현상도 자주 나타났다. 이런 연구 결과는 금 기준 가격이 발표 전에 외부로 누출됐을 가능성을 시사한다. 뉴욕대 로사 애브란테스-메츠 교수는 '금 가격 결정 방식은 가장 기괴한 방법 중 하나'라며 "가격 결정 과정에서 은행 간 담합이 있을 것으로 추정된다."라고 말했다. 세계금위원회는 금 가격 결정의 투명성을 높이기 위해 글로벌 금 업계 대표자들이 참여하는 개혁 회의를 개최하기도 하였다.

영리한 베트남 투자

● 국제 투자자 유치가 관건

아시아가 언제 금 시장의 중심이 될 수 있을지는 아직 미지수다. 많은 전문가는 아시아가 단기간에 런던의 자리를 대체하기는 어렵다고 본다. 세계 각지에서 만들어진 많은 금 관련 파생상품들이 여전히 런던의 금값을 기준으로 하고 있다는 점도 그 근거 중 하나다. 더구나 가장 유력한 후보인 중국은 금 수출을 금지하고 있다. 그 때문에 외국의 금값이 중국보다 비싸도 중국의 금은 밖으로 나갈 수 없어서 가격이 신축적으로 조정될 수 없다. 라이언 케이스 불리온캐피털닷컴 법인 영업 대표는 "상하이에서 국제 금값을 결정하겠다는 중국의 야심은 이런 규제 탓에 실현되기 힘들 수도 있다."라고 말했다. 그러나 HSBC는 중국을 포함한 신흥 시장의 실물 수요가 금값에 미치는 영향력이 커지고 있다고 지적했다. 금 연계 ETF를 포함한 금융 상품의 자금 유출입에 따라 가격이 등락했던 장기 추세에 변화 조짐이 나타나고 있다는 얘기다. 캐러린 로 블랙록 매니저는 "아시아의 금 거래소가 국제 투자자들을 충분히 끌어모은다면 금 가격에 영향을 미칠 수 있다."라고 말했다. 한국거래소도 "한국, 터키, 상하이의 금 거래소는 공개된 경쟁 시장이어서 장외 시장인 런던에 비해 훨씬 투명하다."라며 "아시아 주요 도시의 거래소들이 공동으로 금 가격을 산출해서 발표할 수 있다면 국제 금 시세에 큰 영향을 줄 수 있다."라고 언급했다. 금 투자도 직접적으로 금 실물을 사는 방법과 금 관련 지수나 펀드 등 간접 투자 모두 가능하다. 주요국마다 공식적인 금 거래소가 있다.

● 금 기준 가격, 어떻게 결정되나

런던에서 5개 은행 담당자들이 만나서 최초의 금 경매 방식을 통해 발표했다. 1919년 9월 12일 아침, 런던에 있는 로스차일드 은행 사무실에 5명의 은행가가 모여들었다. 고풍스러운 오크나무 탁자 위에는 유니언잭(영국 국기)이 놓여 있었다. 이들을 한자리에 불러모은 사람은 브라이언 코케인 영국중앙은행(BOE) 당시 총재였다. 제1차 세계대전이 끝난 뒤 10개월이 지났지만, 금 시장이 여전히 혼란 상태에 빠져있다고 판단한 그는 주요 은행가들에게 금의 기준 가격을 정해달라고 요청했다. 회의를 주관한 로스차일드 측이 먼저 1온스당 4.92파운드를 기준가로 하자고 제안했다. 그러자 경매에 참석한 나머지 4명의 은행가는 모두 금을 사겠다고 말했다. 몇 차례 흥정이 오간 뒤 이들은 수요를 반영해 금 가격을 2펜스 더 올리기로 합의했다. '런던 금 가격(London Gold Fix)'이 탄생한 순간이었다. 이후 100여 년 동안 런던 금 가격은 세계 금 시장의 기준이 됐다. 처음 금 가격을 결정했던 5개의 은행이 HSBC, 도이치뱅크, 노바스코샤은행, 바클레이즈, 소시에테제네랄 등으로 대체되고, 1968년에 문을 연 뉴욕 상품 거래소 개장 시간(오전 9시, 런던 시각은 오후 3시)에 맞춰 한 차례 더 가격을 발표하고, 2004년경부터 전화 회의로 바뀐 것을 제외하면 금 가격을 정하는 방식은 크게 달라지지 않았다. 지금도 이들 5개 은행은 매일 오전 10시 30분과 오후 3시에 모여서 금 가격을 발표한다. 의장은 각 은행이 매년 돌아가면서 맡는다. 의장이 먼저 최초 가격을 부르면 다른 은행은 경매 방식으로 매수와 매도를 결정한다. 거래하는 금은 400온스(12.4kg)의 골드바다. 매수·매도 주문량의 차이가 50보다 적으면 가격이 결정된다. 회의는 항상 15분 내로 끝난다. 회의 기록도 없다. 회의에

영리한 베트남 투자

서 가격과 거래량이 얼마였는지도 알 수도 없다. 5개 은행이 담합을 통해 금값을 결정할 수 있다는 비판이 나오는 이유다.

〈국제 금값 변동추이(1980년~2019년 12월, REUTERS, NYMEX 기준)〉

* 연말 기준: 28.35g/1Oz, 1kg/36Oz, 3.75g/1돈, 1kg/266돈

기준년도	가격(U$)/Oz
1980	192.00
1985	286.00
1990	389.00
1995	386.00
2000	360.00
2001	345.30
2002	340.80
2003	415.50
2004	438.50
2005	517.00
2006	636.70
2007	833.90
2008	882.10
2009	1,218.00
2010	1,421.40
2011	1,565.80
2011-08-19	1,915.00
2012	1,675.30
2013	1,212.50
2014	1,200.40
2015	1,062.30
2016	1,151.70
2017	1,309.30
2018	1,281.30
2019	1,523.10
2020-01-22	1,560.30

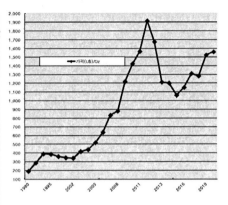

★ 선박 금융 및 탄소 배출권 거래소(CER) 전문 기관 설립

전 세계 조선 1위, 해운업 6위의 해양 강국인 우리나라도 선박 금융 전문 기관을 설립했다. 전국해양산업총연합회, 한국선주협회 등은 부산광역시에 선박 금융 전문 기관을 설립했다. 부산을 해양 및 파생 상품 특화 금융 중심지로 육성하고자 초기 자본금 1천억 원을 목표로 장기적으로는 1조 원대까지 확대할 계획을 갖고 설립 방안, 연구 용역 실시, 국회 정책 세미나를 거쳐 자본금 모집에 나섰다. 현재 노르웨이, 스웨덴, 독일, 네덜란드, 프랑스, 스위스 등 유럽 국가들이 주류를 형성하는 가운데, 우리나라도 수출입은행, 산업은행, 기업은행, 신한은행, 국민은행, 하나은행 등과 외국계 BNP파리바, SG, CITI, CA-CIB은행 등이 선박 관련 금융을 취급하고 있다. 민간 회사로는 한국선박운용㈜, KSF선박 금융㈜, 세계로선박 금융㈜, 서울선박 금융㈜ 등의 선박 투자 회사들이 있다. 한편, 한국거래소(KRX)와 부산시는 유럽기후거래소[ECX, European Climate Exchange(http://www.ecx.eu)]와 같은 탄소 배출권 거래소(CER)를 부산에 유치하기 위한 양해 각서(MOU)를 체결하는 등 부산을 파생상품 특화 금융 중심지로 집중적으로 육성하기로 하였다. 선박 금융 전문 기관의 정의를 보면, 조선이나 해운 회사가 자기 자금만으로는 선박 건조나 구매가 어려울 경우, 가용 자금을 활용 선박을 담보로 장기 융자나 직접 또는 간접적으로 투자하여, 임대(용선)를 통한 임차 수익, 잔존 가치 상승에 따른 매매 시세 차익 등을 목적으로 하는 투자 전문 기관이다. 선박 금융 전문 기관의 특성으로는 국제 금융, 종합 금융, 장기 금융, 고수익, 세제 혜택, 레버리지 효과, 수요 변동성, 초기 투자 집중, 경기 환율 금리 정치적 영향력, 오랜 역사, 전 세계 2,000억 달러에 이르는 거대 시장 등을 꼽을 수 있다. 관련 산업의 리스크는 다음과 같다.

- 신용(거래 불이행) 위험: 용선자의 파산 등 계약 불이행에 따른 위험.
- 시장(가격) 위험: 선박 운임, 용선료, 선박 가격 하락 위험.
- 환율 및 금리 위험: 환율 및 금리 변동에 따른 위험.
- 기타 국제 유가, 철강 등 원자재 가격 상승 위험 등 다양한 리스크 존재.
- 선물, 옵션, 스왑 등 다양한 파생상품으로 헤지 가능.

선박 금융 전문 기관의 업무 흐름도는, 해운 회사 선박 발주-선박 금융 회사 금융 설계-금융 기관 차입 또는 투자자 모집-조선 회사 선박 건조-해운 회사 선박 대선 및 용선-투자자 용선료 및 배당금 수취-해운 회사 선박 매각-금융 기관 차입금 및 이자 상환, 투자자에 대한 투자 원금 및 배당금 지급 순이다. 부산이 선박 금융 전문 기관의 최적지로 꼽히는 이유는 다음과 같다.

- 조선 및 해운업의 국가 기간 산업 육성 지원.
- 울산, 부산, 거제로 이어지는 남해안 조선 벨트의 중심지.
- 한국거래소(KRX) 소재로 파생상품 거래 등 금융 및 상품 거래 용이.
- 부산을 국제 금융 도시로 육성 계획.
- 장기적으로 CBOT(시카고 상품 선물 거래소) 형태의 파생상품 거래소로 발전 가능.
- 조선, 선박, 해운업에 대한 관심 고조.

탄소 배출권 거래소(CER) 거래 사례는, EU 내 노르웨이, 네덜란드 등 유럽기후거래소(ECX)와 같은 탄소 배출권 거래소(CER) 7개, ECX[European Climate Exchange(http://www.ecx.eu)] 등 전 세계 10여 개 거래소가 거래 중이다. 거래 사례를 보면, ECX Spot Price EUR13.00/계약, 6Month Forward Price? EUR13.40/계약 기준으로, A기업이 탄소 배출권 100t, B기업이 탄소 배출권 150t, 거래 기간 6개월, 6개월 선물 거래 가격이 EUR13.40/t, 탄소 배출권 초과 벌금 EUR20.00/t이라고 가정할 경우, A기업이 생산량 증가에 따라서 6개월 후 탄소 배출권 20t이 추가로 필요할 경우 B기업으로부터 EUR268/20t 선물 매입을 통하여 헤지할 수 있다. 이 경우 탄소 배출권 초과에 따른 벌금 EUR400/20t보다 탄소 배출권 거래소를 통한 거래를 통하여 EUR132를 절감할 수 있다. 국제 금융 시장 영향 및 향후 추이 전망은 다음과 같다.

○ 자본금 1,000억 원으로는 파생상품 전문 은행 역할 역부족, 자본금 1조 원 이상 필요.

○ 선박·조선업 특성상 다양한 통화, 외화 및 원화 금리, 원유 철강 등 상품 거래 필수적.

○ 점진적으로 통화, 금리, 상품 관련 선물, 스왑, 옵션 등 파생 상품 거래 다양화 전망.

○ 부산광역시에 본점을 둔 일반 은행 형태로 출범 전망.

○ 시중 은행, 외국계 은행, 지방 은행 간 경쟁 예고.

○ 금융 시장 확대, 금융 상품 다양화, 고용 창출 등 부가 가치 기대.

○ 정부의 제도적 뒷받침, 업계 공동 보조, 기존 금융 기관 협조 필수적.
○ 소규모, 경험 부족, 리더십 부재로 시행 초기 어려움, 제도정착에 상당한 시간 소요.
○ 부산이 시카고 상품 거래소(CBOT)와 같은 파생상품 전문 거래소로 확대 예상.
○ 향후 미국 달러화를 대체할 상품으로는 '금과 탄소 배출권'을 꼽음.

제9장

부동산 시장

★ 베트남 부동산 시장 현황

어느 나라 할 것 없이 개방 초기에 성장을 이끄는 것은 대부분 건설과 부동산이다. 베트남도 예외가 아니다. 주거용 오피스, 상업용 공장 등 용도를 불문하고 나라 안팎의 대내외 수요가 몰려들면서 베트남 부동산 경기는 하늘을 찌른다. 하노이나 호치민 등 대도시는 물론이고 공단을 끼고 있는 중소도시와 농촌 지역도 예외가 아니다. 베트남 수도인 하노이와 과거 월남의 수도였던 호치민(옛 사이공)은 50층은 예사이고 80층 이상도 즐비하다. 스카이라인만 보면 여느 선진국의 수도 못지않으며, 시설도 좋고, 도시 설계도 과거 한때 베트남의 지배국가였던 프랑스 파리에 필적한다. 참고로, 호치민은 지금은 인구 1천만 명에 육박하지만, 프랑스 식민지 시절에는 인구 80만 명의 프랑스 파리를 본떠서 만든 계획도시다. 5년에 1백만 명씩 인구가 늘어나고 있다. 하이엔드 아파트 가격도 평(3.3058㎡)당 천만 원 이상으로 방 3개, 화장실 2개, 거실로 구성된 30평형 대가 우리 돈 5억 원을 훌쩍 넘는다. 프로젝트별로 30% 규모인 대도시 외국인 전용 매매 물건인 경우 50만 달러 상당을 넘는 경우가 대부분이다. 월 200~300달러 소득으로 어떻게 구입하나 싶지만, 소유주 대부분이 베트남 현지인들이다. 대도시로의 인구 유입이 5년마다 100만 명씩 늘고 있으며, 하노이와 호치민의 경우 20억 동(9만 달러 상당) 이하의 아파트는 찾아보기 힘들 정도다. GDP 증가율 7%, 수출 증가율 8% 이상과 함께 주택 가격도 매년 10% 이상의 상승률을 보이고 있다.

토지가 딸린 일반 주택과 상업용 건물은 천정부지로 값이 오르고 있으며 매물도 귀하다. 현실적으로 외국인 투자 법인을 제외한 일반 외국인이 구입하는 것은 사실상 불가능하다. 그래도 2015년부터는 외국인 투자자들에게도 일반 주거용 부동산 투자까지 허용하면서 외국인의 발길도 분주하다. 여기저기 부동산 중개소 간판도 심심찮게 볼 수 있다. 도심지 중심 상가 건물은 매물 자체가 없으며, 목 좋은 곳은 평당 1억 원을 넘나든다. 베트남 사람들이 선호하는 고급 빌라형 단독 주택은 100만 달러(11억 원 상당)가 훌쩍 넘는다. 부호들이나 정치 권력자들이 소유한 하노이 서호(Ho Tay) 주변과 호치민 사이공 강변 투티엠(Thu Thim) 지역의 최고급 단독 주택은 홍콩이나 싱가포르처럼 500만 달러를 진작에 돌파했다.

특히, 서울 강남을 연상케 하는 2군 투티엠 지역은 총면적 657헥타르, 8개 지역으로 나뉘며, 주택 개발 33% 및 67%는 공원 등으로 개발되며, 15,000가구, 6만여 명의 신도시로 개발된다. 매매가는 ㎡당 2억 동이 넘을 전망이다. 먼저, 1/500 마스터플랜을 바탕으로 15개 부지로 나눠서 부지 경매를 진행한다. 2019년 10월경에는 투티엠 신도시 지역의 55개 토지에 대한 경매 계획이 발표되었다. 이 토지들은 세 가지 범주로 구분되는데 첫 번째, 158,000㎡의 16개 토지로 학교, 무역, 서비스센터, 아파트를 위한 구역으로 지정되어 있다. 두 번째, 269,000㎡로 금융 센터, 공연예술 센터, 호텔을 위한 구역이다. 세 번째, 23개 토지 365,000㎡로 토지에 대한 보상이 아직 마무리되지 않은 지역이다. 이외에도 투티엠 지역 3,800세대의 이주민 아파트는 4억 2,500만 달러 이상의 가격으로 시장에 매물로 나와 있다. 동남아시아에서 가장 높은 건물인 랜드마크(Landmark) 81층의 경우 상업용 시설, 아파트, 호텔, 전망대 등으로 구성되어 있으며, 베트남 최대 그룹인 빈 그룹(Vin Group)에서 개발했다. 44헥타르의 대지에 81층 건물, 17개 동 아파트, 150세대의 빌라로 구성되어 있으며, 전체 1만 세대가 거주하고 있다. 각종 편의시설과 더불어 국제 학교, 국제 병원 등이 있으며, 사이공강을 낀 공원 면적이 14헥타르로 전체의 32%나 차지한다. 렌트 가격이 월 1,200만 동에서 7,000만 동, 매매가는 ㎡당 8,000만 동에 이른다. 베트남에서 아파트는 일반적으로 럭셔리(Luxury)-고급(High-end)-중급(Mid-end)-서민형(Affordable)의 네 가지로 구분한다.

뉴욕, LA, 런던, 캐나다, 호주, 뉴질랜드, 싱가포르, 홍콩 그리고 중국 북경, 상하이 등에서 크게 재미를 본 부동산 투자가 이젠 베트남으로 옮겨 왔다. 서울 강남 한복판에서 베트남 아파트 분양도 하는 세상이다. 베트남 부동산 투자 패키지여행 상품도 넘쳐난다. 2018년을 기준으로 해외 부동산 투자 송금 고객 현황을 보면, 미국 32% 98만 달러(1인당 평균)-말레이시아 25% 13만 달러-베트남이 3위로 22% 16만 달러-캐나다, 필리핀, 태국, 영국 순이다. 2019년 해외 부동산 투자 선호도도 크게 다르지 않다. 미국, 베트남, 필리핀, 캐나다, 일본, 말레이시아, 영국, 태국, 호주, 뉴질랜드 등으로 나타났다. 해외 부동산 투자 탑 10중에서 아세안 국가가 절반이다. 시세 차익의 투자 목적뿐만 아니라, 임대(Rental)나 에어비앤비(Air B&B), 여차하면 베트남에서 살 수도 있다는 각오로 실수요까지 가세하고 있다. 각종 규제로 국내 투자 수단이 제한된 상황에서 베트남 부동산은 우선 세금 부분에서 양도세가 양도가액의 2%, 보유세와 재산세는 없으며, 상속세와 증여세는 전체 양도가액의 10% 정도로 이마저 베트남 거주 가족에게 양도 시 면제되는 등 매력적이다. 주거용 아파트의 경우 부동산 투자에서 둘째가라 하면 서러워할 우리나라 사람들이 빠지지 않는다. 한 사람이 서너 채, 심지어 한 동을 통째로 구입해서 월세 임대나 에어비앤비 형태로 굴리면서 차익 실현을 노리고 있다. 2015년 외국인 부동산 구입 정책 완화로 시세가 급등하면서 원룸, 투룸, 쓰리룸 등 평형도 다양한 데다 하노이 및 호치민 고급 아파트의 경우 분양가에 프리미엄이 두 세배로 뛰었다. 특히, 우리나라 사람들의 선호 지역인 사이공강(동-서로 관통)을 끼고 있는 호치민 시내(1군, 2군, 3군, 4군, 7군, 빈탄군) 빈홈, 빈홈골드, 투티엠 지역에서는 거실과 방 하나로 구성된 원룸형이 25억 동(11만 달러 상당) 분양가로 시작해서 불과 1년 사이에 40억 동(18만 달러 상당)으로 폭등해서 거래되고 있다. 같은 기간동안 투룸형도 35억 동(15만 달러 상당)이 50억 동(22만 달러 상당)으로 올랐다. 초고층 전망 좋은 쓰리 베드룸은 50억 동(22만 달러 상당)이 100억 동(45만 달러 상당)으로 폭등해서 거래되고 있다. 홍콩 자본인 알파킹 그룹이 분양하는 1,074가구 중 전용 28.7㎡(9평 남짓한 이그제큐티브 스튜디오)의 경우, 50만 달러 상당이다. 최근 짓고 있는 2~3룸 아파트는 10억 원에 육박한다. 하지만, 아직 수도 하노이는 호치민의 2/3 가격에 거래되고 있다. 참고로, 아파트 공급 물량이 늘면서 임차의 경우 월 700~1,000달러면 가구가 완비된 좋은 것들을 구할 수가 있다. 2018년경에 글로벌 부채 문제가 대두되면서 베트남 정부도 살짝 긴장하는 분위기이나, 저자가 2018년 11월에 호치민을 직접 방문하여 둘러본 바로는 활황 그 자체였다. 베트남 정치 권력 서열 1위인 공산당 서기장과 2위 국가주석직 통합 등 권력 강화기와 맞물려 각종 인허가 비리로 수많은 관계 공무원과 고위직들에 대한 사정이 진행되고 있었으나 부동산 상승 기세는 여전했다.

베트남 부동산 투자의 주요 포인트는 다음과 같다. 소득이 증가하고 삶의 질을 중요시하는 트렌드를 반영하여 안전하고, 스마트하며, 녹지 환경이 잘 조성되어 쾌적하고, 아름다운 부동산이 투자 1순위로 꼽힌다. 도시화 비율이 35%에 불과한 베트남에서도 대도시 중심지가 투자 유망하다. 계획적으로 잘 조성된 국가 공단지구 및 하이테크 중심의 공업 지역도 인기다. 유명 관광지나 휴양지 부동산도 입지가 탄탄하다. 부동산 경기 단기 과열에 따른 일부 부작용도 나타나고 있는데, 베트남 중앙은행[SBV]이 선제적으로 신용 한도 관리, 부동산 대출 증가 억제, 부동산 관련 세금 신·증설 등으로 대처하고 있다. 일부 지역에선 부동산 개발 과정에서 불·탈법 현상이 나타나 정부가 대대적인 감사에 나서면서 인허가 지연 사태가 일어나고 있다. 호치민시 2군 투티엠의 경우, 호치민시 인민위원회가 책정한 15,000세대에 대한 토지 보상금 2천 6백만 동/㎡의 적절성, 건설 규정 미비, 3억 7,500만 달러 투자 불균형 등을 문제 삼고 있다.

공단 지역도 전 세계 기업들이 몰려들면서 땅값과 임대료가 가파르게 오르고 있다. 베트남 정부는 2014년 외국인 부동산 투자 제한 완화에 이어, 2015년 9월부터는 외국인 직접 투자 지분한도를 49%에서 100%로 늘려 주었다. 덩달아 베트남 주택시장은 연평균 20% 이상의 성장세를 나타내고 있다. 아파트 건설이 봇물이 터지듯 이루어지면서 중국과 일본, 우리나라 부동산 투자자들이 대거 몰려들고 있다. 2018년 호치민을 기준으로 고급 주택 구매자의 국적은 중국 30%, 베트남 23%, 한국 22%, 홍콩 11%, 미국 5%, 타이완 4% 순이다. 전체 해외 투자 금액의 50%가량이 부동산 투자 관련 자금이었다.

부동산 투자는 장기 투자의 성격을 띠는 것이 일반적이나, 투기성 자금, 즉 핫머니도 상당하다. 요즘은 국가 간의 세금(증여세, 상속세, 소득세 등) 차이를 회피할 목적으로 들어오는 부동산 투자도 많다. 특히, 한국인들의 부동산 투자는 미국과 캐나다, 영국, 호주, 중국을 넘어서 이제는 베트남에서도 첫 손에 꼽힐 정도다. 국내 경기의 어려움으로 세수 확보에 비상이 걸리자 우리 정부는 해외 투자를 가장한 해외 부동산 구입에 세무 조사를 강화하는 추세다. 해외 부동산 구입

영리한 베트남 투자

을 통한 편법 증여 및 상속 등 역외 탈세에 주목하고 있는 것이다. 해외 부동산 취득 자료, 외환 거래, 출입국 관리 기록 등을 통하여 조사하고 있는 것으로 판단된다. 우리 정부의 과세권 강화가 국내에서뿐만 아니라 해외로까지 확대되는 모습이다.

또 하나, 베트남 부동산 시장의 특징 중의 하나는 폭발적인 도시 인구 증가로 물류 산업이 번창하면서 도심지 외곽도 땅값이 천정부지로 오르고 있다는 사실이다. 제조업 중심 공장에서 물류 등 선진국형으로 산업의 패러다임이 바뀌고 있다. 베트남 물류 산업의 시장 규모는 400억 달러(50조 원 상당)로, GDP의 17%를 차지한다. 무역 전쟁 최대 수혜국, 활발한 해외 직접 투자, 자체 소비 시장 증가 등으로 연간 15% 이상의 성장세를 나타내고 있다. 물류는 규모나 취급 품목에 따라서 원자재, 원재료 소재, 부품, 화학 제품, 일반 소비재 등으로 다양하며, 공장형(스톡, 야적), 창고형(냉동·냉장, 특수저장시설), 보세 장치(BWT), 물류창고(디스트리뷰션) 등으로 구분한다. 창고의 본래 기능인 저장에서부터 개별 포장 그리고 배달까지 전반적인 물적 유통으로 이어지는 구조다. 철저한 제조업 중심에서 일반 소비재 등 서비스 산업으로 산업 패러다임이 바뀌고 있는 베트남 시장에서 홈쇼핑, 쇼핑몰, 이커머스 등을 겨냥한 물류는 폭발적인 성장세가 기대된다. 동나이성(城) 롱탄 국제공항(2021년 착공, 2025년 완공 목표, 인천 국제공항 모델) 건설로 동남아시아 허브 공항의 입지도 기대되는 만큼 베트남을 포함한 아세안 10개국 물류 중심지로서의 가치도 충분하다. 현재 베트남 시장에서는 1,500여 물류 업체들이 경쟁하고 있으며, 한국계만 해도 300개 이상으로 추정된다. 국내 물류 산업의 한계에 따른 급격한 베트남 진출로 한국계 기업 간, 글로벌 물류 기업과 대형 로컬물류 업체들과의 경쟁 심화로 어려움을 겪고 있지만, 여전히 기회다. 물류 관련 마케팅은 여전한 오프라인뿐만 아니라 페이스북, 유튜브 등 인플루언서들을 활용한 다양한 방법들이 요구된다.

한 통계 자료에 따르면 소득 대비 생활비가 저렴한 나라 1위가 베트남이었다. 원룸 임대료, 수도·전기 요금, 대중교통비, 커피 한 잔, 맥주 한 병 등이 465달러에 불과하다. 미얀마가 560달러, 필리핀이 324달러 수준이다. 하지만 이마저도 옛말이 되고 있다. 베트남 평균 주택 분양가는 2019년을 기준으로 U$2,500/m²로 호치민이나 하노이는 U$5,000/m²가 넘는다. 넘쳐나는 글로벌 유동성, 저금리 기조, 물밀듯이 몰려드는 해외 투자 자금 등으로 2019년 기준 부동산 가격은 2016년의 두 배가 넘는다. 베트남을 방문하는 외국인 관광객은 연간 1,800만 명에 육박하며, 우리나라 사람들의 최근 트렌드인 '한두 달 동안 외국에서 살아보기'의 최적지로 여기는 듯하다.

글로벌 유동성에 투자처를 찾지 못한 핫머니들이 베트남 등 아세안으로 집중되면서 당분간 이런 성장세는 이어질 전망이다. 베트남 중시에서 시가 총액 1위(13조 원 상당) 업체인 빈 그룹의 건설사 빈홈스(Vinhomes)가 호치민에 조성 중인 4,000세대 규모의 빈 시티(Vin City)는 2022년경에 완공 예정이지만, 분양은 이미 완료다. 베트남의 강남으로 불리며 사이공강을 끼고 도는 2군 투티엠 지역도 마찬가지다. 투티엠 건너편 1군과 경계를 이루는 빈탄구의 1만 세대가 넘는 대단위 아파트도 급등세를 이어가고 있다. 외국인 매매분을 기준으로 원룸형인 53~56㎡의 매매가 15만 불, 월세 900불, 투룸형인 88~113㎡의 매매가 30만 불, 월세 1,200불, 쓰리룸형인 122~133㎡의 매매가 80만 불, 월세 2,000불 이상에 거래된다. 주로 45~50층으로 건설되고 있으며, 1층은 상가, 지하 1~2층 포함하여 2~5층은 주차장으로 구성된 주상 복합 건물이다.

베트남 부동산 경기 활황은 주식 시장의 판도도 변화시켜 시가 총액 상위에 대부분의 건설사를 올려놓고 있다. 2019년 베트남 건설업 탑 10 순위를 보면 다음과 같다. VINHOMES, NOVALAND, FLC GROUP, SUN GROUP, DAT XANH GROUP, NAM LONG, HUNG THINH, ECOPARK, BIM GROUP, CEO GROUP 순이다. 참고로, 2019년 한국의 건설업 탑 10 순위는 현대건설, GS건설, 삼성물산(건설 부문), 대림산업, 대우건설, 현대엔지니어링, 포스코건설, 롯데건설, SK건설, 현대산업개발 순이다. 최근에는 한계에 이른 한국에서의 건설 사업 부진 만회를 위해 부산, 대구, 광주 등 지방 건설사들도 속속 진출하고 있다. 가파른 부동산 가격 상승에 한편으로는 베트남 정부의 고민도 깊어지고 있다. 베트남 사회가 아직 제대로 겪어보지 못한 두 가지가 바로 '민주화 운동과 경제 구조 조정'이다. 혹시나 있을 구조 조정에 가격 하락을 우려하면서도 부동산 투자 열기는 식을 줄 모르고 진행형이다. 언제일지는 가늠하긴 어렵지만, 통과의례로 조정을 한 번은 겪을 것이다. 한국을 비롯한 동아시아 대부분의 나라가 그랬듯이….

2019년 1억 명에 육박하는 베트남 인구는 2030년이면 최대 1억 2,000만 명까지 늘어날 전망이다. 세계 경제 대국 3위인 일본의 인구에 필적하게 된다. 도시화율 40%, 인구 밀도 세계 13위다. 외국인 부동산 시장 투자 규모는 100억 달러로 제조업에 이어서 2위 분야다. 베트남은 남북 2,500㎞로 길게 뻗어있는 'S자 형태'의 나라다. 북부 중심 도시는 수도인 하노이와 베트남 최대 항구인 하이퐁 그리고 대표적인 하이테크 산업 단지인 박닌성, 하이즈엉성, 닌빈성 등이다. 중부 지역 중심 도시는 요즘 가장 '핫'하다는 다낭과 옛 왕조의 수도였던 후에 및 호이안이다. 남부 지방에서 가장 큰 도시는 옛 월남 수도

였던 사이공(지금의 호치민)과 껀터, 빈증성, 동나이성, 롱안성, 바리아-붕따우성 등이다. 향후 몇 년은 이들 중심 도시 위주로 베트남 부동산 성장세가 좀 더 이어질 전망이다. 베트남 호치민 인근의 동나이성에 세워질 롱탄 국제공항은 동남아시아에 또 하나의 허브 공항으로 자리매김할 전망이다. 또 하나 재미있는 사실은 외국인 투자 활성화로 베트남 사람들의 부가 급격하게 늘어나면서 이들의 해외 부동산 취득도 봇물이 터지듯 이루어지고 있다는 점이다. 자산 규모 미화 100만 불 이상의 백만장자도 2만 명에 이른다. 해마다 10% 이상씩 늘어나는 추세다. 장삿속과 잇속 밝은 이들이 장래에는 서울 부동산도 매수할 날이 올 것이다.

베트남의 외국인 투자 관련 부동산 정책은 상업 주택 건설 프로젝트 내 아파트 연립 빌라 등을 개발사나 다른 외국인으로부터 구매 가능하다. 지자체별로 차이가 있지만, 일반적으로 내-외국인 간 부동산 거래 금지 정책으로 외국인은 베트남인으로부터의 부동산 구매와 현지인에게 판매가 불가능하다. 프로젝트 단지 내 30%, 한 동에 30% 이내, 동일 지역 내 250채 이내에서만 분양과 매매가 가능한 상황이다. 따라서 일반적으로 내국인용보다 5~10% 비싸게 분양되고 거래된다. 분양 후 일반적으로 내국인용과 외국인용 간의 갭이 20%를 넘나든다. 주택담보대출은 분양가의 70%, 금리는 8% 정도이나, 외국인 투자자는 대출받기가 어렵다. 제조업을 넘어선 주택, 상가, 쇼핑몰, 관광단지 및 산업단지 등 전방위 부동산 시장이 매력적인 투자처로 급부상하고 있다. 제4차 산업 혁명이 베트남 부동산 시장에도 몰아닥쳐 스마트하고 지속가능한 성장에 정책을 집중하고 있다. 인구 및 소득 증가, 도시화, 개방화로 신규 주택 수요뿐만 아니라 도시 재생 사업도 활발한 것은 베트남 부동산 투자를 이끌 요소들이다. 개방 초기 부동산 투자가 가장 유망한 것은 베트남이라고 해도 크게 다를 바 없다. 투자, 부동산만 한 게 아직은 없다.

● 베트남의 토지법 주택법 건설법 부동산사업법 등 부동산 관련 법과 제도

○ 법률상 부동산 제도는 헌법을 근간으로 민법, 민사소송법, 토지법, 주택법, 건설법, 입찰법, 도시계획법, 부동산사업법 등으로 구성.

○ 법령의 체계는 헌법(Constitution)을 정점으로 법률(Law)-시행령(Decree)-총리령(Decision)-시행규칙(Circular)-행정 기관의 결정(Decision)으로 구분.

○ 베트남 토지법은 1953년경에 토지개혁법을 공포하여 토지 분배, 1959년 농업협동조합법을 통하여 토지 회수, 1993년 토지법을 전면 개정하여 토지 사용권을 부여하고, 현재는 외투 기업과 외국인에게도 일부 개방.

○ 핑크북(레드북)은 한국의 등기부등본과 유사하며, 2009년 12월 10일 이전에 발급되었고, 현재는 '토지 사용권 증서와 주택 및 기타 토지부착자산의 소유권 증서'로 개편되어 공통으로 쓰임. 소유자와 배우자 인적 사항이 기재되어 있으며, 소유 부동산에 대한 정보가 기재되어 있음. 토지법에 의거 같은 공산주의 이념의 중국과 마찬가지로 토지 소유는 국가로, 국민은 '토지 사용권 증서[(LURC), Land Use Right Certificate, 핑크북(레드북, 등기권리증의 일종)]를 받아서 사용하고, 일반적으로 베트남 국민은 최장 70년, 외국인은 최장 50년 내에서 사용권

을 가짐. 계약 경신(갱신)에 대한 우선권이 인정되고, 양도, 임대, 전대, 증여, 담보 제공, 출자 등 가능, 기한은 24개월이며 24개월 후 한 차례 연장 가능하나 이후에도 행사하지 않으면 소유권은 국가로 귀속되며, 양도 불가능하나 외국인 투자자에게 주택 사업 건설 투자 및 합작 투자 등 제한적인 경우 양도 가능. 80㎡ 일정 규모 이상 면적에 선별적으로 발행. 외국인 투자 법인의 부동산 투자 개발 사업(프로젝트)은 현지 기업의 토지 사용권 양수도 계약을 통해서 가능. 외국인 투자자에 대한 토지 사용권은 임대 형태로 최장 50년까지만 허용하며 임대료는 일시불(One-Off Payment)과 연납(Annual Payment) 방식, 토지 가격은 세 가지로 정부의 5년 단위 표준지 공시지가와 경매·입찰 그리고 당사자 간의 합의로 결정, 공증과 인증 필수.

○ 법적 권한인 등기 권리 행사는 등기 권리증에 매매, 근저당권, 공동명의 소유 등 등기 사실 기입 후 법률 사무소 공증 후 점유함으로써 채권 보전. 해당 부동산이 담보 목적물인 경우 주채권 은행이 점유하는 것으로 권리 보전, 특히 부부 공동재산권을 보장하는 베트남에서는 매매 시 부부 공동의 동의가 필요하며, 특별한 경우를 제외하고는 외국인 개인의 베트남 내 은행권 주택담보대출은 제한.

○ 2014년 주택법 개정[Law No.65/2014/QH, 2015년 7월 1일 발효]으로 투자 목적의 외국인 단체, 외국인 개인, 외국인 투자자도 주택 소유 가능. 단, 상업 주택 건설 프로젝트 내 아파트, 연립, 빌라 등을 개발사나 다른 외국인으로부터 구매 가능하나, 내-외국인 간 부동산 거래 금지 정책으로 베트남인으로부

터 부동산 구매와 현지인에게 판매는 불가능하며, 한 단지 내 30% 및 한 동(Ward)에 30% 이내에서만 분양과 매매 가능.

○ 외국인(개인) 투자자의 임대(사업)는 사전에 관할 기관에 통지 후 세금 납부, 외국인 단체(금융 기관 지점, 대표 사무소 등)는 직원 숙소로만 사용 가능하며 임대 및 사무실 용도 사용금지, 부동산 사업자는 임대업 가능.

○ 부동산 개발 투자 부동산 중개업(중개사 자격증 소유 2인 이상) 부동산 감정 부동산 경매 등 부동산(개발) 사업은 출자(최소 자본금 200억 동 이상)가 이뤄진 투자 등록증(IRC)과 기업 등록증(ERC)을 받은 기업과 조합만 가능. 주택 개발 방식은 상업, 개인 단독, 사회, 공무 주택 등 네 가지로 구분.

○ 베트남 부동산사업법에 따르면, 아파트 등 미완공 부동산 분양의 경우 토지 사용권 증서나 투자 증명서, 건축 도면, 건축 허가, 인프라 완공 확인, 주택 분양 조건 충족 확인서 등이 필요. 분양 대금은 할부로 가능하며 최초 대금은 30% 초과 금지(외국인 투자 법인 시행사는 50% 초과 금지) 소유권 이전 등록 전 95% 초과 금지.

○ 베트남 국민 주택(1필지) 규모는 4m×12m=48㎡(일반), 6m×20m=120㎡(신도시), 8m×20m=160㎡(고급) 등 다양하며, 큰 규모는 여러 채를 합필한 경우가 대부분. 주택의 종류는 단독 주택과 공동 주택으로 분류. 세부적으로는 상업 주택, 공무용 주택, 이주 주택, 사회 주택으로 구분.

○ 공동 주택 분양 절차, 청약 제도 및 수·분양 제도가 없어서 일반적으로 사전 분양을 통하여 동·호수를 지정 분양하며, 계약금(30%), 중도금(5회 분할 총 30%), 잔금(입주 시 30%), 핑크

북 수령 시(10%) 등 분할 납부 절차를 거침. 토지 사용권 증서[일명 핑크북(레드북)]를 받는 데 상당한 시일과 어려움 존재.

ㅇ 건설법은 건설업을 특급과 1~4등급까지 5등급으로 분류. 기업법과 투자법에 따라서 단독 법인과 합작 법인 허용. 지점 설치도 가능, 하자 보증은 공공시설 등은 24개월 이상, 일반 건축물은 12개월 이상.

ㅇ 부동산 관련 외국인 직접 투자(FDI) 누적 규모는 2019년 말을 기준으로 약 600억 달러.

〈주요 지역 아파트 매매(분양) 가격〉

지역	가격[USD/m²]	특징
하노이, 호치민	5,000~10,000	하노이, 호치민 도심지
박닌, 하이퐁, 다낭, 동나이, 빈즈엉	2,000~5,000	하노이, 호치민 인근 공단
기타	1,000~2,000	중소도시

ㅇ 호치민 아파트 평균 매매 가격 USD1,500/m²(1군 U\$5,500, 10군 U\$3,000, 빈탄군 U\$2,800), 호치민 주택 평균 매매 가격 USD7,000/m²(1군 U\$16,000, 10군 U\$13,000, 빈탄군 U\$10,000), 하노이 USD1,200/m² 수준, 고급 아파트의 경우 호치민, 하노이를 기준으로 USD3,000~10,000/m²에 이름.

ㅇ 베트남 부동산 투자 초기 단계로 매매가 활발하지 않아 매매 차익은 일률적이지 않으나 GDP 성장률(6%) 및 인플레이션(2%)을 감안하면 연 8% 이상 예상되며, 매입 후 임대 수익률도 7~10% 전망.

● 아파트(주택) 월 임대차 가격

　○ 하노이, 다낭, 호치민 등 대도시 풀옵션 3룸 U$1,500~U$3,500,
　　2룸 U$1,000~U$2,000.

　○ 단독 및 연립 등 일반 주택은 집 상태에 따라서 U$1,000부터
　　U$5,000까지 매우 다양.

　○ 일반적으로 2개월 치 월 임대료를 보증금으로 내고 1년 단위
　　로 임대차 계약.

● 상업용 건물(상가 및 오피스) 매매 및 임대차 가격

　○ 하노이, 다낭, 호치민 등 대도시 중심 상권 매매 가격은
　　U$10,000~U$50,000/㎡에 육박하며, 목 좋은 곳은 10만 달
　　러 이상도 즐비해 매물도 귀하며 정보에 약한 외국인은 매입
　　이 어려움.

　○ 상가 임대차 금액도 소득 수준 향상, 지하철 등 대중교통 발
　　달, 외국인 투자자들까지 가세하면서 연일 고공행진.

　○ 원룸, 투룸 등 임대 목적의 도시형 생활주택과 선진국 같은
　　공유 오피스도 속속 도입. 호치민 A급 오피스 임대료 U$50/
　　㎡, 하노이 A급 오피스 임대료 U$40/㎡ 수준(필리핀 마닐라
　　U$40/㎡, 말레이시아 쿠알라룸푸르 U$30/㎡ 대비 상대적으로 비쌈).

● 프로젝트 개발 절차 및 방식

　○ 프로젝트 주체 선정, 부지 확보, 사업성 분석, 투자자 모집,

PM 및 CM 선정, 설계 및 시공사 선정, 착공, 분양 및 매매, 프로젝트 종료.

● **공단 토지 구입 및 임대 절차**

○ 외국인 투자자가 공단으로부터 토지를 구입하는 경우, 계약 은 법적으로 공단이 국가로부터 임대한 토지를 전대하는 토 지전대차계약(Sub-Lease Agreement).

○ 절차는 한국 투자자와 공단이 가계약(MOU)-투자 등록증 (IRC) 발급-기업 등록증(ERC) 발급-법인 설립-신규 설립된 베 트남 법인과 공단 사이 정식 계약 체결-법인 인감 등록-토지 사용권 증서(LURC, Land Use Right Certificate) 신청 및 발급.

○ 사전 검토사항으로는, 대상 토지에 대한 적법하게 발급된 토 지 사용권 증서(LURC) 존재, 분쟁 여부, 유효기간 내 계약 체 결이 있음.

○ 업종별로 공단이 지정되어 있어 사전에 철저한 확인이 필요하 며, 외국인 보유 지분 제한 및 조건부 투자 허용 여부, 독과점 업종 확인, 외국인 투자 법인은 라이선스 선결 조건으로 까다 롭고, 토지 매매 계약 후 최대 2년 내 공장 건설 및 가동 조건.

○ 공단 지역 토지 및 공장 매매나 양도는 분양이 아닌 경우 사 적인 거래가 아닌 공단에 되파는 형식을 취하며, 일부 영업 권을 인정하는 추세로 그 부분은 보상 계약서(Compensation Agreement)를 통하여 개별로 정산하며 공증은 필수.

○ 해외 직접 투자 관련 금융 기관 대출은 시설 자금 대출(토지 매입, 건축, 설비 투자 등) 및 운전 자금 대출이 가능하며, 대출

금리는 신용도에 따라서 6~8% 수준. 직접 투자 초기에 신청하여야 하며, 5년 이내 원리금 분할 상환이 원칙으로, 동일한 조건으로 타행 대환 가능.

○ 베트남에 대한 정보 부족, 라이선스 어려움, 토지 가격 급등으로 최근에는 공단 개발사들의 맞춤형 임대 공장도 늘어나는 추세이며, 법인 설립부터 가동까지 일관 서비스(턴키)도 활발한 상황.

〈주요 지역 공단 토지 사용료〉

지역	가격 [USD/m']	특징
하노이, 다낭, 호치민	300~1,000	북, 중, 남부 권역 前現 수도
동나이, 빈증	50~500	수도권 인근 공단
하이퐁, 껀터	30~300	광역도시
박닌, 타이응우옌	50~500	삼성전자 등 하이테크 지역
기타 지역	10~100	중소도시 및 농어촌 지역

● **역외 계좌 개설 시 필요 서류**(Required Documents for Opening Offshore Account)

○ 공증 필요 서류(주한 베트남 대사관: 서울시 종로구 북촌로 123): 사업자 등록증 사본, 법인 등기부 등본 사본, 정관 사본, 법인 인감 증명서 원본, 현지 예금 업무를 위임받은 사람의 여권 사본.

○ 기타 준비 서류: 법인 대표이사의 신분증 사본, 현지 예금업

무를 위임받은 사람의 신분증 사본.

○ 은행 양식: 예금 거래 신청서, 위임장(베트남 현지 예금 업무 위임), 인감·서명감 신고서 등.

● **토지 사용권**

○ 토지공개념으로 사회주의 국가의 토지 소유권은 국가에 있는 만큼, 증여, 상속 등의 개념이 없고, 토지 사용권은 50년 이하가 일반적이며, 계약 기간 만료 3개월 전 계약 갱신 우선권을 부여함. 내용 연수에 따른 감가상각 등 개념 정립 필요.

● **부동산 매매·소유·임대 관련 세금 제도**

○ 베트남 부동산 관련 세금 제도는, 토지 사용료, 토지 임대료, 이전 등록비와 더불어, 부동산 구매 시 부가가치세(공사비의 10%), 이전 등록 비용(인지세) 0.5%(최대 5억 동), 판매 시 PIT(개인소득세)인 양도세 개념의 양도가액의 2%(매매 손실의 경우에도 납부), 법인의 경우 양도 차익의 20%(양도 차익 확정 가능 시)나 양도 금액의 2%(양도차익 불확실 시), 보유세와 재산세는 없으며, 상속세와 증여세는 전체 양도가액의 10%로 베트남 거주 가족에게 양도 시 면제, 임대소득 세금은 거주자는 전체 임대료의 10%(소득세 및 부가세 각 5%), 비거주자는 소득세 5% 부과, 법인세(CIT) 20%(최고).

〈베트남 부동산 투자 관련 우리나라의 과세 제도〉

구분	취득 단계	보유 단계	처분 단계	
관련 세목	증여세	종합소득세	양도소득세	상속, 증여세
내용	취득 자금 증여	투자, 임대 소득	양도소득	상속(증여) 가액
내국 세법	10~50%(누진세율)	6~38%(누진세율)	6~42%(누진세율)	10~50%(누진세율)
외국 세법	국가별 상이	누진세율	누진세율	국가별 상이

● 부동산 매매 가격 결정 요소

○ 바다, 강, 관공서, 학교, 상업 시설, 도시철도 및 지하철, 하이
테크 공단 입지 근처, 외국인 선호 지역, 건설 회사 브랜드 등.

○ 베트남 사람들이 특히 좋아하는 강을 둘러싼 지역이 주거, 상
업, 업무 지역으로 선호하며, 최근에는 브랜드와 함께 학교 선
호도가 높아지는 등 우리나라와 큰 차이가 없음.

● 하노이와 호치민 지하철 시대 개막

○ 하노이 도시철도 8개 라인 공사 중으로, 2019년에 일부 개통
했으며 2020년 완전 개통을 목표.

○ 호치민은 2개 라인 건설 중으로, 1호선은 1군 벤탄시장에서 9
군 수이띠엔까지 14개 역 20㎞. 총사업비 25억 달러에 2012년
에 착공하여 2020년 말 일부 및 2021년 완전 개통 예정.

● 롱탄 국제공항(Long Thanh Int'l Airport)

○ 베트남 호치민 인근 동나이성에 세워질 동남아시아 또 하나
  의 허브 공항으로 자리매김할 전망. 베트남을 방문하는 외국
  인 관광객은 연간 1,800만 명에 육박.

○ 국영 기업 ACV(베트남공항공사)가 사업 주체로, 건설비는 약
  47억 달러 소요될 예정. 2021년 착공, 2025년 완공 목표로,
  인천 국제공항을 모델로 한국계 희림 건축에서 설계 중.

● 베트남 물류 시장

○ 물류 산업 시장 규모 400억 달러(50조 원 상당), GDP의 17%
  차지. 무역 전쟁 최대 수혜국, 활발한 해외 직접 투자, 자체 소
  비 시장 증가 등으로 연간 15% 이상 성장세.

영리한 베트남 투자

ㅇ 롱탄 국제공항은 동남아시아 허브 공항의 입지도 기대되는
만큼 베트남을 포함한 아세안 10개국 물류 중심지로서의 가
치도 충분.

ㅇ 현재 베트남 시장에서 1,500여 개의 물류 업체들이 경쟁하고
있으며, 한국계만 300개 이상으로 추정.

● 베트남 건설 산업 및 부동산 재고

〈베트남 건설 시장 규모(베트남 통계청, 2019년부터는 예상치)〉

연도	2008	2010	2012	2014	2016	2017	2018	2019	2020	2021	2022
건설업 GDP 비중 (%)	5.92	6.15	5.38	5.11	5.62	5.73	5.70	5.80	5.80	5.80	5.80
건설업 규모 (조동)	96	133	175	201	253	287	315	347	385	426	472
건설업 성장률(%)	-0.38	10.06	3.66	6.93	10.0	8.70	7.30	7.20	7.20	7.20	6.90

ㅇ 2017년 5월 말 기준 부동산 재고를 보면, 택지(13조 2,030억
동), 저층 주택(7조 3,790억 동), 아파트(4조 8,320억 동), 상업 지
역(2조 4,800억 동), 전체 27조 8,940억 동에 이름.

국가·도시 비교 사이트인 넘베오의 통계를 보면 도시별 도심 아파
트 가격 순위에서 2016년에는 14위이던 서울이 지난해에는 7위로 껑
충 올라섰다. 1위 홍콩, 2위 런던, 3위 싱가포르, 4위 베이징(중국), 5
위 상하이(중국), 6위 선전(중국)이다. 상승률이 38%로 지난해를 기준
으로 세계 20위권에 든 도시 중에서 가장 높다. 올해 들어 중국 주요

도시의 집값이 약세여서 머지않아 서울이 5위권 내에 들 수 있다.

〈세계 도심 아파트 구입 가격(자료: 넴베오, 2019년 11월)〉

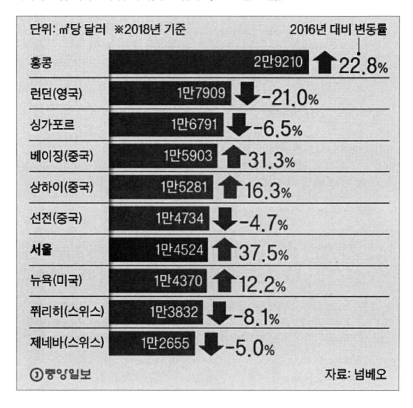

단위: ㎡당 달러 ※2018년 기준

2016년 대비 변동률

도시	㎡당 달러	2016년 대비 변동률
홍콩	2만9210	⬆22.8%
런던(영국)	1만7909	⬇-21.0%
싱가포르	1만6791	⬇-6.5%
베이징(중국)	1만5903	⬆31.3%
상하이(중국)	1만5281	⬆16.3%
선전(중국)	1만4734	⬇-4.7%
서울	1만4524	⬆37.5%
뉴욕(미국)	1만4370	⬆12.2%
쮜리히(스위스)	1만3832	⬇-8.1%
제네바(스위스)	1만2655	⬇-5.0%

ⓙ중앙일보   자료: 넴베오

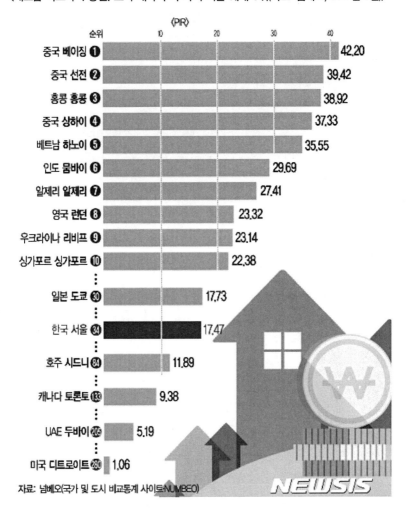

〈베트남 하노이 부동산. 소득 대비 주택 가격 비율 세계 5위(자료: 넴베오, 2017년 8월)〉

〈PIR〉

순위		PIR
중국 베이징 ❶		42.20
중국 선전 ❷		39.42
홍콩 홍콩 ❸		38.92
중국 상하이 ❹		37.33
베트남 하노이 ❺		35.55
인도 뭄바이 ❻		29.69
알제리 알제리 ❼		27.41
영국 런던 ❽		23.32
우크라이나 리비프 ❾		23.14
싱가포르 싱가포르 ❿		22.38
일본 도쿄 ㉚		17.73
한국 서울 ㉞		17.47
호주 시드니 ㉞		11.89
캐나다 토론토 ⑬		9.38
UAE 두바이 ⑳		5.19
미국 디트로이트 ⑳		1.06

자료: 넴베오(국가 및 도시 비교통계 사이트NUMBEO)

넴베오(NUMBEO)의 2017년 8월 자료에 따르면, 280개 도시 가운데 소득 대비 부동산 가격 비율(PIR, Price to Income Ratio) 지표를 토대로, 중국(中國) 베이징, 선전, 홍콩, 상하이 다음으로 베트남 하노이가 35.55로 소득 대비 부동산 가격 비율이 높다. 이 자료는 가구의 소득 수준에 비교해 주택 가격이 적정한지를 나타내는 지표로서 이 수치가 35.55이면 35년 반 동안 소득을 모아야 집 한 채를 살 수 있다는 뜻이다. 서울은 34위로 17.47년이다.

● 부동산 매매 시 유의 사항

○ 베트남은 공산주의 이념의 사회주의 국가. 일부 사유재산 불인정, 관료주의, 부정부패 문제, 정부 정책의 갑작스러운 변동, 영유권 분쟁 등 정치적인 리스크 존재.

○ 사회 기반시설 부족, 과도한 빈부 격차, 불안정한 조세 정책, 공기업 및 금융 기관 부실, 외환 보유고 부족, 환율 급변동 가능성, 외부 경제 취약성 등 경제적인 리스크 존재.

○ 적법한 비자와 거주증 등을 가진 정당한 소유자와 거래, 시행사 및 시공사의 프로젝트 이행 능력 확인, 믿을 만한 컨설팅 및 거래 중개인 선정, 세금(부가가치세, 임대소득세, 양도소득세, 장기수선충당금 등) 유의.

○ 헌법상 공산주의 이념의 시장 경제를 채택한 나라인 베트남 부동산 중, 토지는 기본적으로 전체 인민의 소유로 사적 소유가 불인정(베트남 헌법 제17조 및 토지법 제4조)되며, 토지 사용권도 베트남 개인 및 단체와 해외 거주 베트남인들 그리고 투자법에 의한 외투 기업에 한함. 토지에 붙은 건물은 소유권이 인정되나 장기 사용권을 사고파는(장기 또는 영구 임대) 것으로 이해해야 하며, 외국인 투자자들의 경우 투자 목적을 분명히 해야 하고 제한된 물량으로 제한된 매매 조건이라는 사실을 인식해야 함. 부동산을 거주, 소유, 담보, 증여, 상속 등 항구적인 자산 운용 수단으로 삼는 우리나라와는 많은 차이점이 존재함.

영리한 베트남 투자

★ 영리한 부동산 시장 투자

부동산 투자는 어느 나라나 영구 불패의 투자 수단으로 인식하는 경우가 대부분이다. 특히, 한국인의 DNA는 부동산에 관한 한 확고부동한 믿음을 가지고 있다. 좁은 나라(10만㎢)에 많은 인구(5천만 명 이상)가 살다 보니 그럴 만도 하다. 서울을 비롯한 수도권에 인구의 절반이 모여 살고 있으니 서울의 집값은 상상을 초월한다. 서울의 부동산 가격은 뉴욕, 런던, 도쿄, 파리, 북경, 홍콩, 싱가포르에 필적한다. 그런데 한국인의 부동산 사랑은 베트남으로 이어지고 있다. 사실 베트남도 호치민이나 하노이 기준의 인구 밀도는 서울과 별반 다르지 않다. 우리나라 1인당 국민소득의 1/10에 불과한 베트남 국민의 소득 수준에서 고급 아파트 가격은 서울 수준에 육박한다. 최근에 분양하는 호치민 및 하노이 고급 아파트의 분양가는 U$10,000/㎡(평당 4천만 원 상당)이다. 호치민 기준 1인당 연평균 소득이 6,300달러(월 525달러) 상당인데 가장 저렴한 아파트가 65,000달러로 월급을 전부 모아도 10년 이상 걸린다. 소득 대비 어떻게 이렇게 비싼 매물들이 소화되나 싶지만, 아직까지는 오케이(So far so good)다. 프로젝트별로 매매가 제한되어 있어서 그렇지, 만약에 그런 규정까지 없었다면 베트남 부동산은 아마도 한국 사람들이 좌지우지할 정도다. 기후가 사람 살기에 좋고, 물가가 저렴하며, 다른 나라와 달리 마음까지 편안한, 거기다 잘사는 외국인으로서 대우까지 받고 살면서 호치민이나 하노이에 집값까지 적정하다면 마다할 이유가 없다. 요즘의 한국 부동산, 특히 서울은 집 사기(분양받기)가 로또 당첨에 비유될 정도로 어렵고, 부동산 관련 세금도 장난이 아니다. 정부의 주택 정책은 갈피를 잡지 못하면서 도대체 집을 사야 하나, 말아야 하나 헷갈릴 정도다. 많은 국민이 경험적으로도 정부 말에 따랐다가 손해를 본 트라우마가 고스란히 남아있다. 그래서 선택한 곳이 베트남이고, 외국인 투자 거래의 1/3은 한국 사람들이다. 덩달아, 부동산 시행, 건설, 인테리어, 컨설팅, 법무·회계법인, 임대, 중개사, 금융 등 관련업들도 성행하고 있다.

베트남 부동산 투자도 한국과 크게 다르지 않다. 이곳에서도 주택 거래의 주류는 베트남 국민이지만, 고급 아파트 위주로 거래와 가격은 외국인 투자자들이 거의 형성한다. 주로 한국, 중국, 일본, 대만, 싱가포르, 홍콩 자본들이다. 이들이 선호하는 부동산은 호치민이나 하노이 중심지, 브랜드 있는 건설사 시공, 강에 인접하면서 뷰가 좋고, 교육 환경(국제 학교) 및 편의시설(공원, 마트, 병원, 공항)이 잘 갖춰진 곳이다. 이런 요소들이 충족된 곳이라면 가격은 그렇게 중요한 요소가 아니다. 주택 양식은 선호하는 형식이 각각 다른데, 베트남 사람들의 경우 빌라, 외국인들의 경우 아파트 형태이지만, 베트남 사람들도 그 편의성을 인식하면서 아파트 선호도가 높아지고 있다. 또한, 부동산 투자와 관련해서, 토지가 국가 소유이다 보니 도시 재생 사업이 더디지만, 일반 국민이 사는 국민 주택 개량 사업도 새로운 비즈니스로 연결될 수 있을 것이다. 베트남 정부도 사회 주택(서민주택) 건설에 인센티브를 제공하는 등 정책의 다양성을 구사하고 있다.

투자와 거래에 있어서 유의할 내용은 여러 차례 강조한 바와 같이 잘 따져봐야 하는 것이다. 부동산 투자는 일반 상품과 달리 거래 금액이 크고, 매매의 손바꿈이 쉽지 않다는 특성을 갖고 있다. 프로젝트 개발 과정, 매매, 소유, 임대, 처분 단계에서 여러 가지 이슈들이 발생한다. 그리고 베트남 부동산 정책상 자국민 우대 정책이 확실하고, 권리관계가 불확실하며, 거래 투명성도 높지 않고, 고급 주택은 잠재적인 공급이 수요를 초과하며, 매입-매도가 아직은 불균형 상태다. 같은 프로젝트 단지 내 매매 가격도 내국인용과 외국인용 간에 차이가 존재하는 이중 가격제 현상이 나타나고 있다. 그 갭도 점점 커지고 있는 모습이다. 호치민 일부 기존 및 신규 고급 아파트는 단기 과열이다. 2020년 아시아 부동산 시장에서는 싱가포르, 도쿄 다음으로 호치민이 부동산 유망 투자처로 선정되었다. 두 선진국 도시와 호치민을 비교하면 단기 과열을 우려하는 목소리도 분명히 있다. 그러나 부동산 투자 불패 신화, 베트남 국민의 집에 대한 애착과 욕구, 외국인 투자자들의 선호도, 이웃한 싱가포르, 홍콩, 쿠알라룸푸르, 방콕 대비 매력적인 가격 등을 감안하면 그 열기는 한동안 더 이어질 것으로 보인다. 다만, 투자 대상은 상품과 지역에 따라서 다르다는 사실 또한 앞서간 나라들의 투자 패턴과 궤를 같이할 것으로 판단된다. 단순함과 편의성을 쫓아서 좋은 것만 더욱더 좋아지는 세상이다.

★ 똘똘한 집 한 채 소유가 꿈, 서울 집값과 서울의 가치 그리고 베트남 등 글로벌 부동산 시장 전망

● 최고의 투자 수단 부동산

부동산은 시대와 지역을 불문하고 최고의 글로벌 투자 수단으로 자리 잡았다. 현금, 주식, 채권, 외환, 원자재 상품, 부동산 파생상품 등이 일반적인 투자 수단이다. 그중에서 수요는 무한정하나 공급이 한정적이고, 여러 제한적인 투자 자원은 부동산(토지)이 유일하다. 따라서, 부동산의 가치는 특별한 사유가 없는 한 '우상향'이다. 선·후진국을 불문하고 어느 나라 할 것 없이 개방 초기엔 부동산이 성장을 견인한다. 특히, 수도권 중심지는 나라별로 큰 차이가 없을 정도로 최고가를 매년 경신한다. 철저히 좋은 것만 좋아지는 세상이다. 상품 투자도 마찬가지다. 확실한 투자, 즉 "똘똘한 집 한 채가 열 투자 안 부럽다."라는 신념이 강해지는 추세다. 부동산 투자의 정석은 글로벌 부동산 시장의 과거 현재 그리고 미래다.

● 하늘을 찌르는 글로벌 부동산 가격

대한민국 최고의 부촌인 서울 서초구 반포아크로리버파크의 집값이 평(3.3058㎡)당 1억 원을 넘어섰다. 뉴욕 맨해튼 허드슨 강변의 고급 주택 수리 하이라인에 버금가는 가격이다. 주요국 통계에서 국가별 최고가 주택 가격은 다음과 같다. 미국 뉴욕 맨해튼 센트럴파크 사우스 펜트하우스 2,137㎡의 경우 2억 5,000만 달러에 이른다. 3.3㎡(평)당 5억 원이다. 영국 런던 199나이트브릿지 1,396㎡의 경우 9,000만 파운드, 약 1,400억 원 상당이다. 평당 4.5억 원 수준이다. 평당 세계에서 가장 비싼 집값은 모나코로 2억 5천만 원에 이른다. 인구 4만여 명에 국토 면적이 바티칸시티에 이어 두 번째로 작은 2.02㎢에 불과하다. 1인당 국민소득은 무려 16만 달러에 이르며, 조세피난처(Tax Heaven Country)로 1863년부터 카지노를 시작했다. 우리나라 부동산 투자자들도 몰렸던 일본 도쿄의 경우, 파크코트 아카사카 히노키초 더 타워의 경우 15억 엔, 우리 돈으로 약 155억 원 상당이다. 참고로, 일본 부동산은 오쿠션이 인기인데 분양가를 기준으로 1억 엔 이상의 맨션을 일컫는다. 명의인과 거주자가 일치하는 거소일치(居所一致)해야 대출이 가능하며, 법인의 경우 제한이 없다. 일반적으로 자기 자금 30%, 대출 70%로 충당한다. 대출 금리는 0.5~1.0%

수준이다. 일본 신도시는 분양가가 우리 돈 7~10억 원 수준이다. 중국 베이징의 경우 타이허 중귀위엔즈 633㎡가 3억 위안, 우리 돈으로 520억 원 상당이다. 평당 2.7억 원이 넘는다. 집값이 비싸기로 유명한 홍콩은 피크 마운트 니컬슨 856㎡이 21억 홍콩달러, 3,200억 원 상당이다. 2019년 10월에는 12.5㎡(3.8평) 규모의 주차장이 760만 홍콩달러(11.3억 원 상당)에 거래되기도 했다. 월 임대료만 1만 홍콩달러(150만 원 상당)란다. 여러 논란 속에서 남북 간의 화해 분위기가 급가속되고 있는 북한도 사회주의 경제체제에서 시장 중심의 장마당이 1,000여 개로 활성화되면서 부동산도 사고팔고, 심지어 부동산 소개소도 등장하는 등 자본주의 사회와 별반 다르지 않단다. '돈주'라고 불리는 부자들이 늘어나면서 신축 아파트를 기준으로 평양 중심지는 20만 달러 상당으로 북한 돈(환율 @ 8,000/1USD) 16억 원에 이른단다. 주민들의 월 평균 임금이 3,000원이니 45,000년을 모아야 하는 돈이다. 개성, 신의주, 함흥 등의 지방 도시들도 아파트 시세는 2만 달러를 훌쩍 넘는다고 한다.

글로벌 부동산 분석 회사인 넴베오의 2018년 자료에 따르면, 소득 대비 PIR, 즉 소득 몇 년 치를 모아야 평균 주택을 살 수 있는지 의미하는 통계에서 베네수엘라 카라카스는 163.2년, 홍콩 46.9년, 베이징 44.3년, 호치민 35.5년, 타이베이 21.1년, 런던 20.6년, 파리 18.5년에 이어 서울은 17.8년이 걸린다. 서울이 도쿄, 토론토, 뉴욕, 베를린, LA보다 비싼 셈이다. 4.5조 달러라는 천문학적인 양적 완화(QE)로 풀린 글로벌 유동성과 제로금리 수준의 초저금리로 가파르게 오르던 뉴욕, 런던, 베를린, 시드니, 베이징 등의 집값이 안정 국면으로 접어드는 반면에 서울의 집값은 하루가 멀다 하고 5년 동안 내리 오르고 있다. 이런 와중에 부동산 경기 과열에 대대적인 정부 규제책이 나오면서 발 빠른 부동산 투자자들이 베트남을 비롯한 아세안으로 눈을 돌리고 있다. 베트남에서 토지는 국가 소유여서 일반적으로 50년 이내의 부동산 사용권(LURC)을 매매한다. 따라서, 보유세와 재산세가 없고, 상속·증여세와 양도소득세는 2~10%로 미미해 각종 규제로 손발이 꽁꽁 묶인 우리나라와는 대조적이다. 주요 아세안 국가들이 경쟁적으로 제조업과 부동산에 외국인 직접 투자(FDI) 유치에 나서면서 투자의 물꼬가 역외로 터졌다. 반면, 우리 정부는 2억 원 이상 해외 부동산 취득, 처분, 임대 내역을 신고해야 하는 조치를 취하고 있다. 미신고 과태료도 부동산은 취득 가액의 1%(최고 한도 5천만 원), 직접 투자인 경우 개인 500만 원, 법인 1,000만 원으로 정했다. 한국은 부동산 가격 급등으로 온통 난리가 난 듯 요란하지만, 2019년 국제통화기금(IMF)의 전년 대비 주요국 주택 가격 상승률을 보면 사뭇 다르다. 홍콩 11.8%, 아일랜드 11.1%, 아이슬란드 10.4%로 3위, 아시아권에선 필리핀 7.2%, 태국 6.4%, 중국 3.2%, 일본, 대만, 싱가포르 그리고 우리나라가 0.3%로 45위다. 참고로, 전 세계 부동산 시장 규모는 200조 달러(22경 5,000조 원)에 이른다. 그야말로 천문학적인 숫자다.

● 부동산 가격 급등이 몰고 온 문제점과 정부 정책 실패

역대 정부 정책에서 가장 우선순위는 경제 성장과 함께 부동산 정책이다. 그러나 부동산 정책은 성공한 정부가 별로 없었다는 것이 주지의 사실이다. 주택 가격 상승은 자산 효과(Wealth Effects)를 나타내는 선순환 효과도 있지만, 부동산 가격 급등은 빈부 격차 확대, 세대 간 갈등, 사회적인 비용 증가, 인플레이션 유발, 금융 기관 부실화 원인 등 다양한 문제점도 내포하고 있다. 한국 가계의 전체 자산 중 과도한 부동산 자산 비중 51.3%도 문제다. 현재 한국의 부동산 관련 문제는 2008년 글로벌 금융 위기로 촉발된 글로벌 유동성과 저금리 기조에 정부의 부동산 정책 신뢰가 무너지면서 생긴 결과다. 최근 몇 년 사이에 우리나라의 부동산 관련 정책적인 면에서 몇 가지 문제점은 다음과 같다. 먼저 금리 정책 실패다. 2008년 글로벌 금융 위기로 뿌려진 과도한 유동성을 회수하기 위해서 미 연준(FRB)처럼 적극적인 금리 인상을 해야 했다. 지금은 50bp로 벌어진 한국(1.25%)-미국(1.75%), 양국 간의 금리 차가 외화 유출 등의 문제까지 거론되고 있다. 직간접적인 행정부의 금리 동결 요구에 한국은행 금융통화위원회가 금리 인상 타이밍을 놓쳤다. 돈의 흐름도 방해를 받았다. 친(親)기업 정책을 통한 기업들의 설비 투자를 유도하여 기업도 살리고 일자리도 늘리면서 국제 경쟁력 제고와 더불어 궁극적으로는 경제 성장을 꾀할 수 있었다. 하지만, 현 정부 출범 이후 정책 우선순위를 '적폐 청산'과 '가진 자들에 대한 적개심'의 이분법에 올인하면서 기업들의 투자와 일반 국민의 투자도 가장 확실한 부동산 그것도 알짜배기 서울로 몰릴 수밖에 없었다. 다음으로는 정부에 대한 불신도 한몫했다. 과거 정부의 학습 경험상 정책 담당자들의 정책 신뢰는 땅에 떨어진 지 오래다. 다른 정책도 마찬가지지만, 정부의 부동산 정책은 "반대로 하면 오히려 성공한다."라는 비아냥도 묻어난다.

의식주(衣食住). 백성들의 먹고 입고 사는 문제인 이 세 가지는 어느 시대, 그 어떤 나라님도 완벽하게 해결하지 못한 영원한 숙제다. 철저히 독자생존 전략으로 귀결될 수밖에 없다. 국가 권력은 권력자가 누구이든지 독점할 수 없다. 입법·사법·행정, 엄연한 삼권 분립 하에서 법치주의가 그 바탕이며, 임기 내에 최선을 다해서 국가를 온전히 보전하고 후대에 물려줘야 한다. 역사는 말한다. 절대 권력은 절대적으로 부패하며 나라를 망국으로 이끈다는 것을. 한 사람의 능력이라는 것은 실로 대단하지만, 그것을 올바른 방향으로 썼을 때뿐이다. 인간은 선(善)을 행하지 않으면 아무것도 아니며, 보복은 또 다른 보복을 낳고, 국가 권력은 철저히 국민들로부터 위임받은 것으로 정당하게 사용해야 한다. 내 잣대가 아니라 모두가 인정하는 법과 양심의 잣대로 재야 한다. 훌륭한 리더는 일의 우선순위를 정하고, 하나씩 순리적으로 해결해 나가면서, 국민이 국가의 미래 비전을 믿고 맡은 바에 최선을 다하면서, 자연스럽게 국가 경쟁력도 향상되고, 궁극적으로는 다른 나라들이 감히 업신여기지 못할 부강한 나라를 만드는 것이다. 그리고 그것은 혼자서 할 일이 아니며 온 국민이 다 함께할 일이다. 사람 사이에 신뢰가 없으면 인간 사회는 존재할 수 없다. 지금 국민과 정부, 일반 국민 사이의 신뢰 지수는 과연 얼마나 될까? 부동산 정책도 합리적인 선에서 국민들의 신뢰하에 무리 없이 추진해야 한다. 그리고 가격 결정은 웬만하면 시장의 자율에 맡겨야 한다. 인위적인 왜곡은 또 다른 불신과 함께 더 큰 부작용으로 되돌아온다.

● 서울 부동산 투자 매력과 서울의 가치

저자가 30여 년 동안 서울에 살면서 40여 개국의 수도를 다녀본 바로는 서울의 부동산은 아직도 상대적으로 비싸지 않다. 전 세계 수도 중에서 이렇게 큰 강(한강)과 웅장한 산(북한산 등)을 병풍처럼 두른 도시가 또 있을까? 1394년 9월 27일, 태조 이성계는 한양을 새로운 도읍지로 정하고 종묘와 사직을 건설하고 북은 백악(북악, 342m), 남은 남산(243m), 동은 낙산(125m), 서는 인왕산(340m)으로 도성을 축조하고 사대문(四大門: 홍인문, 돈의문, 숭례문, 숙정문)과 사소문(四小門: 홍화

문, 소덕문, 광희문, 창의문)을 세웠다. 이처럼 서울은 600년이 넘는 세월 동안 역사적으로 한반도의 수도로 굳건히 자리하고 있다. 만약 통일이 된다면 한반도의 지리적 중심인 서울이 통일 수도가 될 것이 확실시된다. 다국적 컨설팅 업체인 레저넌스 컨설턴시(Resonance Consultancy)의 발표에 따르면, '2019 세계 최고 도시(World's Best Cities)'에서 서울은 28위를 차지했다. 런던, 파리, 뉴욕, 도쿄, 바르셀로나, 모스크바, 시카고, 싱가포르, 두바이, 샌프란시스코가 탑 10에 들었다. 100위권 도시에 미국이 35개, 한국은 서울만 포함됐다.

통계적으로는, 1950년대 중반의 서울 인구는 160만 명, 1960년대 중반에는 9개 구에 380만 명, 2019년 현재는 25개 구에 1,000만 명의 인구가 살고 있다. 한강을 기준으로 14개 구가 있는 강북에 488만명, 11개 구가 있는 강남에 512만 명이다. 주거지 관련 채용 시장에선 '남방한계선'이라는 게 있다. 우수한 과학기술 인력이 서울 생활권을 벗어나면 웬만한 조건에도 관심을 가지지 않는 것을 말한다. 경기도 양재선과 기흥선에서 지금은 더 남쪽으로 평택쯤까지 내려갔단다. 글로벌 IT 기업인 삼성전자가 R&D 센터를 우면동, LG전자가 마곡에 사이언스파크를 서울 시내에 두는 이유다. 현대중공업그룹 R&D 센터도 주력 공장의 소재지를 울산이 아닌 경기도 성남에 두었다. 미국의 세계적인 기업 아마존도 시애틀 본사를 두 곳 이상으로 나누면서 미국 뉴욕과 워싱턴 DC를 가장 유력하게 거론하고 있다. 역사적인 대도시가 갖는 매력과 유무형의 자산 그리고 미래 가치가 반영된 결과다. 이처럼 도시는 인재들이 모이는 곳이다. 부동산 투자는 그 나라의 수도 중심부에 하는 게 답이다.

'국토 균형 발전'이라는 명분으로 정부 부처와 주요 공기업들을 정치적 인위적으로 '혁신 도시'라 이름 붙여서 각 지방으로 흩어놓았다.

금융 기관들도 경제 논리가 아닌 정치적인 재단으로 몇몇 지방으로 내려보내면서 '국제 금융 중심지'라 이름 짓고 있으나, 국제 금융 시장의 위상은 서울과 부산이 공히 아시아 시장에서도 하위권을 면치 못하고 있다. 이런 현상은 현재진행형이다. 금세기 들어서 다른 나라에선 유래를 찾기 힘든 '지방 이전 정책 효과'는 좀 더 두고 볼 일이지만 지금껏 불거진 문제가 이만저만 아니다. 서울특별시는 뉴욕, 런던, 파리, 로마, 베를린, 베이징, 도쿄 그 어느 도시와 견줘도 뒤지지 않는다. 이와 더불어 메가시티, IT 기반 스마트 시티, K팝, 도시 재생 사업 등을 바탕으로 세계적인 도시가 되었으면 한다. 책 많이 쓰기로 유명했던 다산 정약용은 자손들에게도 서울(漢陽)에서 살 것을 권하였다. 참고로, 베트남 국부로 추앙받는 호치민(胡志明) 주석이 머리맡에 두고 평생 가까이했던 책이 바로 다산의『목민심서』라고 한다. 모스크바에서 동문수학한 박헌영이 선물한 책이었다. 경기도 남양주 두물머리(양수리)에서 나고 살았으며 죽었던 다산(茶山)은 지금의 서울 가치를 그때 이미 알았을까? 2019년 상반기에만 해외 부동산 투자 자금이 7조 원을 넘어섰다. 연간 10조 원 이상이 해외로 빠져나갈 전망이다. '좋은 것만 더 좋아지는 세상에서 똘똘한 집 한 채, 똘똘한 아이 하나면 충분하다'라고 생각하는 사람들이 늘고 있다. 똘똘함을 찾기 위한 똑똑함이 요구되는 시대다.

★ 한국인들의 베트남 부동산 사랑과 중국인들의 한국 부동산 애착

● 중국인들의 한국 부동산 애착

중국인들의 한국 부동산 투자도 봇물을 이루고 있다. 제주도에 5억 원(50만 달러 상당) 이상 투자하면 영주권을 받게 되면서 시작된 한국에 대한 부동산 투자가 이제는 부산과 인천을 거쳐서 수도 서울로 이어지고 있다. 서울에서도 중국인들이 주로 거주하는 영등포를 넘어서 대한민국 최고의 부촌인 서울 강남과 최근에 매력을 더해가는 마포로 이어지고 있다. 저자도 마포에서만 30여 년 동안 살고 있기에 그 가치를 진작 알아봤다. 대통령이나 외교 사절이 공항으로 오가는 길이라 한때는 '귀빈로'라 불렸던 마포대로에 중국어 간판이 널릴 날도 머지않아 보인다. 한편, 서울에만 중국인 소유 토지가 5만여 평에 2조 원 상당 투자된 것으로 나타났다. 2016년 8월 국토교통부 통계에 따르면 중국인 토지 소유는 금액은 1.9조 원, 필지 수 2만 7백 필지, 면적 1백 42만㎡로 해마다 20% 이상씩 급증하고 있다. 지금은 10조 원은 족히 투자되었을 것이다. 중국인들의 입장에서 한국 부동산은 지리적으로 가깝고, 깨끗한 환경에, 유사한 기후 그리고 음식 문화 등 좋아하는 요소들이 산재해 있어서 미국이나 유럽 못지않게 좋아한다. 가격 면에서도 중국 베이징과 상하이 고가 아파트가 평당 1억 원~2억 원인 점을 감안하면 서울의 5천만 원 이하는 여전히 매력적인 수준이다. 중국과 달리 토지의 소유권(사유권) 및 상속권이 인정되는 것도 중국인의 입장에서는 엄청난 투자 동인이다. 제주와 부산을 벗어나 중국인들의 본격적인 서울 부동산 진출을 눈여겨봐야 한다. 이런 추세가 이어진다면 나중에는 우리 국민이 돈 많은 중국인 주인의 임차인으로 살아야 할 경우도 생겨날 것이며, 가뜩이나 비싸서 지방으로 쫓겨나는 서울 시민들의 서울살이가 더욱더 어려워질 수도 있다. 중국인들은 웬만하면 자기들끼리만 사고파는 매매 관행도 여전해 영구히 중국인들의 손에 놀아나게 될 한국의 부동산 시장도 우려되는 부분이다. 또한, 중국인들의 우리나라에 대한 투자는 긍정적이지만, 그 수가 틀어져 한꺼번에 부동산을 매물로 내놓을 경우에는 가격 폭락에 대한 부분도 염려된다. 2018년 이후 호주와 뉴질랜드 그리고 캐나다가 딱 그랬다. 정치, 경제, 역사, 문화 등 많은 부분에서 얽혀있는 한-중 관계는 우리로서는 생각할 점이 참으로 많다.

● 한국인들의 베트남 부동산 사랑

부동산 투자의 대가를 뽑으라면 한국 부동산 투자자들의 실력도 무시할 수 없다. 돈만 되면 선·후진국도 가리지 않는다. 미국의 부동산 중심부인 뉴욕과 LA는 1990년대에 벌써 훑었고, 2000년대 초에는 저자가 머물렀던 런던도 한국 사람들로 북적거렸다. 싱가포르와 홍콩도 20여 년 전에 진작에 치고 빠졌다. 중국 베이징과 상하이 칭다오를 거쳐서 이제는 동남아시아 베트남과 말레이시아 그리고 에티오피아로 뻗쳤다. 한국인들의 글로벌 부동산 사랑은 그 실적으로 인정받았다. 이제는 베트남 본토인들도 한국인들에게 자극받아 부동산은 매물을 꼭꼭 숨기고 있으며, 분위기 봐서 하루하루 값을 올릴 줄도 안다. 도심지는 사실상 매물이 거의 없다시피 하다. 호치민이나 하노이 다낭 중심부의 부동산은 부르는 게 값이다. 베트남 정부도 이런 상황을 잘 알아서 외국인 부동산 취득은 프로젝트별 30% 이내에서 외국인 간에만, 일반 부동산은 투자 법인에 한해서만 매매가 가능하도록 법을 강화하고 있다. 한국 정부도 해외 부동산 투자에 외국환 관리와 세금(상속·증여세, 법인세, 소득세 등)이라는 무기로 들이대고 있다. 중국인의 한국 부동산 사랑은 과거에 실패했던 경험이 있어 제대로 학습 후에 다시 들어왔지만, 한국인들의 베트남 부동산 투자는 사회주의 요소, 우리보다 훨씬 엄격한 외환 관리와 세무 조사 등 검토할 요소가 많다. 중국, 베트남, 한국인 중 부동산 투자의 최종 승자는 누가될까? 자기 앞마당(나와바리)은 자신이 가장 잘 안다는 게 사실일까?

제10장

파생상품시장

★ 베트남 파생상품시장 현황

금융 상품 중에서도 가장 설명이 어려운 게 파생상품이다. 대부분의 사람이 파생상품은 선수들만 하는 것으로 알고 있으나 파생상품은 원 거래와 더불어 리스크 헤지라는 차원에서도 반드시 이해해야 하는 상품이다. 레버러지(지렛대) 효과와 거래 볼륨이 적어서 리스크가 큰 특성이 있으나 잘 활용하면 이만한 투자 상품도 없다. 투자와 투기의 경계를 넘나드는 것 또한 파생상품이다. 파생상품(Derivatives)은 공정가액이 기초 상품(Underlying Instruments)의 가치로부터 파생되는 계약 또는 증권을 일컫는다. 파생상품의 종류를 보면, 선도거래(Forward), 선물(Futures), 스왑(Swap), 옵션(Option) 등이 있다. 파생상품 분류는, 주식(Equity) 또는 주가지수(Index), 채권(Bond), 통화(Currency), 상품(Commodity), 단기 금리(Money Market), 신용(Credit) 파생상품 등으로 다양하다. 주식 및 주가지수 관련은 주가지수 선물, 옵션 상품이 주로 거래된다. 채권 관련은 국공채 선물 시장과 이자율 스왑(IRS), 금리 옵션, 금리 스왑, 스왑션(고정 금리와 변동 금리 교환에 상환 옵션이 붙어 있음) 상품이 거래된다. 외환 관련은 선물, 옵션, 스왑 거래가 있다. 원자재 상품과 관련해서는 상품 선물 시장이 열리고 있다. 원유, 구리, 금, 커피 등 대부분이 국제 금융 시장에서 선물(先物)로 거래되는 파생상품들이다. 파생상품은 트레이딩(Trading), 헤지(Hedge), 아비트리지(Arbitrage) 목적 등으로 주로 활용한다. 국제 금융 시장에서 딜러 유형별로 구분하면, 외환 딜러(FX Dealer, Interbank Dealer, Corporate ales Dealer, Proprietary Dealer, Swap Dealer, Option Dealer, Money Market Dealer), 주식 딜러, 채권 딜러 등이 있다. 거래 형태별로는, 포지션 트레이드(Position Trader), 전략적 트레이드(Strategic Trader), 초단타 거래자(Scalper) 등이 있다. 시장 구분으로는, 장내 거래, 장외 거래, 국내 거래, 해외 거래 등으로 나뉜다. 파생상품별로는, 통화(통화 선도, 통화 선물, 통화 스왑, 통화 옵션), 주식(주식 선물, 주가지수 선물, 주식 옵션, 주가지수 옵션), 채권 및 금리(국채 선물, 금리 선물, 금리 선도, 이자율 스왑, 이자율 옵션, 캡, 플로우, 칼라, 스왑션), 원자재 상품(상품 선물) 등이다. 그리고 신용 파생상품으로는 CDO, CDS, CLN, TRS, CO 등이 있다.

● 부동산 투자신탁(REITs)

비교적 소액으로 투자 가능한 부동산 투자신탁 상품인 리츠(REITs)는 'Real Estate Investment Trusts'의 약자로 투자자의 자금을 모아 부동산이나 부동산 관련 채권 등에 투자해 발생하는 수익금(임대 수익, 매각 차익, 개발 수익 등)을 투자자에게 배당하는 상품이다. 펀드를 조성해서 만든 직접 투자 형식인 부동산 펀드와 달리 리츠는 부동산을 보유한 회사의 주식에 간접 투자하는 것이다. 부동산 펀드는 청산하는 시점까지 환매가 어려운 반면에 리츠는 회사의 주식을 매입하는 방법으로 투자하기 때문에 상장 후에 주식 거래를 통해서 언제든지 환매가 가능하고, 소액으로 투자가 가능하다는 장점이 있다. 투자자를 모집하는 방식에 따라서 회사형과 신탁형으로 나눌 수 있다. 참고로 부동산 펀드는 공모형과 사모형이 있다. 미국의 경우 상장 리츠 상품의 시장 규모가 1,230조 원에 이르며, 호주, 일본, 영국, 싱가포르, 홍콩 등 국제 금융 시장 중심국들이 대세다. 우리나라는 아직 1조 원 안팎의 시장 규모에 머물러 있으나 저금리와 풍부한 유동성을 바탕으로 리츠 시장도 커지고 있다. 공모 리츠의 경우 배당소득세(5천만 원 한도 내 14%→9%) 및 재산세(종합부동산세) 분리과세, 취득세 감면, 양도소득세, 리츠 처분 시까지 과세 이연 등의 세제 혜택도 투자 매력을 더한다.

〈리츠의 기본 구조〉

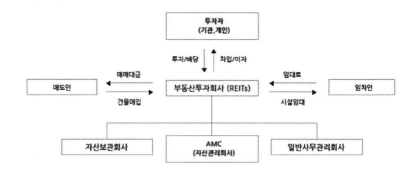

★ 영리한 파생상품시장 투자

파생상품은 주거래, 즉 기초 상품을 기본으로 하여 선물, 옵션, 스왑이라는 이름으로 파생된 상품인 만큼 원 상품의 특성을 가장 잘 이해하는 것이 기본이다. 그리고 파생상품 거래 목적도 소액으로 거래를 원활하게 하기 위한 것과 리스크 헤지 그리고 시너지나 레버러지가 주요 거래 동인이다. 역사적으로 파생상품시장이 금융 위기의 주범이 된 원인도 과도한 헤지(오버 헤지)나 거래 일방의 디폴트로 반대 거래가 원활해지지 않으면서 연쇄적인 부도로 이어지는 등 국제 금융 시장의 혼란을 야기했기 때문이다. 1997년의 동아시아 외환 위기의 근본적인 원인은 경상 수지 누적 적자에 따른 외화가 부족해서 일어난 것이지만, 급격한 환율 변동에 따른 환차손이 결정적이었다. 2008년의 글로벌 금융 위기도 서브프라임 모기지와 과도한 파생 결합 증권 거래가 직격탄이었다. 둘 다 거래 당사자와 금융 기관들이 리스크 관리에 실패했기 때문이며, 과욕이 부른 글로벌 금융 위기였다. 따라서, 파생상품시장 취지에 맞게 적절한 거래와 포지션으로 꼬리가 몸통을 흔드는 우는 범하지 말아야 한다. 파생상품시장은 선진 금융 기법이라 베트남 금융 시장은 아직은 성숙한 시장은 아니다. 주식 및 채권 시장 모두 시장 규모가 작고 변동성도 큰 데다가 국가 신용 등급 자체가 투기 등급이라 파생상품 거래에 한계가 있다. 관련 상품으로는 주식 및 주가지수 선물 및 옵션, 이자율 스왑, 금리 옵션, 금리 스왑, 스왑션 등이 있다. 외환 시장은 베트남 동화(VND)의 경우 페그제 환율제도라 변동성이 오히려 작아서 외환 선물(F/X Futures), 옵션(F/X Option), 스왑(F/X Swap, CRS), 스왑션 거래가 많지 않은 것이 현실이다. 원유, 구리, 금, 커피 등 원자재 상품의 선물 거래 파생상품 시장도 불완전한 거래 시스템, 과도한 증거금과 수수료, 전문가 부족, 시장 미비 등으로 아직은 요원하다. 그러나 미리 공부하고 준비한다면 나중에 파생상품시장이 제대로 열렸을 때 선점할 수 있으며, 거래 초기에 일정한 수익 확보에도 유리하다. 시장은 아는 만큼 보인다.

★ 국제 통화 제도 및 국제 금융 시장 위기 역사

- ○ 1530~1618년, 스페인 레알화가 기축 통화로 지정.
- ○ 1636년, 네덜란드 튤립 알뿌리 거품 붕괴.
- ○ 1648~1701년, 네덜란드 길드화로 대체.
- ○ 1714~1803년, 프랑스 프랑화 기축 통화 역할.
- ○ 1720년, 영국 South Sea Company 및 프랑스 Mississippi Company 몰락.

○ 1815~1914년, 영국 파운드화 세기.

○ 1907~1908년, 미국 니커보크 트러스트 예금 인출 사태(JP Morgan 등장).

○ 1913년, 미국연방준비제도이사회(FRB) 설립.

○ 1914~1918년, 1939~1945년, 제1, 2차 세계대전.

○ 1929~1932년, 미국 대공황(The Great Depression), 1929년 10월 24일 검은 목요일, 미 증시 20% 폭락.

○ 1937년, 대공황 이후 미 의회 요청 S. 쿠즈네츠에 의해서 만들어진 '경제학 최고 발명품' GDP.

○ 1944년, 브레턴우즈 체제 출범[U$35/금1트로이온스(31.1g) 고정, IMF WB IBRD 등 설립].

○ 1945~현재, 미국 달러화 기축 통화.

○ 1947년~1958년, 전후 유럽 복구를 위한 미국의 마셜 플랜.

○ 1950~1967년, 미국 국제 수지 불균형 심화.

○ 1967년, 영국 파운드화 평가 절하 및 고정 환율 포기.

○ 1970년대, 멕시코 등 중남미 사태 주가 폭락 및 환율 급등.

○ 1971년, G10 스미소니언 협정 체결, 브레턴우즈 체제 종언, 미국 금본위제 포기, 달러 평가 절하.

○ 1973~1974년, 이스라엘 대 아랍 전쟁, 제1차 오일 쇼크(국제 유가 $3→$12/BBL로 폭등).

○ 1974년, 20개국 변동 환율 제도 공식 채택.

○ 1979년, 이란 혁명, 제2차 오일 쇼크(국제 유가 $12→$24/BBL로 급등).

○ 1985~1989년, 일본 부동산 및 주식 시장 버블 붕괴.

○ 1985년, 미국 무역 수지 적자 심화, 플라자 합의 일본 엔화 평

가 절상(250→120).

○ 1987년, 블랙 먼데이, 주가 이틀 사이 27% 폭락.

○ 1989년, 미국의 Saving&Loan 사태.

○ 1990년, 일본의 부동산 버블 붕괴.

○ 1995년, 세계 무역기구[WTO] 출범.

○ 1997년 동아시아 외환 위기(한국은 IMF로부터 210억 달러, 인도네시아 100억 달러 지원).

○ 1998년, LTCM 사태.

○ 2000년, IT 버블 붕괴.

○ 2008년, 미국발 서브프라임 모기지 사태, 리먼 브러더스 파산, 글로벌 금융 위기.

○ 2010년, 유럽(PIGS, 포르투갈, 아일랜드, 그리스, 스페인)발 재정 수지 적자 문제 부각.

○ 2011년, 미국 및 남부 유럽발 재정 수지 적자 문제에 따른 글로벌 신용 위기.

○ 2012년, 그리스 디폴트 가능성 및 EU 탈퇴 시사에 따른 글로벌 금융 시장 패닉.

○ 2013년, FED 양적 완화 정책[QE] 축소 시행, 2014년, J. 옐런 FRB 의장 취임.

○ 2014년, FED 양적 완화 정책 중단 조치.

○ 2016년, 영국의 BREXIT, 미 연준 금리 인상 가능성, 미국 대통령 선거 및 정권 교체.

○ 2017년, 트럼프 대통령 취임, 그리스(GREXIT), 이탈리아(ITAL-EXIT), 프랑스(FREXIT) 등 EU 이탈 조짐.

○ 2018년 7월~10월, 미국-중국 무역 전쟁, 터키, 아르헨티나, 이

란 등 신흥국 금융 위기.

○ 2018년 6월~ 2019년 6월, 미국-북한 정상회담 3차례.

○ 2019년 9월, 미국-중국 무역 전쟁 악화, 한국-일본 경제 전쟁, 글로벌 경기 침체 'R의 공포' 엄습.

○ 2020년 1월, 미국과 이란 등 중동 지역 분쟁 고조.

영리한 베트남 투자

제11장

베트남 투자 환경,
유망 투자 산업,
투자 유의 사항

★ 베트남 투자 환경

베트남 투자의 키워드는 단순함(Simple), 편의성(Convenience), 도시화(Urbanization) 및 도시 재생 사업(Regeneration), 바다(Sea&Beach), 리조트(Resort), 여행(Tour&Travel), 제4차 산업 혁명, 스마트 팩토리, 3D 프린팅, 인공지능(AI), 세금, 무역 전쟁, 아세안 등이다. 제조업에서 중화학 공업, 유통, 서비스업, 부동산 그리고 금융 상품 투자가 거의 동시에 일어나고 있다. 우리나라처럼 산업 발전이 시계열을 두고 나타나는 것이 아니다. 흔히 하는 소리로, "베트남은 우리나라의 1970~1980년대 같다."라고 하는데 사실 잘 모르고 하는 얘기다. 우리의 1970~1980년대는 다들 사는 게 고만고만했다. 그러나 베트남은 우리의 1970~1980년대 요소와 현대가 철저히 어우러져 있다. 재래식과 첨단 산업이 혼재하며, 가진 자와 못 가진 사람이 한데 있고, 그 격차는 상상을 초월한다. 함부로 덤빌 만만한 시장이 아닌 것이다.

대한민국이 베트남 제1위 투자 국가의 반열에 올랐지만, 일본, 중국과 인근 아세안 9개국들의 도전 또한 호락호락하지 않다. 특히, 미국과 중국 간의 G2 파워 게임에 무역 전쟁까지 가세하면서 중국의 대체 생산 기지로서 베트남이 각광받으면서 중국 자본에 대한 경계감도 강화되고 있다. 차이나 머니와 무늬만 베트남 생산인 수출품에 대한 국제 시장의 규제도 엄격해지고 있다. 이런 점을 감안하여 베트남 정부는 고부가 가치의 첨단 산업 기술과 친환경 분야로 투자를 제한하고 있다. 미국과 유럽 자금도 몰려들고 있다. 베트남 국내 기업들도 성장하면서 대부분의 비즈니스 영역에서 어깨를 나란히 하고 있다. 베트남 내부적으로는 사회주의 국가라는 점, 지도부 교체 시기의 권력 다툼, 전방위적인 부패 문제, 금융 기관 및 국영 기업 부실 등도 고려할 요소다. 아시아개발은행(ADB)의 전망에 따르면, 2019년 베트남 GDP 성장률은 6.8%로 필리핀(5.9%), 인도네시아(4.8%), 말레이시아(4.7%), 태국(2.7%), 싱가포르(2.0%) 그리고 45개 아시아 신흥국 평균 성장률 5.8%보다 월등히 높다. 외국인 직접 투자는 2019년 사상 최고치인 400억 달러를 목표로 하고 있다. 과거 10여 년 동안의 기록을 보면 2009년 163, 2010년 172, 2011년 156, 2012년 163, 2013년 223, 2014년 202, 2015년 227, 2016년 240, 2017년 300, 2018년 350억 달러였다. 전 세계 120개국으로부터 해외 직접 투자 금액 누적 규모 3만여 건의 3,600억 달러 규모다.

2019년 베트남 수출 2,600억 달러, 수입 2,500억 달러가 예상된다. 외환 보유고는 2019년을 기준으로 680억 달러다. 2008년 242억 달러에서 2009년 168억 달러, 2010년 129억 달러, 2011년 140억 달러, 2012년 261억 달러, 2013년 259억 달러, 2014년 342억 달러, 2015년 283억 달러, 2016년 344억 달러였다. 베트남 근로자들의 본국 송금액도 2017년 140억 달러, 2018년 160억 달러, 2019년 180억 달러로 증가일로다. 베트남 기업들의 해외 투자도 활발해 2019년 말까지 450억 달러가 투자되었다. 베트남 수도 하노이와 과거 월남(越南)의 수도로 사이공이라 불렸던 경제 도시 호치민은 2019년 5월 KOTRA 자료 「아시아 10개 도시 투자 환경 평가」에서 나란히 1, 2위를 기록하고 있다. 중국의 청두, 상하이, 칭다오, 인도네시아 수도 자카르타, 인도의 첸나이, 뭄바이, 델리 그리고 미얀마 양곤이 뒤를 잇고 있다.

전 세계 투자 자금의 많은 부분이 베트남으로 들어갈 만큼 투자 매력이 높은 나라다. 제1 투자국인 우리나라도 삼성전자를 비롯한 하이테크 산업에서 이·미용실까지 대부분의 업종이 성공 신화를 쓰고 있다. 산업이 제조업 중심으로 발전하면서 수출입이 크게 늘어나고, 이로 인해 국부(GDP)를 늘리면서 국민 소득이 높아지고, 더불어 소득 증가로 소비 생활이 윤택해지면서 부가 가치가 높은 산업으로 발전해 가는 선순환 구조다. 덩달아 교육열도 여느 나라 못지않게 높아서 새로운 문화나 기술 발전이 빠르다. 인구 면에서도 베트남은 인도네시아 필리핀에 이은 아세안의 세 번째 국가다. 자원은 인도네시아와 말레이시아 대비 상대적으로 풍부하지는 않으나 소득이 늘면서 소비 시장이 가파르게 향상되고 있다. 25만여 명의 한인들이 살고, 한류 열풍이 여기까지 미쳐서 우리나라 상품이나 문화에 대체로 우호적인 분위기다. 동남아시아 대부분의 나라와 마찬가지로 빈부 격차가 큰 만큼 시장 세분화 작업도 필수적이다. 인도네시아, 말레이시아, 필리핀과 달리 주력 상권은 어느 한 나라(화교)가 아닌 베트남 국민 중심으로 갖춰져 있다. 철저한 라이선스 정책으로 외국인 투자 제한 정책 덕분이다. 한국, 일본, 대만 사람들이 많이 살면서 이들 나라의 국제 학교도 있으며, 세계 유수의 교육 기관들이 잘 갖춰져 있어서 교육 환경도 좋은 편이다. 필리핀과 비슷한 경제 구조로 어깨를 나란히 하였으나 최근에는 제조업 기반의 베트남 경제가 필리핀을 추월하는 양상이다. 수출입은 필리핀을 앞서면서 조만간 GDP 역전도 예상된다. 제조, 서비스, 물류 등 다른 아세안 국가들에도 밀리지 않는다. 전 세계 해외 투자 자금의 1/5을 빨아들이고 있는 제조업을 나라 발전의 근간으로 삼고 있으며, 원자재 조달, 생산, 물류 소비, 수출 등 전방위적인 경쟁력을 갖추고 있다. 특히, 미국-중국 간 무역 전쟁이 장기화되고 확산 조짐을 보이면서 가장 큰 수혜를 받을 나라로는 중국과 국경을 맞대고 있으며, 미국과 서방에 우호적인 베트남이 손꼽힌다. 중국에 투자한 외국 투자 법인들도 동시에 규제하는 '세컨드리 보이콧'을 의식한 글로벌 기업뿐만 아니라 중국 본토에 투자한 대만,

영리한 베트남 투자

홍콩 마카오 투자 법인들도 베트남 등 아세안 지역으로의 이동이 가시화되고 있다. 2019년경에 벌어진 홍콩 사태에서도 봤듯이 중국의 위협이 홍콩, 대만을 넘어서 중국 외 지역으로 노골화되는 상황에서 인근 싱가포르나 베트남 등 아세안의 투자 가치는 더욱더 커질 것이다. 2019년 7월에는 미국이 베트남을 통한 중국, 대만, 한국산 철강 및 냉연강판 제품의 우회 수출에 대해서 456%의 관세 부과를 결정하기도 했다. 이 부분도 투자 시 중점 점검 대상이다.

이처럼 베트남은 여러 가지로 장점이 많은 나라이지만, 약점도 있다. 우선, 정치적으로는 중국, 북한, 쿠바, 라오스와 함께 일당 독재의 나라로 민주화 바람의 가능성이 있다. 현재는 국가가 철저히 통제하고 있으나 인근의 인도네시아, 필리핀, 태국, 캄보디아, 미얀마 등의 전철을 밟지 않을까 싶다. 다른 동아시아 국가들처럼 철저한 구조 조정을 겪지 않은 것도 핸디캡이다. 지금은 외국인 직접 투자 자금 위주의 경제 성장을 거듭하고 있으나 언젠가는 한계에 다다를 것이며, 그때를 철저히 대비해야 하는 것도 부담이다. 소재, 부품, 장비 산업이 완벽하게 뒷받침되지 않아 고급 제품 생산에 대한 차질도 짚고 넘어가야 할 부분이다. 열악한 인프라 문제로 물류비용을 예로 들면, 호치민↔뉴욕은 U$200인 반면에 호치민↔하노이 간 물류비용은 U$250이나 든다. 중국, 프랑스, 일본, 미국 등 강대국들과의 수많은 전쟁을 통하여 배운 외국인을 쉬이 믿지 못하는 베트남의 국민성도 유의해야 할 부분이다. 철저한 자국 중심의 시스템으로 여러 면에서 아직은 글로벌 스탠다드와는 거리가 한참 멀다. 또한, 현실적으로는 고용과 관련하여 각종 비용 부담이 커지고 있다. 예를 들어, 사회보험, 건강보험, 실업보험 등이 외국인 근로자나 고용인에게도 적용되거나 보험료율이 크게 높아질 전망이다. 베트남 정부는 2018년 10월경에 '사회보험법'을 개정하여 외국인 근로자도 이 제도의 적용을 받게 됐다. 퇴직연금 및 유족연금(급여의 사용자 14%와 근로자 8% 부담, 2022년 1월 1일 시행), 질병 및 출산 급여(급여의 사용자와 근로자 각각 3% 부담, 2018년 12월 1일 시행), 산업재해 급여(급여의 사용자와 근로자 각각 0.5% 부담, 2018년 12월 1일 시행)의 세 가지다. 베트남 투자의 가장 큰 매력인 저임금 구조가 약화된다는 신호다. 사회주의 국가의 특성상 해고도 쉽지 않다. 징계 해고 절차는 10인 이상의 근로자 고용 회사는 노동 규칙을 정해서 시행해야 한다. 구체적인 해고 사유로는 폭력, 절도, 도박, 횡령, 마약 등의 범죄 행위, 징계를 받은 뒤 재위반 행위, 정당한 사유 없이 30일(한 달) 내 5일 또는 연간(365일 내) 20일 이상 무단 결근 등이다. 해고 절차는 사용자와 노조의 징계위원회 서면 통지-징계 회의 진행-징계 결정문 발행 순이다. 임금 제도는 포괄임금제를 시행하고 있다. 고용주와 근로자 사이의 근로 계약에서 기본임금을 정하고 이를 기초로 기준 근로 시간을 초과한 연장, 휴일, 야간 근로 수당을 정해서 합산 지급하는 임금 구조다. 국경일과 유급 휴가일 초과 근무는 통상 임금의 300%를 지급해야 한다.

게다가 인구 대국들이 겪고 있는 고령화 문제 역시 베트남도 예외가 아니다. 베트남은 2017년부터 고령화 사회로 진입했다. 2034년이면 고령 사회 그리고 2048년이면 초고령 사회로 진입이 예상된다. 우리나라는 1999년-2017년-2026년에 이미 진입했거나 진입이 예상되는 부분이다. 고령화 문제는 베트남이 경쟁력을 가진 풍부한 저임금 근로자, 왕성한 소비 시장 등에 걸림돌이 될 것이며, 취약한 재정에 따른 복지 등에서 사회문제가 될 가능성을 내포하고 있다. 따라서, 베트남 정부는 선제적으로 세수 확충을 위한 정책을 강화하고 있다. 이전가격 제도, 부가세, 소득세, 법인세, 환경세 등이 대상이다. 이는 외국인 투자자 입장에선 다소 불리한 것들이다.

○ 전체 인구 중 65세 이상 인구가 7% 이상인 경우 고령화 사
회, 14% 이상인 경우 고령 사회, 20% 이상인 경우 초고령 사
회로 정의.

〈베트남 경제 장단점 비교〉

장 점	단 점	비 고
젊고 풍부한 인적자원과 소비시장	인적 자질과 생산성 미흡, 임금인상	30세 이하
지정학적 유리한 입지	중국과 영토분쟁	ASEAN
원유 철강 농수산물 등 자원부국	인프라 부족, 생산비용 증가, 각종규제	산유국
한류 열풍 및 한국 브랜드 선호	일시적, 타국과의 경쟁 강화	K-POP
인프라 투자 기회	자본부족, 부패, 고금리, 진입장벽, 부동산	지하철
금융산업 및 공기업 발전 가능성	자금 및 고급인력부족, 규제강화, 지하경제	구조조정
자본주의 경제 요소 강화	사회주의 경제 체제 내 발전 계획 한계	제도차이
정치적인 안정성	관료주의, 리더십 부족, 부패, 규제강화	TI 119위

★ 유망 투자 산업

○ 대규모 고용 업종인 의류, 봉재, 신발, 악세서리, 가구, 소
재·부품·장비 등 일반 제조업 및 하이테크 산업(2019년 완성
차 수입 12만여 대에 30억 달러 상당).

○ 인프라스트럭처링, 건설, 플랜트, 원전, 전자, 자원 개발, 석유
(2019년 석유 수입 120억t에 60억 달러), 정유, 화학, 조선, 자동차,
기계·기구 등 장치 산업, 다양한 기술력과 젊은 숙련자들에
의한 소프트웨어 산업도 활발하며, 글로벌 헬프 데스크 등

아웃소싱도 유망 산업, 특히 사회 간접자본 확충에 따른 대중교통도 급속도로 발전[지하철, 하노이(중국 자본 2019년 개통), 호치민(일본 자본 2020년 일부 개통 예정)].

○ 농수산물 가공식품(2019년 커피 200만t에 40억 달러 수출), 식음료, 주류(2019년 맥주가 94% 차지, 연 40억L 생산), 건강식품, 콜드체인(냉장·저온·신선식품 유통업), 전자 및 통신기기 등 한류 영향 일반 소비재.

○ 의료(100% 외국 자본 투자 가능), 제약(시장 규모 50억 달러), 미용 서비스, 학원(수학, 영어, 과학, 문학, 역사 등), 호텔, 운송, 화장품, 고급 가구 및 장식품, 도박[카지노, 축구 경기, 경마, 그레이하운드 개 경주 등 최소 배팅 1만 동, 일일 최대한도 100만 동(45달러 상당)] 등 고급 소비재, 베트남 건강보험 20% 자비 부담.

○ 유통 산업. 유통 시장 규모 2,000억 달러에 육박. 닐슨 베트남 자료에 따르면 7,000개가 넘는 소매 유통 점포 영업, 글로벌 프랜차이즈 사업도 성황, Vinmart와 Co.op Mart(베트남), Big C와 Mega Mart(태국), AEON(일본), 롯데마트와 이마트(한국) 등 국적도 다양. 전자 상거래와 온라인 쇼핑도 인기 만점.

○ 관광 산업. 하노이, 호치민, 다낭, 하이퐁, 껀터, 하롱베이, 후에, 호이안, 깜란, 꾸이년 외에도 싸파(Sapa), 하장(Ha Giang), 달랏(Da Lat), 푸꿕(Phu Quoc), 꼰다오(Con Dao), 짱안(Trang An), 푸옌(Phu Yen) 등이 인기 지역. 연간 1,800만 명 이상의 외국인이 찾고 있으며, 내국인 관광객 9천만 명, 하루 비행편만 1,000여 편에 달함. 한국인 관광객 연 450만 명(베트남의 한국 관광객 연 60만 명) 관광 수입만 연간 700조 동. 관광객 비율을 보면 아시아계 77%(태국, 인도네시아, 필리핀, 중국, 한국 순),

유럽 15%, 미국 6% 등. 2017년 APEC 정상회의 개최, 2019년 북-미 정상회담 등 컨벤션 및 국제회의 개최도 활발. 한 달 살아 보기로도 인기이며, 은퇴 후 이민 국가로도 각광. 무비자 입국도 15일에서 30일로 연장 요청 중.

O 한국의 학령 인구 급속도 감소로 베트남에서의 교육 관련 비즈니스도 눈길을 사로잡음. 키즈 아카데미, 한국어 어학당, 디자인 스쿨, 기술 대학, 산학협력학교, 창업 스쿨, 승마 학교, 경영대학원 등 교육 관련 투자도 유망.

O 특이한 점으로는 금고 시장도 활황으로, 현금, 보석, 달러 등 개인의 귀중품에 대한 선호도가 높은 베트남 사람들은 이들을 개인 금고에 보관함. 집마다 개인 금고 소유.

★ 투자 시 유의 사항

베트남 투자. 베트남은 재차 강조하지만 '포스트 차이나'로 불리며 외국인 투자 자금이 물밀 듯이 밀려들고 있으나 투자를 위해서는 잘 살펴야 할 요소들도 많다. 업종에 따라서는 지금 들어가기에는 좀 늦은 것도 사실이다. 베트남 투자 시 고려해야 할 요소들은 크게 인구 구조, 도시화율, 산업 패러다임 변화, 아세안 및 아세안 경제 협력체, 국가 신용 등급, 정치적인 리스크 그리고 경제적인 리스크 등이 있다. 먼저, 인구 구조상 40세 이하의 인구가 절반에 이르는 젊은 국가라 생산과 소비가 왕성하고 소득 증대에 따라서 소비 욕구 또한 커지면서 타겟팅하기가 쉽다. 베트남 경제는 연평균 6% 이상의 성장률이 이어지고 있다. 베트남 정부가 발표한 「베트남 2035 보고서」에 따르면 베트남 경제가 매년 7% 성장할 경우, 2035년 구매력 기준(PPP) 1인당 국내총생산(GDP)은 2만 4,000달러로 한국의 2002년 수준이 된다. 다음은 베트남의 도시화율이다. 현재 베트남의 도시화율은 40%에 불과하며 도시로의 인구 집중이 지속되는 등 도시화에 따라 창출되는 수요가 기업 활동에 활력을 불어넣고 있다. 주택, 도로 교통, 상하수도, 전기, 통신 등 인프라와 유통과 물류시스템 등 서비스 산업에 상당한 기회가 될 것이다. 건설업도 그동안 제조업 공장 건축물 위주에서 아파트, 상업용 시설, 아파트형 공장 그리고 도시 재생 사업(Regeneration)으로 진화하고 있다. 베트남도 농수산업을 거쳐서 지금은 제조업 중심이나 하이테크 분야로 패러다임이 변화하고 있다. 중고 기계 도입을 금지하고, 일부 공해 유발 등 환경 위해 업종은 진입에 상당한 어려움을 겪고 있다. 베트남 당국도 해외 투자를 선별적으로 유치하면서 공단 제공, 법인세 감면 등 인센티브를 하이테크 산업 대상으로 제한하고 있다. 베트남에 없는 기술과 자본으로 들어오는 기업에 한해서만 투자를 반기는 모습이다.

● 베트남 투자 시 유의 사항 10가지

○ 투자 지역 선택 신중(업종별 지정 공단 제도 등).
○ 외국인 투자 제한 분야 사전 확인(소규모 요식업, 언론, 교육 사업 등).
○ 공단 부지 확보 유념(공장 및 공장 용지 등).
○ 환경 규제 유의(오·폐수, 공해 유발 사업 등).
○ 소재·부품 등 원자재 확보 용이성(물량, 품질 등).
○ 투자 비용(자금 조달, 금융 비용, 직간접 인건비, TP, 세금 및 관세 등).
○ 열악한 인프라(물류비용 등).

영리한 베트남 투자

○ 파업 등 인력 수급 차질(잦은 이동, 과도한 임금 인상 요구 등).

○ 관리자 자질(법인장, 국내 파견 관리자 등).

○ 사회주의 비효율성(행정 비용 및 절차 복잡, 기획투자부, 인민위원회, 산업무역부, 중앙은행, 특허청 등 다단계).

● 베트남 해외 직접 투자 방법-법인 설립 절차-금융권 대출 방안

○ 베트남 기업법에 따른 기업 종류는 유한책임회사(Limited Liability Company), 주식회사(Shareholding Company) 합자 회사(Partnership Company), 개인 기업(Private Enterprises) 등 네 가지.

○ 베트남 투자 프로젝트 사업성 분석-투자 업종, 금액, 자금 조달 방안 등 결정-주재원 선발 및 파견-법인 설립을 위한 법무 법인 및 회계법인 선정-은행 계좌 개설-한국 본사와 공단이 공단 사용권 가계약[MOU] 체결-투자 등록증(투자허가서, IRC) 발급-기업 등록증(ERC) 발급-법인 설립-신규 설립된 베트남 법인과 공단 사이에 정식 계약 체결-공장 건축(발주·설계·시공·감리) 및 준공(Maintenance)-사업.

○ 해외 직접 투자 관련 금융 기관 대출은 크게 시설 자금 대출(토지 매입, 건축 자금, 설비 투자 등) 및 운전 자금 대출(원자재 구입, 운영 자금 등)이 가능하며, 대출 금리는 신용도에 따라서 6~10%(정상 대출 대손충당금 0.75% 포함) 수준. 직접 투자 초기에 대출을 신청해야 하며, 5년 이내 분할 상환이 원칙으로, 동일한 조건으로 타행 대환 가능. 공장 건축 전 한국 본사(투자 주체) 신용도를 바탕으로 본사 보증하에 대출하고, 공장 건

축 후에는 공장 저당권으로 담보 제공, 대출은 세금 및 사후 관리 측면에서 가급적 베트남 내 은행권 이용한 대출을 선호하며, Standby L/C 등은 담보 효력이 있을 뿐 금리 우대는 없으며, 예금 금리(6~8% 수준)를 감안하면 대출 금리가 낮아 예대 마진이 크지 않아 수출입 및 부수 거래(Transaction)를 통한 금융권 수익 기대.

○ 기존 기계·기구 등 설비 이전은 사용 3년 이내의 설비에 한하며, 완전한 리모델링을 거쳐서 반입하고, 중고 기계 반입은 엄격히 규제하며, 반입 전 관세사, 물류 회사, 수입 대행사를 통한 철저한 사전 준비를 통하여 통관에 유의하고, 품목에 따라서 0~20% 이내에서 관세율 결정, 베트남 내에서 설비 구입 또는 수입 시 세제 혜택.

● 베트남 세금 제도

○ 부가가치세와 부가세 환급, 수출 재화 및 서비스, 청산 합병 분할 조직 변경, ODA 자금으로 조달된 프로젝트, 외교 공관 및 외교관 매입부가가치세 등은 환급 대상.

○ 개인소득세 소득 구간 및 세율, 10,000,000동까지 5%, 10,000,000~30,000,000동 10%, 30,000,000~50,000,000동 20%, 50,000,000~80,000,000동 28%, 80,000,000동 이상 35%.

○ 상속세 및 증여세, 거주자 및 비거주자가 동일하게 대상 자산 가액이 10,000,000동 이상이면 재산 가액의 10% 세율로 증여 받은 자 또는 상속인이 신고·납부, 직계 존비속 및 부부간에는 과세 면제.

영리한 베트남 투자

○ 법인세율은 최고 22%. 업종에 따라 제조업 외투 기업의 경우 첫 2년간 면제, 이후 4년간 50% 감면된 11% 등. 법인세법에 따라 베트남 내국 법인은 결손금 발생 시 5년간 이월 공제가 가능하며, 부동산업에서 발생한 결손금은 타 사업에서 발생한 이익과 상계도 가능.

● 주요국 법인세 최고세율 현황(2019년, OECD, %)

○ 35% 인도, 33% 프랑스, 31% 이탈리아, 30% 독일, 호주, 멕시코, 28% 뉴질랜드, 노르웨이, 25.5% 일본, 25% 대한민국, 중국, 오스트리아, 덴마크, 이스라엘, 인도네시아, 22% 스웨덴, 베트남, 21% 포르투갈, 20% 미국, 그리스, 아이슬란드, 핀란드, 칠레, 슬로베니아, 터키, 19% 이하: 19% 폴란드, 슬로바키아, 18% 스위스, 17% 영국, 싱가포르, 대만, 16.5% 홍콩, 15%, 독일, 캐나다, 12.5% 아일랜드, 9% 헝가리.

● 주요국 상속세 최고세율 현황(2019년, OECD, %)

○ 80% 벨기에(직계 비속 상속 시 30%, 기업 상속 공제 혜택 적용 시 3%), 60% 프랑스(직계 비속 상속 시 45%, 기업 상속 공제 혜택 적용 시 11.25%), 55% 일본, 50% 대한민국(직계 비속 상속 시 65%, 기업 상속 공제 혜택 적용 시 65%), 50% 독일(직계 비속 상속 시 30%, 기업 상속 공제 혜택 적용 시 4.5%), 40% 미국, 33% 아일랜드, 20% 네덜란드, 10% 터키, 4% 이탈리아, 25% OECD 평균.

● 이전가격(移轉價格, Transfer Price)

○ 국제 조세로 국가 간의 과세권 확보가 목적이며, 구글세 (Google Tax)와 같이 다국적 기업(MNE)의 조세 회피 등을 위해서 채택. 베트남도 부족한 세수 확보 차원에서 과세 강화.

○ 경제협력개발기구(OECD)의 BEPS(Base Erosion and Profit Shifting) 액션 플랜 최종 보고서가 2019년 G20 재무장관 회의에서 채택, 오사카 G20 정상회의에서 최종 승인, 개별 기업 보고서-통합 기업 보고서-국가별 보고서를 통한 일관성 확보와 전 세계 과세 당국 간 자동 공유가 목표.

○ 주요 내용: 매출액 기준 5백억 동 이상, 특수 관계자 거래액 3백억 동 이상, 단순 기능 업체로 매출액 2천억 동 이상 업체는 통합 기일 보고서, 국가별 보고서, 개별 기업 보고서 등 작성 대상, 법인세 신고서 제출 전(사업연도 종료일 90일 전) 제출 기한, 외국의 특수 관계자[인적 관계, 25% 이상 지분 보유, 보증, 차입, 모회사, 매출액 60% 이상 편중 업체 등]와 비정상 가격 거래로 과세소득 왜곡 시 정상 가격 근거 과세(2016년 9월 공표, 10월 3일 개정, 11월 30일 총리 승인).

● 공정거래법상 과징금

○ 공정거래위원회 모델, '경쟁제한법'으로 외국인 투자 기업에 불리.

● 베트남 지식재산권 보호 제도

○ 베트남 정부는 WTO 가입을 위해서 2005년 지식재산권보호 법 제정 시행. 저작권, 특허권, 상표권, 산업재산권, 식물품종 보호권 등 포괄적으로 규정.

○ 호치민-다낭-하노이 중심 남·중·북부 지역 간 상이한 시장 특성

○ 경제 수도 호치민 중심 남부 권역(껀터, 빈즁성, 동나이성 포함) 은 제조 서비스, 농수산물 등 다양한 산업.

○ 수도권 하노이 중심 북부(하이퐁, 박닌성, 타이응우옌성, 하이즈 엉성 포함)는 '남북 균형 발전 전략' 차원의 중공업 입지 강화.

○ 다낭 중심 중부 지역(후에, 호이안 포함)은 관광 산업으로 차별 화 전략.

★ 베트남 투자 키워드(Key Words)

● 글로벌&베트남 투자 트렌드

○ 단순함(Simple), 편의성(Convenience), 도시화(Urbanization) 및 도시 재생 사업(Regeneration), 바다(Sea&Beach), 리조트 (Resort), 여행(Tour&Travel), 제4차 산업 혁명, 스마트 팩토리, 3D 프린팅, 인공지능(AI), 세금, 무역 전쟁 등.

● 대내적 요인

○ 베트남 정부 스탠스(남북 균형 발전 차원의 하노이 중심 북부 지역 개발, 일반 제조업보다는 중화학 공업 및 첨단 고부가 가치 산업에 역점), 산업 패러다임 변화, 정권 교체 등 정치 일정.

○ 사회적인 부패 문제, 부실한 금융 기관과 공기업 구조 조정 및 과도한 부채 문제.

○ 제4차 산업 혁명(The 4th Industrial Revolution) 준비 및 적용.

○ 자연재해 및 신종 질병(Natural Disasters&New Kind Disease) 대처 능력.

● 대외적 요인

○ 무역 전쟁(Trade Wars)+환율전쟁(Currency Wars)=>제3차 세계 대전(World WarⅢ, 경제 전쟁).

○ 국가 신용 등급 상향, 외환 보유고 확충, 경상 수지 흑자, (금융) 시장 개방 등.

○ 미국과 중국의 헤게모니 대처 및 아세안(ASEAN) 여타국과의 경쟁과 협력.

○ 세계무역기구(WTO), 환태평양경제동반자협정(CPTPP), 역내포괄적경제동반자협정(RCEP) 준수.

○ 트럼프 미 대통령(D. J. Trump, U.S. President, 1946~, '17. 1. 20~'21. 1. 20) 중간 선거('20. 11).

★ 기회비용(機會費用, Opportunity Cost)과
매몰비용(埋沒費用, Sunk Cost)

우리 인간이 살면서 가장 많이 하고, 듣고 사는 용어 중의 하나가 '경제' 아닐까 한다. 경제라는 말과 '경제적'이라는 행동은 동물뿐만 아니라 식물에게도 중요하다. 경제의 근본적인 의미인 효율성을 넘어서 살고 죽는 '생존'을 결정하기 때문이다. 경제는 제한되고 한정된 자원 속에서 서로 경쟁하다 보니 생긴 문제이고, 그 해답도 바로 경제에서 찾을 수 있다. 한 사람의 일생도, 한 나라의 운명도 일련의 경제활동이라고 해도 과언이 아니다. 경제가 경세제민(經世濟民)의 약자인 것은 누구나 다 아는 사실이다. '널리 세상을 다스려 백성을 구제한다'라는 의미를 담고 있다. 이처럼 경제는 동서양을 막론하고 정치와 더불어 통치 수단이며 행위이기도 하다. 경제를 이야기할 때는 두 가지, 기회비용과 매몰비용을 빼고는 설명이 될 수 없다. 사전적으로, 기회비용(機會費用, Opportunity Cost)은 어느 하나를 함으로써 다른 어떤 것들을 포기해야 하면서 들어가는 가장 가치 있는 비용을 말한다. 매몰비용(埋沒費用, Sunk Cost)은 어떤 한 경제적인 행위를 위해서 들인 비용이 아까워서 그것을 버리지 못하고 지속하는 행동에 따른 함몰 비용이다.

기회비용은 하지 못한 대안 중에서 가장 큰 가치를 지닌 것이기 때문에 다음과 같은 예를 들 수 있다. 전문가가 되기 위한 공부, 아름다운 여성과의 데이트, 골프 라운딩의 세 가지 선택지가 있다고 가정했을 때, 그 가치가 순서대로 100-80-60이라면 나에게 가장 이득이 되기 위해서는 가치가 가장 큰 공부(100)를 선택해야 한다. 만약에 공부를 선택하지 않고 다른 두 가지, 데이트와 라운딩을 했다면 그 기회비용은 100이다. 유사 이래로 가장 큰 국책 사업이라고 일컬었던 새만금 간척 사업도 대체 투자로 소재·부품·장비 산업이나 실리콘밸리 같은 것을 만들어서 ICT 산업에 직접 투자했다면 결과는 어떻게 되었을까? 그 가치를 소재·부품·장비 산업 100, ICT 산업 80, 새만금 간척 사업을 60으로 한다면, 새만금 간척 사업의 기회비용은 100이 되는 것이다. 주식, 채권, 외환, 원자재 상품, 부동산 등 금융 시장에선 기회비용은 투자 그 자체다. '선택과 집중'이라는 표현으로도 기회비용을 설명할 수 있다. 위대한 지도자와 훌륭한 기업가는 장기적인 비전 제시와 함께 선택과 집중에 능한 사람들이다. 반대로 그렇지 못한 리더는 이것저것 다 하는 듯하지만, 성과가 별로 없고 미래 세대에 해악을 끼치는 결정론자들이며, 앞선 위대한 결정까지 뒤집거나 의미를 축소하는 소인배들이다.

매몰비용을 설명할 때 흔히 드는 사례가 실패한 대규모 국책 사업들이다. 위에서 언급한 새만금 간척 사업과 4대강 개발 사업 등이다. 역대 정권의 대통령 공약이라는 이유로 무리하게 사업을 진행하다가 오류가 발견되고 중단됐다가 다시 시행되기를 반복하면서 수십조 원의 세금이 들어가고 효과는 별로 없이 이러지도, 저러지도 못하면서 끌고 가는 경우다. 해외 사례로는 콩코드 오류(Concord Fallacy)가 있다. 콩코드는 영국과 프랑스 합작으로 1976년부터 2003년까지 운행한 마하 2(시속 2,448㎞/H) 이상의 초음속 여객기로 고비용 저효율과 각종 환경 문제에도 불구하고 투자비가 아까워 대형 참사로 중단할 때까지 계속해서 운영했는데, 이러한 오류를 일컫는다. 투자와 관련해서는 그동안 들인 공이 아까워서 손절매를 못 하는 경우와 본의 아니게 장기 투자자의 길로 나서는 것 등이 매몰비용의 함정이라 할 수 있겠다. 공부 못하는 아이의 계속되는 학원 고집, 능력 안 되는 사

영리한 베트남 투자

람의 어떤 일에 대한 맹목적인 매달림 등도 매몰비용에 해당된다. 광범위하게는 광고비나 R&D 비용도 일부 매몰비용에 포함된다.

결과론적이라 하겠지만, 30여 년 동안 이어져도 여전히 답이 안 보이는 새만금 간척 사업 대신 그 돈과 시간으로 소재·부품·장비 산업에 집중적으로 투자했다면 지금 일본으로부터 강력한 제재를 받는 반도체 관련 무역 보복에서 자유로워질 수 있지 않았을까 생각해 본다. 숱한 사람들이 고초를 당하고 논란이 여전한 4대강 사업도 제대로 평가해서 시행하고 유지했다면 이런 낭비가 없지 않았을까 하는 안타까운 마음이 든다. 사업 규모가 크고, 돈이 많이 들면서, 시간이 오래 걸리고, 장기적인 관점에서 봐야 하는 어려운 사업 결정은 세 가지를 염두에 둬야 한다. 정부도, 국민도 아닌 오로지 국가(미래 세대)에 이익의 중심을 두고, 집안 사람들(정부·여당)이 아닌 철저한 전문가 집단의 조언 그리고 기회비용과 매몰비용을 감안한 철저한 경제적인 이익(효율성)이 판단의 기준이 되어야 한다.

한 가지 주지할 사실은, 기회비용이나 매몰비용이 아까워서 중도에 포기하는 것은 더 나쁜 결정일 수도 있다는 점이다. 주도면밀하게 내린 결정이라면 꾸준히 해나가면서 성공하고야 말겠다는 결연한 의지는 이런 비용들을 만회하고도 남는다. 뭔가를 시도하고 100번 만에 성공했다면 99번은 실패가 아니라 성공을 위한 실험(발판)이었다고 자부할 만하다. 그리고 실험 과정에서 겪은 소중한 경험들은 그 무엇과도 바꿀 수 없는 오롯이 자기만의 것이다. 1997년 IMF 외환 위기와 2008년 글로벌 금융 위기 당시 국제 금융 시장에서 외환 딜러로서 경험했던 국제 금융은 지금도 저자에게 밥벌이 수단이 되고 있다. 여기저기서 많이 어렵다고들 한다. 그러나 돌이켜보면, 어려운 상황에서만 자신이 성장했다는 사실을 알게 될 것이다.

기회비용과 매몰비용의 두 개념은 투자와 정부 정책뿐만 아니라 일상생활에서 합리적인 의사결정을 하는 데 유용하며, 근본적으로 고려해야 할 요소들이다. 잘 알고 보면 삶에서 소중한 경제적인 페이소스(파토스, Pathos)가 될 수도 있다.

★ 직관적인 사고와 분석적인 사고-결국 인생도, 투자도 직관과 사고를 통한 판단의 문제다

남녀가 처음 만나서 서로에게 호불호의 느낌이 오가는 데 걸리는 시간은 단 0.3초란다. 경험적으로 좋은 친구를 판단하는 데도 사실 그렇게 많은 시간이 필요하지 않다. 비즈니스도 마찬가지로 좋은 사업 아이템이나 좋은 비즈니스 관계를 설정하는 데는 그렇게 장시간이 요구되지 않는다. 주식, 채권, 외환, 원자재 상품, 부동산, 파생상품 투자도 이와 마찬가지다. 왜 그럴까? 답은 바로 오랫동안 경험하고 쌓은 지식을 바탕으로 내리는 결정적이고도 순간적인 판단, 즉 직관에 있다. 사람들은 이처럼 직관적으로 많은 것을 판단하고 결정한다. 분석적인 사고에 기초해서 판단하는 사람도 많지만, 저자의 경험으로는 분석적인 사고는 결정적인 투자에 있어서 그렇게 큰 위력을 발휘하지 못한다. 소위 백 오피스로 불리는 백업 부서와 리스크 관리를 담당하는 미들 오피스는 분석적 사고에 더 큰 비중을 두고 있다. 그러나 우리의 인생도, 투자도 다 판단의 문제로 보는 관점에서 직관적인 사고에 대해서 알아보자.

외환이나 주식, 채권, 원자재 상품 트레이더들이 일하는 공간인 트레이딩룸, 즉 '딜링룸'이라는 곳을 본 적이 있는지? 일반적으로 '딜링

영리한 베트남 투자

룸' 하면 일반인들의 출입이 금지된 곳으로, 거래자들이 동시에 몇 대의 전화기를 붙들고 끊임없이 대화하며, 데스크에는 5~6대의 컴퓨터 모니터가 있고, 딜러의 손가락은 늘 조그만 키패드에 올려져 있음을 볼 수 있다. 일반적으로 5대의 모니터 중에서 통상 2~3대는 『블룸버그』나 『로이터』 등 국내외 뉴스 전용 단말기다. 단기적으로는 환율, 주가, 금리, 상품 가격 등이 주로 뉴스에 의해서 결정되기 때문이다. 따라서, 딜러들은 한순간도 세상에서 일어나는 뉴스에서 눈을 떼지 못하고 늘 주시하며, 새로운 소식에 따라서 직관적으로 판단하고, '살 것인지' 혹은 '팔 것인지'를 결정한다.

이처럼 직관은 연애를 하거나, 친구를 사귀거나, 투자를 할 때 언제나 판단의 기준이 된다. 사전적으로 '직관(Intuition)'은 '문제의 핵심을 즉시 꿰뚫는 통찰력'을 의미한다. 즉, 이성(理性)에 의존하지 않고 필요한 핵심을 순간적으로 파악하는 것이다. 그리고 사고는 크게 '직관적 사고(Intuitive Thinking)'와 '분석적 사고(Analytical Thinking)'로 나뉘는데, 두 사고가 적절히 어우러졌을 때 가장 올바른 판단이 이루어진다는 것은 자명하다. 인터넷과 인공지능(AI) 세상을 맞이하여 정보가 넘쳐나는 '정보 과잉 시대'에 사는 우리는 늘 유용한 정보와 쓸모없는 정보를 잘 구분하여 그것도 직관적으로 빨리 판단해야 성공에 한 발 더 다가설 수 있다. 한편, 직관적인 판단을 함에 있어서 경계해야 할 요소로 '자기 신념에 반대되는 정보가 많으면 많을수록 오히려 기존 신념을 더 강하게 붙들게 된다'라는 '백파이어 효과(Backfire Effect)'는 유의해야 한다.

"인생을 살면서 자기 분야에서 성공적인 삶을 영위하기 위해서는 일생에 최소한 '1만 시간'을 투자해야 한다."라고 역설한 경영 전문가인 말콤 글래드웰(Malcolm Gladwell)의 2초 만에 의사결정을 내리는

'순간 판단력'의 중요성을 강조한 『블링크』도 같은 맥락이다. 또한, 행동경제학자와 2013년 노벨 경제학상 공동 수상자로 유명한 로버트 쉴러 교수의 '야성적 충동(Animal Sprits)' 즉, '개개의 경제 주체들은 경제 이론에 의해 장기적이고 이성적인 판단을 하기보다는 야성적 충동에 의해 움직인다'라는 유명한 J. M. 케인스의 명제도 직관을 염두에 둔 것으로 보인다.

투자와 관련해서, 포지션 트레이드들이 주로 하는 초단타 매매, 즉 투기 거래도 오랜 시장 경험을 통한 직관을 바탕으로 한다. 참고로, 투자(investment)와 투기(speculation)는 옳고 그름의 이성적인 문제가 아니며, 이를 가르는 기준도 불명확하다. "남이 하면 불륜도 내가 하면 로맨스다."라는 말처럼, 내가 하면 투기가 아니라 투자라고 생각하기 십상이다. 투자와 투기를 가르는 요소를 몇 가지 보면 다음과 같다. 일단 내가 감당할 수 있으면 투자이고, 그 수준을 넘어서면 투기라 할 수 있다. 또 『고객의 요트는 어디에 있는가』라는 책의 저자인 프레드 쉐드의 정의에 의하면, '투기란, 적은 돈으로 큰돈을 벌기 위한 노력으로, 실패할 확률이 높은 행위를 말하며, 투자란, 큰돈이 적은 돈이 되는 것을 막기 위한 노력으로, 성공할 확률이 높은 행위'를 말한다. 쉽게 말해서, 우리가 1,000달러를 가지고 월 스트리트에 가서 1년 안에 2만 5,000달러로 만들려고 한다면 그건 투기를 하는 것이고, 우리가 2만 5,000달러를 가지고 월 스트리트에 가서 그 돈으로 연리 4%의 액면가 1,000달러짜리 채권 25개를 사서 1년에 1,000달러를 벌려고 하면 그것은 투자를 하는 것이다. 그리고 쉐드는 첫 번째 모험에서 우리가 성공할 확률은 1/25로 실패할 확률이 훨씬 높지만, 두 번째 경우는 실패할 확률이 1/25로 성공할 확률이 훨씬 높다고 강조한다. 또 투자와 투기의 차이는, 종류의 차이가 아니라 성공할 정도의 차이라고 말하고 있다. 재무 이론에서는 투기란, '어떤 자산의 가격 상승에 따른 이익을 기대해서 그 자산을 사고, 동시에 가격 하락 위험을 부담하는 것'이다.

참고로, 부동산, 그중에서도 토지 투자와 관련해서 직관적으로 접근할 수 있는 몇 가지 팁이 있다. 먼저 한 지역을 골라서 집중적으로 입지, 환경, 매매 용이성, 경제성, 미래 가치를 분석한다. 입지는 대도시에서 멀지 않고, 넓게 자리하며, 맹지가 아닌 곳으로, 교통이 편리하고, 자연재해가 적고, 물, 바람, 햇볕 등의 자연환경이 좋은 곳으로 정한다. 환경과 관련해서는 오염 지역, 공장 밀집 지역, 혐오 시설, 군사 시설(핵, 원자력, 지뢰, 미사일 발사장, 사격장, 공항 등) 인근 등은 피한다. 매매 용이성은 200~500평 규모로 매매하기 쉬운 투자로 시작하여 점차 늘려 가며, 친지나 친구 등과 합작 투자는 가급적 피한다. 또한, 투자하지 말아야 할 국가의 요건 세 가지도 있다. 도시로 사람이 몰리지 않는 국가(전원도시 개발), 역모기지론이 확대되는 국가, 고속도로에서 화물차가 아니라 자동차만 보이는 국가 등이다. 경제성은 환금성과 함께 일부 토지는 자비를 들여서 도로 개설, 복토, 지목 변경 등을 통하여 비용이 수반되더라도 땅값 자체를 더욱 끌어올리는 기술도 필요하다. 부동산은 장기 투자이기에 지금 당장 돈이 되지 않더라도 저렴하게 사서 먼 훗날을 기약하는 것도 투자의 방법이다. 그리고 부동산(不動産)도 동산(動産) 개념으로 접근하여 땅 하나가 사업체라 인식하고 동적인 개념을 갖는 것도 중요하다. 아파트나 상업용 건물도 토지와 크게 다르지 않아서 대도시 중심지 위주로 좋은 물건을 사서, 좋게 만들어, 좋은 시점에, 좋은 가격으로 판다는 원칙이 서야 한다. 인생과 마찬가지로, 이 모든 것을 위해서는 지식과 경험 그리고 네트워크가 필수다.

이처럼 우리가 세상을 살면서 매 순간 판단의 문제에 봉착했을 때 가장 먼저 대하게 되는 직관은 순간적인 감정이나 느낌에만 의존하는 경우에는 의사결정의 질을 떨어뜨리고 창조적이고 비판적인 사고력을 저하시키기도 한다. 그러나 시간이나 자원은 늘 한정되어 있기 마련이어서 신속하고도 과감한 판단, 즉 직관이 요구되는 경우가 허다하다. 세상을 바꾼 창조적인 아이디어들은 분석과 논리를 통한 '생각의 힘'에서 만들어졌다고 한다. 그리고 크게 성공하려면 깊게 생각해야 한다. 직관과 사고는 현재를 사는 우리 모두에게 필요하다. 다만, 직관적으로 결정해야 할 사안이 있고, 분석적으로 판단해야 할 일도 있다. 우리에게 중요한 것은 단순히 세상의 수많은 사실을 모으고 분석하는 것뿐만 아니라 직관, 분석과 논리 그리고 깊이 있는 생각을 그런 것들을 기반으로 우러나오는 통찰력과 결합하는 것이다.

한편으로, 인간에게는 육감(六感, Sixth Sense)도 있다. 우리 인간에게는 시각, 청각, 촉각, 미각, 후각 등 오감(五感)에 이어서 육감이라고 하는 여섯 번째 감각기관도 있다. 육감은 '정확히 잘은 모르지만 뭔가 느껴지는 감각'을 말한다. 1999년 브루스 윌리스 주연의 공포물인 〈식스 센스〉라는 유명 영화도 있다. 그런데 직관적으로, 아니, 육감적으로도 작금의 국제 금융 시장의 움직임을 보면 이전에 겪어보지 못한 뭔가 커다란 문제(위험)가 시장에 내포되어 있으며, 그 해결의 실마리가 만만치 않음을 느낀다. 따라서, 많은 투자자가 투자를 망설이게 되고, 이는 불확실성으로 나타나 시장을 더욱 압박하는 모습이다. 그러나 역사는 어려운 순간들이 수도 없이 많았지만, 늘 진화(진보)해 왔다. 그리고 기회의 여신은 언제나 준비해 온 자들에게 문을 열어주었다.

최근에는, 제7의 감각 세븐 센스(Seventh Sense)로 일컬어지는 '초연결 지능'도 있다. 인터넷 등 네트워크로 연결된 사회의 어떤 사물이 연결에 의해 어떻게 바뀌는지 알아채는 능력을 말한다. 완벽한 네트워크 시대는 연결되지 않으면 아무런 일도 일어나지 않고 퇴보하는 감각을 말하는 것으로써 경계가 모호하지만, 그 중요성은 점점 커지고 있다.

한편, 금세기 최고의 발명가 중 한 사람으로 꼽히는 스티브 잡스도 직관을 소중히 여기는 사람 중의 하나였다. 그의 직관은 20~30년 동안 쌓인 문제의 정의와 해결에 대한 경험의 축적을 바탕으로 한 것으로, 바로 여기에서 스티브 잡스가 가지고 있었던 위대한 경영의 직관이 나올 수 있었다. 결국 적극적인 문제 해결을 위한 도전의 경험이 쌓인 50대 경영자의 사고에서 위대한 직관이 나올 확률이 높은 것이다. 그런데 문제 해결의 경험을 쌓기란 그리 쉽지 않다. 그렇기 때문에 경영자에게는 인내가 중요하다. 스티브 잡스는 20대부터 애플을 시작으로 중간에 경영권을 빼앗기기도 했지만, 넥스트 컴퓨터, 픽사 등을 설립하며 도전의 경험을 멈추지 않았고, 다시 애플로 돌아온 잡스는 인류 문화를 변화시킨 위대한 제품인 아이폰을 그의 직관으로 만들어낸다. 이러한 직관의 소유자는 놀랍게도 우리의 역사 속에서도 찾아볼 수 있다. 바로 이순신 장군도 그 예다. 그는 당시 다른 무관들과 달리 문제를 정의하고 해결해 나가며 이를 기록하는 습관을 지니고 있었다. 당대의 라이벌이라 불렸던 원균은 이러한 습관을 지니고 있지 않았다. 타고난 재능과 용맹에만 의존한 원균과 20년 이상의 세월을 인내를 가지고 끊임없이 문제 정의와 해결의 경험을 쌓은 이순신 장군의 직관의 차이는 임진왜란에서 전패와 전승이라는 기록으로 증명됐다.

이처럼 인내는 문제 해결의 경험을 쌓게도 해 주지만, 리더십을 발휘할 수 있는 그릇을 키워준다. 4세기 백제의 근초고왕은 강성해진 국력을 기반으로 고구려를 침략한다. 결국 양국은 평양성에서 대치하고 당시 고구려왕인 고국원왕은 야전을 고집하다가 전사한다. 같이 참전한 그의 아들인 소수림왕은 아버지의 시신을 찾지 못한 채로 성문을 닫고 공성전(攻城戰)을 한다. 많은 신하의 반대가 있었지만, 국가의 리더인 그는 슬픔을 인내로 극복하고 호수 같은 마음으로 백제의 공격을 극복하고야 만다. 그리고 그는 큰 그릇으로 시간의 도움을 받는다. 자신의 대에서 백제를 이길 수 없음을 그는 직관적으로 알고 있었고, 그의 집권기에는 제도를 정비하여 국가의 틀을 견고히 했다. 100년이라는 긴 시간이 지나서 3대 후에 가서 광개토대왕과 장수왕 시기인 5세기에 전성기를 만들어 내고 결국 장수왕은 남하 정책으로 백제를 침략해 개로왕을 죽인다. 100년의 도움을 받아서 복수한 것인데, 인내는 그릇을 키우며 그릇이 큰 사람은 긴 시간의 도움을 받아서 결국 뜻을 이룰 수 있음을 여실히 보여 줬다.

시간의 도움을 받을 수 있는 리더는 늘 승자가 된다. 청나라의 전성기를 이끈 강희제는 그의 대(代)뿐만 아니라 아들, 손자인 건륭제, 옹정제까지 긴 전성기를 구가하며 당대 세계 최강국을 만들었다. 90살을 넘게 산 강희제는 여러 어록을 남겼지만, 그중에서도 가장 유명한 말이 있다. "참고 참고 참고 그리고 또 참으면 천하를 얻는다." 당시 세계의 주인이라 해도 과언이 아닌 강희제가 왜 이렇게 많이 참았을까? 한족의 10분의 1도 되지 않는 만주족이 세계를 정복한 원동력은 바로 인내다. 인내를 통해 많은 한족을 자신의 사람으로 만들었고, 인내를 통해 획득한 문제 해결의 많은 경험은 천하를 통치할 직관을 그에게 선물하였다. 인내를 기반으로 한 그의 장기 집권이 청의

태평성대를 만들어 낸 것이다. 정리하자면, 문제 해결의 경험이 직관을 만들어내고 경험을 쌓는 데는 인내가 필요하다. 이 인내를 통해 사람을 얻어서 리더십을 공고히 할 수 있고 또 그릇을 키워서 승자가 되기 위한 시간의 도움을 얻을 수 있다. 스티브 잡스, 이순신, 소수림왕, 강희제 모두 시대와 상황은 달랐지만, 성공의 원칙은 똑같았다.

직관적인 사고와 분석적인 사고는 서로 대척점에 있지 않고, 경중(輕重)이 다르지도 않으며, 같이 가져야 할 중요한 요소다. 결국 인생도, 투자도 직관과 사고를 통한 판단의 문제다.

제12장

리스크 관리

★ 기업의 해외 진출 시 유의할 점 5가지, 글로벌 기업들의 해외 투자 전략

세계은행(WB)에서 발표한 기업하기 좋은 나라 「기업환경평가, Doing Business 2019」 자료에 따르면, 우리나라는 뉴질랜드, 싱가포르, 덴마크, 홍콩 다음으로 기업하기 좋은 나라 세계 5위다. 조지아, 노르웨이, 미국, 영국, 마케도니아가 6~10위를 차지하고 있다. 아세안 10개국을 포함한 주요 아시아 국가들의 순위는 다음과 같다. 대만(13위), 말레이시아(15위), 태국(27위), 일본(39위), 중국(46위), 브루나이(55위), 베트남(69위), 인도네시아(73위), 인도(77위), 필리핀(124위), 캄보디아(138위), 라오스(154위), 미얀마(171위) 등이 랭크되어 있다. 물가, 조세, 실업률, 기업인 우대 정책, 노동 환경 등 기업하기 좋은 나라의 요소를 보면 우리나라 순위가 다소 의아하지만, 상당히 권위 있는 통계 자료다.

우리나라는 인구 5천만 명 이상으로, 수출입 교역, 주식, 시장 시가 총액 그리고 국내총생산(GDP)이 1조 달러가 넘는 경제 규모 세계 11위다. IT, 반도체, 자동차, 조선, 철강, 화학, 플랜트 등에서 괄목할 만한 성장을 이뤄낸 대한민국이 명실상부한 선진국 대열에 합류하기 위해서는 해외 직접 투자를 통한 해외 진출이 필수다. 해외 진출의 선봉은 당연히 기업일 수밖에 없으며, 기업을 경영함에 있어서 고려해야 할 요소들은 입지, 노동, 환경, 물류, 행정, 조세, 재무 등 수없이 많다. 특히, 자국이 아닌 해외 투자 등 기업의 해외 진출 시의 경영은 자국과는 전혀 다른 환경, 다른 제도하에서 이뤄지는 만큼, 따져봐야 할 요소들이 더욱 늘어나게 된다. 앞에서는 환율, 주가, 금리, 원자재 상품 가격, 부동산 등 전반적인 국제 금융 시장, 즉 거시 경제 분야에 대해서 살펴봤는데, 이젠 눈을 기업 내부로 돌려 그중에서도 해외 직접 투자(FDI) 등 기업의 해외 진출 시 유의할 점에 대해서 알아보자. 유의 사항은 크게 다섯 가지로 투자국의 전략, 진출국에 대한 충분한 이해, 인적·물적 네트워크, 중·장기 목표 및 비전 그리고 리스크 관리를 꼽을 수 있다. 중국(中國) 고전(古典)을 빌려서 하나씩 살펴보면 다음과 같다.

1. 투자국의 전략-"吃一塹長一智(흘일참장일지, 한 번 손해 볼 때마다 지혜가 하나씩 는다)."

먼저 해외로 진출하고자 하는 기업의 투자 전략을 들 수 있다. 투자 목적이 새로운 사업인지, 사업 확장을 위한 것인지, 아니면 비용 절감을 위한 공장 이전인지를 명확히 할 필요가 있다. 투자 목적이 정해지면 다음은 자금 조달을 어떻게 할 것인지가 관건이다. 본국(또는 본사)의 사업 자금으로 충당할지, 국내 또는 현지 차입을 통해서 할 것인지, 통화는 원화로 할지, 아니면 현지 통화로 할지 등의 파이낸싱 부문과 함께 철저한 수익 및 비용 분석을 통한 사업성 판단도 중요한 요소다.

2. 진출국에 대한 이해-"知彼知己 白戰不殆(지피지기 백전불태, 적을 알고 나를 알면 위태롭지 않다)."

해외 투자는 진출국의 정치, 경제, 사회, 문화, 역사, 생활 전반 등에 대한 완벽한 이해가 수반되어야 한다. 특히, 우리가 주로 진출하는 베트남은 우리나라와는 기본적으로 정치 체제가 다른 만큼, 더 많은 연구와 철저한 분석이 요구된다. 이해 부족에 따른 상황이거나 서로 간의 차이를 인정하지 못하거나 않음으로써 생길 수 있는 문제들에 대해서 철저한 대비가 필요하다. 투자국과 진출국 모두의 행정, 노동, 환경, 조세, 통관 절차, 법률, 규정, 지침 등에 대한 철저한 이해도 필수다.

3. 네트워크 형성-"讓財不讓路, 借財不借路(양재불양로 차재불차로, 재물은 빌려줘도 길은 알려주지 않는다)."

사람이 사는 곳은 어디든지 마찬가지겠지만 인적 및 물적 네트워크 형성도 해외로 진출하는 데 있어서 중요한 요소다. 다양한 인적 네트워크 구성은 안 되는 일도 되게 할 수 있고, 처리 시간도 단축할 수 있으며, 무엇보다도 판로 확장에 도움이 된다. '人生到處有上手(인생도처유상수)'라는 말이 있듯이, 현지에는 다양한 사람들이 존재하나, 중요한 것은 현지 사정에 정통하고, 다양한 경험과 지식으로 무장하고 있으며, 열정적인 인재로 인적 구성이 필수 불가결하다. 한마디로 제대로 된 선수를 필요로 한다. 그리고 물적 네트워크 형성은 원활한 자재 조달 및 공급과 여러 가지 비용 감축에 상당한 기여를 함으로써 결과적으로 수익과도 직결된다.

4. 중·장기 목표 및 비전 설정-"放長線釣大魚(방장선조대어, 낚싯줄을 길게 늘어놓아야 큰 물고기를 낚을 수 있다)."

우리의 삶도 마찬가지지만, 사업도 분명한 비전과 목표가 있어야 함은 물론이다. 목표는 구체적으로 달성 가능한 단기, 중기, 장기 목표를 세우고, 비전도 국내외 임직원을 포함한 모든 구성원이 공감할 수 있고, 객관적으로 수치화하여 평가 및 측정 가능하고, 실현 가능하며, 현실적으로 구체화할 수 있어야 한다.

5. 리스크 관리

해외 투자는 국내 투자와는 달리 이질적인 제도, 문화, 관습 차이 등으로 다양한 리스크에 노출된다. 따라서, 리스크 관리에도 상당한 주의가 요구된다. 리스크는 크게 신용 리스크, 유동성 리스크, 운영 리스크, 법률 리스크, 시장 리스크 등 다섯 가지로 나눠 볼 수 있다.

"Risk comes from not knowing what you are doing." 이처럼 리스크는 '내가 뭘 해야 할지를 모르는 경우로부터 오는 것'으로써, 5대 리스크를 간단히 정리하면 다음과 같다. 신용 리스크(Credit Risk)는 대여금이나 물품 판매 대금을 적기에 전액 회수하지 못할 위험을 말한다. 유동성 리스크(Liquidity Risk)는 일시적인 운영 자금 부족 등에 노출되는 경우에 해당한다. 운영리스크(Operation Risk)는 운영상의 과오나 실수 등으로 발생하는 위험을 일컫는다. 법률 리스크(Legal Risk)는 국가 간의 법률이나 제도의 상이 또는 급작스러운 변경 등으로 발생할 수 있는 위험이다. 시장 리스크(Market Risk)는 금리나 주가, 환율, 원자재 상품 가격 등 금융 시장 변동에 따른 이들 가치의 오르내림으로 인해서 발생하는 리스크를 말한다.

시장 리스크 중에서도 기업이나 가계에 직접적인 영향을 미치고, 해외 투자 시에 관건이 되는 환리스크에 대해서 좀 더 알아보자. 환리스크는 외화로 투입된 자본금, 외화 자산(수출 대금, 외화 예금 등), 외화 부채(외화 대출, 외화 지급 보증 등)를 보유하고 있거나, 보유할 예정인 경우 환율 변동으로 인해서 이들 자산이나 부채의 가치가 증감하는 경우를 일컫는다. 한편, 환리스크 관리는 리스크 헤지 수단이라 할 선물환, 선물, 스왑, 옵션 등 파생상품을 이용하여 적절히 관리할 수 있다. 다음의 표는 미국 달러/한국 원화 및 미국 달러/베트남 동화의 환율 변동이 투자 손익에 미치는 영향을 분석한 표다.

〈외국인 직접 투자(FDI) 투자 손익 분석(USD·VND 환율 움직임에 따른 투자 손익)〉

투자 금액	투자 당시 환율		철수 당시 환율		투자 손익	
USD	USD/ KRW	USD/ VND	USD/ KRW	USD/ VND	USD	KRW
1,000,000	1,200	20,000	1,000	30,000	-533,333	-533,333,333
1,000,000	1,200	20,000	1,400	10,000	1,142,857	1,600,000,000

'기업의 목적은 성장과 이윤 추구 그리고 계속 기업(Going Concern)에 있으며, 궁극적으로는 어떤 형태로든 인류에 이바지하는 것'으로 정의할 수 있다. 이를 가장 잘 실천하는 기업의 형태가 글로벌 기업이며, 기업의 글로벌화는 해외 진출로부터 시작되고, 해외 투자는 위의 다섯 가지 요소가 승패를 좌우하는 관건이 된다. 이 외에도 건강, 열정, 현지 언어 숙달, 국제 금융 시장에 대한 깊이 있는 이해도 필수적이다. 참고로, 다음의 두 상품은 2008년 글로벌 금융 위기 당시 직간접적인 원인이 되었거나 이로 말미암아 파생된 대표적인 리스크 관리 실패 사례다.

○ 키코(Knock-In&Knock-Out/KIKO)
: 낙인(Knock-In, 정해진 환율을 건드리면 효력이 발생)이나, 낙아웃

영리한 베트남 투자

(Knock-Out, 정해진 환율을 건드리면 효력이 소멸) 옵션을 이용하여 만들어진 합성 파생상품으로, 일정 레인지를 벗어나 환율이 과도하게 오르거나 내리면 이중으로 손해를 보는 구조로 2008년 금융 기관 및 기업들의 과도한 레버리지가 사회 문제가 됨. 법적 판단은 끝났으나 아직도 완전한 미해결 상태로 남아 있으며, 2019년 말에 금융감독원이 취급 은행에 최대 41%의 배상을 요구하면서 논란이 됨.

ㅇ 서브프라임 모기지(Sub-prime Mortgage)
: 미국의 주택담보대출은 Prime-Alternative A-Subprime의 세 등급으로 이뤄지며, 서브프라임 모기지는 저신용자를 대상으로 하는 금리가 2~4% 높은 모기지 대출을 말하고, 이 대출을 바탕으로 만들어진 각종 파생상품이 주택 가격 급락으로 동반 폭락하면서 2008년 글로벌 금융 위기의 빌미가 됨, 세계 4위-158년 역사의 투자은행 리먼브러더스가 파산하고 4조 달러가 넘는 글로벌 유동성이 양적 완화(QE)라는 명분으로 국제 금융 시장에 공급됨.

★ 어렵고 힘든 세상을 사는 지혜와 열린 사회로 가는 길, 위기 극복의 방법 10가지와 아모르 파티(Amor Fati)!

세상살이가 이렇게 힘든 순간이 또 있었을까 싶을 정도로 우리네 삶이 팍팍하다는 사람들이 많다. 대외적으로는 미국과 중국과의 초강대국 G2 간 무역 전쟁이 한창이고, 국내적으로는 분야를 가리지 않고 상반된 이념과 정책을 두고 우리끼리 싸움박질이 한창이다. 정치 분야에서 국민은 진보와 보수로 양분되어 내 편, 네 편으로 가르고 세력 대결에 여념이 없으며, 정치권은 국론 통합은커녕 분열의 부채질에 날이 새는 줄 모르고 표 계산에 열심이다. 외교는 실종된 지이미 오래되어 동맹국인 미국은 한국을 버릴 카드로 인식하기 시작했고, 중국은 큰 의미를 부여하지 않으며, 일본은 철저히 무시하고, 러시아는 취급도 하지 않으며, 북한은 우리를 아주 갖고 놀고 있다. 안보는 국방이 근본인데 만약에 대비한 훈련이나 제대로 하고 있는지 의문이다. 사회적으로도 국내에서는 새로운 사업이나 생계가 막막해지는 가운데 법인세와 소득세뿐만 아니라 상속·증여세 등 전반적인 세금까지 높아서 기회만 되면 해외 투자를 가장해서라도 나가고자한다. 이민 선호 국가인 캐나다, 호주, 뉴질랜드 외에도 상속세가 없거나 낮은 세율의 싱가포르, 말레이시아, 베트남, 필리핀 등 아세안 국가와 각종 총기 사고와 이민자들에 대한 차별 정책으로 한동안 주춤하던 미국행 투자 이민(EB-5 비자, 50만 달러 이상 투자 시 획득, 2019년 11월부터 90만 달러로 인상)은 중국, 베트남, 인도에 이어서 네 번째로 많은 국가가 한국이다. 가장 심각한 부분은 경제다. 거의 전 분야가 어렵지만, 특히 경제는 망가질 대로 망가져 가는 모습이 역력하다. 추이를 보면 정부 정책이나 대책도 별로 없어 보인다. 어렵다는 것은 먹고사는 것, 즉 경제적인 문제가 주요 원인이겠지만, 심리적으로 희망이 잘 안 보이는 게 더 큰 원인일 수도 있다. 각자 맡은 분야가 있고 역할이 있기에 지금의 어려움이 누구의 책임인지는 다 안다. 사실, 위기 해소 방법도 다들 알고 있다. 문제는 행동이다.

그런데 각자의 생각대로만 하면 답이 없다. 열린 마음, 열린 사회로의 방향 설정이 필요한 시점이다. 그 해답으로 20세기를 온전히 살다 간 위대한 철학자 카를 포퍼(Karl Raimund Popper, 1902~1994)의 『열린 사회와 그 적들(Open Society and Its Enemies)』의 표현을 빌려보면 다

　　　　　　　　　　　영리한 베트남 투자

음과 같다. "열린 사회는 개인들이 이성적으로 판단하고 비판에 귀 기울인다는 믿음에 기초한다. 인간은 모두 불완전하다. 그러나 바로 그 점 때문에 인류는 발전한다. 불완전하기에 내가 틀리고 당신이 옳을 수도 있으며, 노력에 의해서 우리는 진리에 좀 더 가까이 접근할 수 있다고 믿는다. 그래서 서로의 뜻과 자유를 존중하는 사회 제도가 필요하게 된다. 자유와 평등은 이런 믿음 속에서 성장해 나간다." 그리고 그는 "개인이 스스로 결단을 내리고 자율적 행동을 통해서 다양성이 존중받는 사회가 열린 사회다."라고 정의하고 있다. 현재의 삶이 아무리 어렵더라도 미래에 대한 꿈과 희망이 있다면 얼마든지 극복 가능하고 그 어려움조차도 기회로 삼는 게 우리 인간들이다. 이 어려운 세상살이를 어떻게 이겨낼 수 있는지, 그 해답을 10가지 정도로 간추려 본다.

1. 어려움의 본질을 파악한다

모든 어려움은 여러 가지 복합적인 문제로 인해서 생겨나므로 그 본질을 정확하게 파악해야 한다. 복잡한 것일수록 의외로 단순화할 수 있다. 문제가 있으면 답도 있게 마련이며, 어려운 문제(問題)를 풀려고 하지 말고 쉬운 답(答)을 찾아야 한다. 고르디우스 매듭(Gordian Knot)을 단칼에 잘라 버리고 '아시아 정복은 바로 알렉산더 대왕 자신이 할 것'이란 선언처럼, 어려운 문제는 과감하게 풀어나가는 지혜와 용기가 요구된다.

2. 문제를 절차적으로 풀어나간다

어려움이 생긴 원인도 실타래처럼 뭉뚱그려진 한 덩어리로 보이지만, 사실 이것은 문제가 오랫동안 하나씩 쌓여서 적층의 형태로 나타난 것이다. 하나씩 뜯어보면서 쉬운 매듭부터 풀어나가는 방법을 써야 한다. 그러다 보면 어느 한순간에 얽히고설킨 실타래가 풀어질 수도 있다. 이럴 때를 대비한 '컨틴전시 플랜' 같은 비상 계획 매뉴얼이 있으면 더욱 좋다.

3. 과감하게 접근하라

어려울수록 과감한 결단이 필요하다. 사실 어려움이 현실화됐다는 것은 '미리 대처하지 못했음'의 다름 아니다. 급한 만큼 중간과정은 생략하고 과감하게 가닥을 잡고 중요도가 떨어지는 것부터 하나씩 잘라내야 한다. 외과적 수술이 필요한 부분을 찾아서 도려내야 한다. 마음(心理)이 아니고 몸(行動)을 움직여서 실행(實踐)에 나서야 한다.

4. 어려움을 공유하라

한 사람의 천재가 팀을 이길 수는 없다. 함께 극복해야 빠르고 온전히 새롭게 태어날 수 있다. 그러려면 몇 가지 방법이 필요하다. 기업의 경영을 예로 들면 다음과 같다. 잘못된 부분은 구체적으로 솔직히 시인하고, 전체 조직 구성원들에게 양해를 구한 다음, 책임 있는 경영진들은 퇴진시켜야 한다. 혁신하기 위해서는 조직이 아니라 사람을 바꿔야 한다. 왜냐하면 사람의 본성은 바뀌지 않기 때문이다. 조

영리한 베트남 투자

직(영업을 제외한 인사, 재무, 전략 등)을 과감하게 축소하고, 시급하지 않거나 실현성 낮은 장기 또는 미래 전략을 일정 기간 보류하거나 없애야 하며, 완전히 새로운 경영진들을 구성하여 조직을 탈바꿈해야 한다. 물론 쉽지 않은 일들이다. 그런데 이런 일들은 위기 시에나 가능하지, 따로 기회가 주어지는 것이 아니다. 많은 사람이 개혁을 외친다. 그러나 변하지 않는 이유는 말뿐이고 실행이 없어서다. '궁즉변(窮則變) 변즉통(變則通) 통즉구(通則久)'라고 했다. 즉, 궁하면 변하고, 변하면 통하며, 통하면 오래 간다.

5. 남 탓 하지 마라

경제적인 어려움의 많은 부분이 정책(市場) 실패와 대외 환경 등 외부 변수 탓이지만, 답은 내 안에서 찾아야 한다. 외부 세계는 물론이고 우리나라 대통령이나 정치인, 행정가, 재벌, 학자 등 소위 사회 지도층 인사들 그 누구에게서도 명확한 답을 기대하기가 현실적으로 어렵다. 모든 잘못의 근원을 과거 정부로 돌리면서 적폐로 내몰고, 내편과 네 편을 갈라서 싸우기에 급급하며, 자기 논리와 자가당착에 빠져 국민의 어려움은 안중에도 없는 모습이다. 당연한 말이지만, 지금의 고난 극복의 주체는 자기 자신이다. 2019년 10월, 역대급 제19호 태풍 하기비스가 일본을 강타할 것이 예상되자 일본 정부는 기자회견에서 해당 지역에 "목숨을 지키기 위해 최선을 다할 필요가 있는 최고 위험 레벨"이라며 "구조를 기다리지 말고 스스로 자신의 목숨을 지키는 행동을 해라."라고 촉구하였다. 큰 위기에서는 스스로를 지켜야 한다.

6. 전문가를 찾아서 조언을 구하라

'인생도처유상수(人生到處有常手)'라고 하였다. 곳곳에 선수들이 있다는 뜻인데, 세상에는 살면서 이런 어려움을 숱하게 겪어본 사람들이 있기 마련이며, 슬기롭게 어려움을 이겨낸 경험과 지식 그리고 네트워크를 가진 사람들이 많다. 그들을 찾아서 조언을 받아 보는 것도 현명한 방법이다. 그런 사람일수록 위기 극복의 경험을 공유하고 가르쳐 주고 싶어 하는 사람이 의외로 많다. 직접적인 경험만큼은 아니겠지만, 먼저 겪어본 사람이 최고의 스승(先生)이 될 수도 있다.

7. 새로운 기회로 삼아라

살면서 어려움은 누구나 무수히 만나게 된다. 앞으로도 당연히 그럴 것이다. 그러나 "피할 수 없으면 즐겨라."라는 말이 있듯이, 어려움을 통하여 새로운 기회를 잡을 수도 있다. 위기 시에 전에 보이지 않던 혜안도 생겨나고, 없던 용기도 일어날 수 있다. 흔히 하는 얘기로 위기(危機)는 위험(危險)과 동시에 기회(機會)인 것이 맞다. 사실 큰돈을 벌 기회도 이런 위기 상황 때만이 가능하다. '퀀텀 점프(Quantum Jump)'는 물리학(量子學)이나 투자 용어만이 아니라 일반 생활에서 보통 사람들에게도 가능한 일이다. 지나고 보면 그때가 바로 기회였다.

8. 쓸데없는 걱정은 할 필요가 없다

대부분 사람은 하루 동안 오만 가지 생각과 걱정에 사로잡혀 있다고 한다. 심리학적으로, 통계적으로 사람들은 하루에 6만 가지 생각

영리한 베트남 투자

을 하면서 살아간다고 한다. 그런데 이 가운데서 94%인 5만 6천 가지는 쓸데없는 걱정거리란다. 실제로 일어나지도 않을뿐더러 현실화한다고 해도 별문제가 아니라는 얘기다. 없는 걱정을 만들어서 할 필요가 없으며, 발생한다면 능히 해결할 수 있다고 믿고, 굳이 안 된다면 받아들이면 그뿐이다. 예수도, 부처도, 공자도, 소크라테스도, 심지어 하느님도 해결하지 못하는 문제가 참 많았을 것이다. 한편으로, 스톡데일 패러독스(Stockdale Paradox), 즉 비관적인 현실을 냉정하게 받아들이되, 앞으로는 잘될 것이라는 굳은 신념의 합리적인 낙관주의는 필요하다.

9. 자신만의 시간과 장소를 가져라

어려움을 회피해선 안 되겠지만, 때로는 한발 물러서서 바라보면 의외로 답을 쉽게 찾을 수도 있다. 무라카미 하루키의 소설 『상실의 시대(원제 노르웨이의 숲)』을 보면 '모든 사물을 너무 심각하게 생각하지 말고, 모든 사물과 나 사이에 적당한 거리를 둘 것'을 이야기하고 있다. 자신만의 장소에서 자신만의 방법으로 어려움을 극복하는 기술 하나 정도 갖고 있는 것도 삶에 큰 보탬이 된다.

10. Amor Fati!

위험은 기회(Opportunity)를 현실(Reality)로 바꾸어 준다. 위험은 정확히 규정할 수 있다면 이미 그 위험은 반으로 줄어든다. 위험에 접근하는 최선의 방도는 실행이다. 위험을 무릅쓰는 것이 피하는 것보다 유익하다. 작은 위험과 부딪혀 보는 것부터 시작해서 점점 더 큰 위험과 맞서서도 편안하고 자신만만해질 때까지 능력을 길러라. 실패는 이 우주가 우리에게 주는 멋진 선물 중의 하나다. To do is to be. 실행이 곧 존재 이유다. 저자 역시 지금까지 살아오면서 많은 것들을 해 봤지만, 1998년 IMF 외환 위기와 2008년 글로벌 금융 위기 그리고 2019년 복합 위기를 국제 금융 시장에서 외환 딜러 등 국제 금융 전문가로서 실질적으로 경험할 수 있었던 것이 개인적으로는 큰 자산으로 남았다. 세상에서 일어날 일은 반드시 일어난다. 따라서, 올 것을 미리 알면 대비할 수 있다. 사람 사는 세상에 위기가 왜 오는지, 어떤 형태로 나타나는지, 해결은 또 어떻게 되는지 그리고 위기를 통하여 우리는 무엇을 배우고 해야 하는지 등을 조금은 안다고 자부한다. 시장에서 많이 배우고, 다양한 경험을 하였으며, 좋은 사람들(先手들)을 만났다는 사실만으로도 저자에겐 위기가 곧 축복이었다. 어려움은 반드시 또 올 것이다. 하지만, 준비하는 사람에겐 아무것도 아니다. F. W. 니체는 『짜라투스트라는 이렇게 말했다』(1883년)에서 이렇게 말했다.

"너의 운명을 사랑하라! Amor Fati!"

★ 2020년, 또 다른 10년의 시작

2020년은 또 다른 10년의 시작이다. 일반 투자도, 글로벌 금융 시장도 기회와 위기가 반복될 것이다. 한국이나 베트남도 예외가 아니다. "가장 확실한 것은 불확실하다는 사실이다."라는 말이 있다. 예측은 신(神)의 영역이기 때문이다. 저자의 30여 년 국제 금융, 해외 투자, 아세안 경제 통상 전문가로서의 시각으로 보면, 몇 가지는 가능할 수 있다. 2020년대는 사람들이 단순함과 편의성을 쫓아서 좋은 것만 좋아지는 세상이 될 것이다. 투자는 유동성과 금융 기법이 늘어 더욱 확대될 것으로 전망된다. 힘의 균형은 일방적인 미국 중심에서 중국과 인도, EU, 아세안 등으로 다극화가 예상된다. 자연환경은 지구 온난화가 가속화하면서 다양한 형태의 재해가 우려되며 전에 없던 질병이 나타날 수도 있다. 예금, 주식, 채권, 원자재 상품, 부동산, 파생상품 투자는 이런 배경을 바탕으로 단기, 중기, 장기로 나눠서 전략적으로 접근해야 한다. 베트남에서의 투자도 마찬가지다. 자산의 거품, 공급 과잉, 해외 투자 의존도 심화, 경쟁국들의 도전, 정권 교체기, 부패 문제, 과도한 임금 인상 욕구, 근로 의욕 저하, 빈부격차 확대 등으로 단기적으로는 조정 양상이 나타날 수도 있다. 관점의 차이는 있으나 사람들이 원하는 것은 단 하나, 행복한 인생이다. 행복하기 위해서 공부도, 사랑도, 운동도, 돈도 벌고 하는 것이다. 돈은 투자라는 수단을 이용하는데, 지식, 경험 그리고 네트워크가 그 바탕이다. 그리고 궁극적으로 투자는 시간에 하는 것이다. 삶의 시간이 인생이기에 투자가 곧 인생이라고 할 수 있다. 즐기는 투자가 곧 행복한 인생으로 연결되길 바란다.

추천사

"2020년. 48억 명, 48개국 아시아 시대가 활짝 열리는 시점에 베트남 전문가인 저자의 책이 발간되어 뜻깊다. 곁에서 지켜본 저자의 국제 금융 시장에 대한 경험과 지식 그리고 네트워크는 해외 투자로 이어지고, 『아세안에서 답을 찾다』와 이번 『영리한 베트남 투자』로 그 결실을 맺고 있다. 앞으로 베트남을 비롯한 아세안과 아시아의 미래를 읽어내는 정통한 텍스트로 쓰이길 기대한다."

- 박진, 아시아미래연구원 이사장(제18대 국회 외교통상통일위원장)

"최고의 은행을 같이 만들자며 그와 함께 열정을 불태웠던 청년 시절이 있었다. 어느새 27년의 세월이 지나 이젠 각자의 곳에서 다른 곳을 바라보고 있으나, 27년 전이나, 지금이나 그의 꿈과 열정이 변함없음을 확인하는 건 내게 큰 위로가 된다. 자고 나면 변하는 것들 천지인 이 세상에서 한결같은 사람이 있다는 걸 보는 게 어찌 위로가 되지 않겠는가? 그의 중단 없는 열정과 노력은 칼럼과 강의와 방송으로 이어졌고, 이제 두 번째 책으로 다시 한번 그 모습을 드러냈다. 저자의 지식과 경험이 차곡차곡 쌓인 이 책이 베트남에서 투자와 비즈니스를 꿈꾸는 사람들에게 더 좋은 길잡이가 될 것이라 믿는다."

- 진양곤, 에이치엘비 회장

"중소 제조업에서 중화학 공업과 첨단 산업 중심으로 산업의 패러다임이 재편되는 데 있어서 금융은 필수적이다. 국제 금융 전문가인 저자의 『영리한 베트남 투자』에서 분석한 베트남 금융 시장과 상품이 또 다른 투자 기회가 되길 바란다."

- 김영익, 서강대학교 경제대학원 교수

"8,000여 기업과 25만 명에 육박하는 교민들이 사는 베트남에서 국제 금융 시장 전문가이면서 베트남을 누구보다 잘 이해하는 저자의 베트남 투자에 대한 깊이 있는 내용과 미래 전략을 엿볼 수 있는 책이다."

- 임재훈, 주(駐)호치민 대한민국 총영사

"'베트남 투자, 이제 영리하게 할 때'라는 저자의 표현이 시의적절한 베트남이다. 우리나라의 4강 외교권에 진입하고, 4대 교역 상대국으로서, 그리고 1위 투자국으로서 대한민국과 베트남의 관계는 더없이 좋은 상황이다. 이 책이 양국 간 투자와 문화 교류 상생 협력이 늘어나는 데 있어서 참고서가 되었으면 한다. 중소 제조업에서 중화학 공업 위주의 고부가가치 산업으로 패러다임이 바뀌는 이 시점에 베트남 투자도 영리하게 접근하자는 내용을 담은 책이다."

- 전대주, 효성비나 고문[전 주(駐)베트남 대한민국 대사]

"제조업에 이어서 금융 투자로 지평을 넓히고자 하는 저자의 베트남 시장에 대한 선제적인 접근이 눈에 띈다. 금융인이었던 저자의 경력과 국제 금융 시장 전문가의 경험이 고스란히 녹아있는 책이다."

- 신동민, 신한베트남은행 은행장

"금융의 국제화와 투자의 글로벌화를 읽어내는 데 유용한 책으로 손색이 없다. 저자는 서울 여의도에서 은행 지점장으로 일했으며, IMF 외환 위기와 글로벌 금융 위기를 온몸으로 경험한 20여 년 경력의 국제 금융 시장 베테랑이다. 서울에서 보인 능력이 베트남에서도 빛을 발하길 기대한다."

- 진재욱, LUMEN CAPITAL 사장

"30여 년 동안 써 온 글의 무게가 느껴지며, 베트남 투자에 유익한 내용으로 채워져 있다. 중국의 대체 시장으로 손색없는 베트남 시장을 제대로 짚어내고자 한 저자의 노력이 책에서 읽힌다. 『아세안에서 답을 찾다』에 이어서 이번 책도 성공을 기원한다."

- 안치복, 라이프플라자 대표

"베트남 투자에 앞서서 해야 할 일은 베트남에 대한 이해다. 그것을 위해 이 책의 저자는 베트남 전반에 관한 지식을 먼저 풀었다. 투자의 순서를 아는 전문가다운 행보다. 다양한 삶에 꼭 맞는 조언을 한 권의 책에서 구할 수는 없지만, 이 책은 적어도 베트남 금융 시장 일선에서 뛰면서 체험하며 쓴 글이다. 베트남 투자를 고려하는 사람들에게 훌륭한 지침서 역할을 할 것이라 믿는다."

- 한영민, 씬짜오베트남 회장

"저자와는 베트남어 공부 스승과 제자로 만나서 15년여를 알고 지냈다. 베트남을 공부하고 준비해서 현지에서 은행 지점을 만들어내고, 퇴직 후 베트남에서 일하고 살면서, 베트남 사람들을 이해하고, 베트남 시장을 통하여 투자 기회를 잡고자 하는 저자의 노력에 박수를 보낸다. 베트남 투자, 영리하게 하는 게 맞다."

- Nguyen Thi Mai Huong, Vietnam Doori Entertainment&Doori INC. CEO

"우리나라 8,000여 기업이 670억 달러(80조 원 상당)를 투자하고 25만여 명의 교민이 사는 베트남. 그 중요성은 날로 커지고 있다. 이런 베트남을 이해하는 데 좋은 내용을 담고 있기에 일독을 추천한다. 다양한 매체에 대한 칼럼 기고와 방송, 호치민 경제대학교 강의, 그리고 전적인 금융 기관 근무, 이제는 대전광역시 베트남사무소장으로 일하면서 베트남 투자를 누구보다 많이 잘 안다고 판단한다."

- 김종각, 호치민 한인회장(변호사, 베한타임즈 대표)

"10년 넘게 글쓴이와 교류하고 있다. 그의 손에서 베트남을 포함한 아세안 10개국이 떠나는 것을 보질 못했다. 이 책은 『아세안에서 답을 찾다』(2017)에 이은 두 번째 책이다. 온전히 제조업 중심에서 벗어나 금융 상품 투자 등으로 지평을 넓힐 시점에 나온 책으로 평가한다. 저자의 국제금융시장에서의 풍부한 경험과 지식 그리고 지혜가 녹아있는 만큼 베트남 투자 성공으로 이끄는 바로미터가 되었으면 한다."

- 오재학, 전 대사

영리한 베트남 투자

맺음말

엘도라도(El Dorado)는 스페인어로 '금가루를 칠한 사람' 또는 '황금으로 이뤄진 이상향'이라는 뜻이다. 믿을 사람도 없겠지만, 베트남은 엘도라도가 아니다. 하지만 현시점에서 투자 매력도는 세계에서 손꼽히는 나라 중의 하나다. 지금은 미국-중국 간 파워 게임과 헤게모니 전쟁이 한창이다. 무역 전쟁이란 미명하에 서로 간에 주고받는 말들이 약소국을 어리둥절하게 한다. 총칼만 안 들었지, 실상은 전쟁이다. 국가 간에는 오직 파워만이 정의다. 아직은 미국의 우세가 확실하나, 중국도 만만치 않다. 사실 여타국들은 끼어들 여지도 없을뿐더러 동맹국들을 필요로 하지도 않는다. 답은 없다. 내실(힘)이라도 키워서 적절하게 대응해야 한다.

"당신이 읽고 싶은 책이 있는데 아직 쓰인 게 없다면 당신이 써야 한다.", "내가 호기심으로 충만하고, 살아있고, 통제력이 있다고 생각하고, 정말 멋지다고 느끼는 때는 바로 내가 글을 쓸 때이다." 1993년경에 흑인 여성으로는 처음으로 노벨 문학상을 받은 토니 모리슨의 말이다. 적자생존(適者生存, Survival of The Fittest), 여기에 더해서 저자는 글로 적는 사람만이 살아남는다고 생각한다. 인생에서 발자취를 남기는 데는 책만 한 게 없기에 적자생존(跡者生存, Survival of The Wright)으로 표현한다. "한 시간을 쓰면 메모, 하루 치를 기록하면 일기, 기록물이 1년 이상이면 다큐멘터리 그리고 10년을 쓰다 보면 역사가 된다." 한국포렉스클럽(KFX)이 주관한 '2010년 올해의 딜러상' 수상 소감으로 저자가 한 말이다. 플랫폼을 가진 자가 세상을 지배하고, 그 플랫폼과 데이터를 바탕으로 물건이나 서비스를 정기적으로 받아보는 '구독경제(Subscription)'가 확산되고 있다. 저자가 30년 넘게 글을 쓰는 이유이고, 세상을 사는 재미이며, 앞으로의 비즈니스 방향이다.

세계 최강대국이면서 우리의 동맹인 미국과 우리나라 최대 교역 상대인 중국 간의 힘겨루기가 점입가경이다. 우리나라는 이 중에서 어느 편에 설 것인가를 강요받고 있다. 글로벌 시장을 대상으로 수출과 해외 투자로 먹고사는 우리에게는 딜레마다. 저자는 그 돌파구를 아세안 10개국에서 찾고 있다. 저자와 같은 고향 산청 사람, 박항서 감독이 이끄는 베트남 축구 국가 대표팀이 동남아시안(SEA) 게임에서 처음으로 우승하면서 한국-베트남 관계가 최고조인 상황에서 이 책을 마무리했다. 이 책은 아세안의 핵심국인 베트남에서 투자, 창업, 취업과 새로운 삶을 준비하는 사람들을 위한 실질적인 도움서다. 국제 금융, 해외 투자, 경제 통상 전문가로서의 지식, 경험, 네트워크로 다져진 '아세안 플랫폼'으로 방송, 강의, 칼럼 등으로도 저자의 의견을 접할 기회가 있기를 기대한다. 네이버 블로그, '최근환의 최근환율'을 통해서 최신의 더 많은 글과 자료들 참고하시기 바란다. 여러분의 베트남 투자가 꼭 성공하기를 소망하면서….

2020년 1월 1일, 새로운 10년이 시작되는 날 아침
사이공강이 내려다보이는 베트남 호치민 빈홈에서

영리한 베트남 투자